Rasso Knoller
Nordeuropa

Rasso Knoller

Nordeuropa

Porträt einer Region

Ch. Links Verlag, Berlin

Die Deutsche Nationalbibliothek verzeichnet
diese Publikation in der Deutschen Nationalbibliografie;
detaillierte bibliografische Daten sind im Internet über
www.dnb.de abrufbar.

1. Auflage, Juli 2014

Schönhauser Allee 36, 10435 Berlin, Tel.: (030) 44 02 32-0
www.christoph-links-verlag.de; mail@christoph-links-verlag.de
Karte: Christopher Volle, Freiburg
Lektorat: Günther Wessel, Berlin
Satz: Ch. Links Verlag, Berlin
Druck und Bindung: Druckerei F. Pustet, Regensburg

ISBN 978-3-86153-785-4

Inhalt

Einleitung: Skandinavien, Nordeuropa oder was?

Eine Begriffssuche

Dieses Projekt begann damit, dass mich der Verlag fragte, ob ich ein Buch über Skandinavien schreiben wolle. Nachdem ich zuerst begeistert zugesagt hatte, kam ich ins Grübeln. Ein Buch über Skandinavien – wie soll das denn gehen? Über welche Länder soll ich denn überhaupt schreiben? Was meint man denn eigentlich, wenn man von Skandinavien spricht?

Die Antwort auf diese Fragen ist nicht so eindeutig wie man denken könnte.

Folgt man der strengen geografischen Definition, liegen allein Norwegen und Schweden auf der skandinavischen Halbinsel. So gesehen wären also einzig Schweden und Norweger Skandinavier. Das würde den Dänen sicherlich nicht gefallen. Denn obwohl die ja nur mit Deutschland eine gemeinsame Landesgrenze haben und erst seit der Eröffnung der Öresundbrücke im Jahr 2000 nicht mehr durch das Meer von Schweden getrennt sind, stehen sie kulturell den beiden skandinavischen Nachbarn wesentlich näher als Deutschland.

Die drei Sprachen Norwegisch, Dänisch und Schwedisch sind einander ohnehin so ähnlich, dass sich Menschen aus den jeweiligen Ländern problemlos untereinander verständigen können. Nun gut, ein nuschelnder Däne stellt einen Nordschweden sicher vor ein kleines Problem – aber zumindest lesen können selbst die beiden die Texte und Bücher in der Sprache des anderen ohne Schwierigkeiten.

Dänemark, Norwegen und Schweden verbindet zudem eine lange gemeinsame Geschichte. Während der Kalmarer Union waren die drei Länder von 1397 bis 1523 unter gemeinsamer Regentschaft miteinander verbunden. Norwegen gehörte danach bis 1814 als »Zwangspartner« einer Union mit Dänemark und bis 1905 einer ebensolchen Verbindung mit Schweden an.

Auch Finnland, das seit dem Mittelalter von Schweden besetzt war, war, wenn auch unfreiwillig, Teil der Kalmarer Union und gehörte nach deren Ende bis 1809 weiterhin zu Schweden. Erst nach weiteren mehr als hundert Jahren unter russischer Herrschaft erlangte das Land 1917 seine Unabhängigkeit. Zumindest wegen der langen gemeinsamen Geschichte müsste man Finnland also ebenfalls zu Skandinavien zählen. Auf der anderen Seite hat die finnische Sprache – sie gehört der finnougrischen Sprachfamilie an – so gar nichts mit den übrigen nordischen Sprachen gemein. Und auch die Geografen zählen Finnland nicht zur skandinavischen Halbinsel.

Und was ist mit den Isländern? Ihre Sprache geht schließlich kaum verändert auf das Altnordische zurück, die Sprache, welche die Urmutter des Norwegischen, Schwedischen und Dänischen ist. Die Geschichte ist ebenfalls eine lange gemeinsame. Schon allein deshalb, weil die Einwanderer, die im 9. Jahrhundert das Land besiedelten, aus Norwegen kamen. Und im Laufe seiner Geschichte unterstand Island über Jahrhunderte zunächst der norwegischen und dann der dänischen Krone – und das sogar bis kurz vor Ende des Zweiten Weltkriegs, genau genommen bis zum 17. Juni 1944.

Oft zählt man die Insel im Atlantik deswegen ebenfalls zu Skandinavien. Geografisch gesehen ist das aber Humbug – liegt doch die Hälfte Islands schon auf dem amerikanischen Kontinent. Ähnlich argumentiert man auch im Fall der Färöer und Grönlands – politisch und geschichtlich gibt es viele Gründe, sie zu Skandinavien zu zählen, geografisch ergibt es aber keinen Sinn. Und zumindest die Inuit auf Grönland werden nicht viele Gemeinsamkeiten zwischen ihrer und der nordischen Kultur entdecken.

Bei so viel Unsicherheit und Ungewissheit habe ich mich

deshalb entschieden, doch kein Buch über Skandinavien zu schreiben. Weil es aber schade wäre, wenn nach dem Vorwort schon Schluss wäre, halten Sie nun ein Buch über Nordeuropa – und damit über Norwegen, Schweden, Dänemark inklusive Grönland und der Färöer sowie Island und Finnland inklusive der autonomen Åland-Inseln – in Händen.

Damit habe ich eine Lösung gewählt, wie man sie auch in den Ländern, um die es in diesem Buch geht, bevorzugt. Dort nämlich spricht man vom »Norden«, und entsprechend heißt das politische Zusammenarbeitsorgan der nordischen Länder auch nicht Skandinavischer, sondern Nordischer Rat.

Berlin, im Sommer 2014
Rasso Knoller

Den Norden verstehen

Das Gesetz des Jante – oder: Wenn alle gleich sind

Dieses Kapitel steht ganz am Anfang des vorliegenden Buches – aus einem bestimmten Grund: Denn wer das Jantegesetz nicht versteht, wird auch die Menschen des Nordens nicht verstehen können. Schließlich gilt das Jantegesetz in allen Ländern Nordeuropas. Lesern meiner beiden anderen in diesem Verlag erschienenen Länderporträts zu Finnland und Norwegen wird deshalb in diesem Kapitel manches bekannt vorkommen.

Janteloven sagt man in Dänemark und Norwegen, *jantelagen* in Schweden und *janten laki* in Finnland. Das Jantegesetz ist aber kein Gesetz im eigentlichen Sinne, sondern eher eine Art Verhaltenskodex, nach dem es verpönt ist, sich selbst zu erhöhen oder sich als besser und klüger darzustellen als andere.

Es besagt in groben Zügen, dass keiner glauben soll, er sei aufgrund seiner sozialen Position etwas Besseres als der andere.

»Erfunden« hat das Jantegesetz der dänisch-norwegische Schriftsteller Axel Sandemose in seinem Roman *Ein Flüchtling kreuzt seine Spur*. In dem 1933 erschienenen Buch hat er zehn Regeln niedergeschrieben, die seiner Meinung nach typisch für die Menschen in den nordischen Ländern sind.

Sie lauten:

Du sollst nicht glauben, dass du etwas Besonderes bist.
Du sollst nicht glauben, dass du genauso gut bist wie wir.
Du sollst nicht glauben, dass du klüger bist als wir.
Du sollst dir nicht einbilden, dass du besser bist als wir.
Du sollst nicht glauben, dass du mehr weißt als wir.
Du sollst nicht glauben, dass du mehr bist als wir.

Du sollst nicht glauben, dass du etwas kannst.
Du sollst nicht über uns lachen.
Du sollst nicht glauben, dass sich irgendjemand um deine Meinung schert.
Du sollst nicht glauben, dass du uns etwas beibringen kannst.

Benannt ist das Gesetz nach der fiktiven dänischen Stadt Jante, in der Sandemose die Handlung seines zu Beginn des 20. Jahrhunderts spielenden Romans angesiedelt hat. Das Jantegesetz gilt aber nicht nur dort, sondern in allen Städten und Dörfern des Nordens. Es sorgt dafür, dass die Hierarchien extrem flach sind. Wenn niemand etwas Besonderes ist, verdient auch niemand besonderen Respekt und eine besondere Art der Anrede. Folgerichtig herrscht das »Du« im Norden. Die einzige Ausnahme bilden die Mitglieder des Königshauses. Sie werden gesiezt, ansonsten duzt aber auch der Hausmeister den Vorstandsvorsitzenden und der Kebabbudenbesitzer jeden seiner Kunden, auch wenn das der Premierminister sein sollte. Wenn Nordeuropäer, die deutsch sprechen, ihr Gegenüber mit Du ansprechen, hat dies deswegen nichts mit Respektlosigkeit zu tun.

In Deutschland wäre die folgende Situation unwahrscheinlich – Angela Merkel an der Currywurstbude – bei aller wahlkämpferischen Verbrüderung kann man sich so viel Bürgernähe nicht vorstellen. Das Volk und die Regierenden leben hierzulande in unterschiedlichen Welten. Im Norden ist so eine Begegnung normal. Durchaus typisch ist die Geschichte, die ich Anfang der 1990er Jahre selbst erlebt habe. Ich lebte damals als Korrespondent für einige deutsche Tageszeitungen und Radiostationen in Oslo. Einmal im Jahr wurde ich zusammen mit meinen Kollegen von der damaligen Ministerpräsidentin Gro Harlem Brundtland zu einem Abendessen eingeladen. So weit, so normal. Denn Auslandskorrespondenten werden auch andernorts von den Regierenden eingeladen, damit diese über die aktuelle politische Lage aus ihrer Sicht sprechen können. Einmal nach einem solchen Abend ging ich am nächsten Morgen in der Innenstadt von Oslo einkaufen. Im Kaufhaus hörte ich, wie mich jemand ansprach. »Hej Rasso«, begrüßte mich eine Frau. Ich drehte mich um und sah, dass die Ministerpräsidentin hinter mir stand. Sie bedankte sich, dass ich an dem Essen teilgenommen hätte, und sagte, sie sei auf »dem Weg zur Arbeit«. Ich bedankte mich umgekehrt für die Einladung und wünschte Gro noch einen »schönen Tag«.

Kaum vorstellbar, dass man beim Einkaufen in Berlin zusammen mit Angela Merkel am Wühltisch steht. Noch unwahrscheinlicher, dass sie ohne Leibwächter unterwegs sein würde, und ganz ausgeschlossen, dass sich die Bundeskanzlerin an den Namen eines völlig unbekannten Auslandsjournalisten erinnern würde.

Und auch bei der folgenden Geschichte war ich Augen- und Ohrenzeuge: Irgendwann zu Beginn der 1990er Jahre war der damalige deutsche Außenminister Klaus Kinkel in Oslo zu Gast. Als sein Amtskollege und Gastgeber Thorvald Stoltenberg im Wagen vorgefahren wurde, verabschiedete sich sein Fahrer mit der Frage: »Du, Thorvald, wann glaubst du denn, dass du fertig bist mit dem Treffen?«

Aus deutscher Sicht klingt eine solche Frage anmaßend. Der Fahrer wagt es, den Minister nach seinem Zeitplan zu fragen. Aus nordischer Sicht ist sie aber nur logisch. Denn der Chauffeur muss seine Termine ebenso koordinieren wie der Außenminister, und niemand sagt, dass die Termine des einen wichtiger sind als die des anderen. Und auch für den Außenminister gilt die erste Regel des Jantegesetzes, und die lautet nun mal: »Du sollst nicht glauben, dass du etwas Besonderes bist.«

Kein Uli Hoeneß im hohen Norden

»Das Finanzamt hat mehr Männer zu Lügnern gemacht als die Ehe.«
Der Quizmaster Robert Lembke (1913–1989)

Die Unterschiede zwischen Oben und Unten und zwischen Reich und Arm, sind in den nordischen Ländern wesentlich geringer als hierzulande. Doch natürlich gibt es auch dort Millionäre und arme Menschen. Trotzdem: Die Schere zwischen Arm und Reich geht nicht so weit auf wie in anderen Regionen der Welt. Und: Wer reich ist, der zeigt es nicht. Während ein russischer Millionär die Champagnerkorken knallen lässt und sich Jacht, Villa und eine junge Geliebte in High Heels besorgt und ein deutscher sich zumindest einen Benz oder ein anderes Luxusauto vor die Tür stellt, fährt ein Millionär aus Schweden stattdessen brav mit der Monatskarte in der Straßenbahn zur Arbeit. Der Nachbar soll ja bloß nicht denken, er wäre wegen seines Reichtums arrogant geworden.

Trotzdem kann in den nordischen Ländern jeder – wenn er denn will – genau sehen, was sein Nachbar verdient. Die Steuerdaten sind für jedermann im Internet einsehbar, oder man kann beim Finanzamt anrufen und sie abfragen. Und zwar die Daten einer jeden x-beliebigen Person – egal, ob man die des Nachbarn oder des Ministerpräsidenten wissen will. Dafür braucht man auch keinen besonderen Grund zu nennen. Niemand fragt, zu welchem Zweck man die Informationen braucht. Das ist in Norwegen so und in Finnland. Und in Schweden auch. Dort gilt das »Öffentlichkeitsprinzip« sogar schon besonders lange. Bereits seit 1766 hat jeder Bürger das Recht, Einblick in behördliche Akten zu nehmen. Und zu denen gehören eben auch die Steuerbescheide. Sie glauben es nicht? Dann rufen Sie doch einfach an. Hier ist sie, die Nummer der schwedischen Steuerauskunft: 771-567 567. Noch bequemer ist es, man kauft sich für 274 Kronen – umgerechnet gut 30 Euro – den *taxeringskalender*, Mehrwertsteuer und Versand sind schon inbegriffen. Der Kalender sieht ein wenig aus wie ein Telefonbuch und enthält die Steuerdaten eines jeden Bürgers des Landes bzw. der jeweiligen Provinz. Denn alle Daten würden nicht in ein einziges Buch passen. Wozu man die braucht? Da zitiere ich mal von der Webseite des Verlags, der das Steuerdatenbuch vertreibt: »Mit dem *taxeringskalender* kannst du in aller Ruhe nachschauen, was deine Mitmenschen verdienen. Du kannst deinen Lohn mit dem anderer vergleichen. Du kannst die Steuerdaten deiner Arbeitskollegen nachschlagen, die deiner Nachbarn, von Kollegen, die in derselben Branche arbeiten, von deinen Chefs, von Menschen, mit denen du zusammen einen Kurs besuchst, von Politikern aller Parteien, von Berühmtheiten und allen, die dich sonst noch interessieren. Außerdem findest du eine Liste, auf der all diejenigen stehen, die innerhalb deiner Stadt oder deiner Provinz am meisten verdienen. Und eine ähnliche Liste findest du für die Topverdiener in ganz Schweden.« Na, das ist doch mal praktisch.

Der *taxeringskalender* ist übrigens keine Erfindung unserer Zeit, den gibt es schon seit 1903. Wer nur wissen will, was die Reichen und Berühmten des Landes verdienen, der kann sich das Geld für den *taxeringskalender* aber sparen. Deren Namen und Einkommen kann man ausführlich in der Boulevardpresse nachlesen. Die veröffentlicht jedes Jahr die Steuererklärungen der Spitzenverdiener und Promis.

Wie man mit Steuerdaten umgeht, wurde im Frühjahr 2014 auch in Deutschland intensiv diskutiert. Damals bestimmte ein Thema die Medien: der Prozess um den Bayern-Manager Uli Hoeneß, der den unglaublichen Betrag von 28,4 Millionen Euro am Finanzamt vorbeigeschleust hatte. In diesem Zusammenhang wurde in einigen Talkshows dann auch über das schwedische Steuersystem diskutiert und nachgefragt, ob es als Vorbild für Deutschland dienen könne. Durch seine Transparenz – das schwedische Finanzamt hat direkten Einblick auf die Bankkonten der Bürger – lässt es Steuerhinterziehung in großem Stil nämlich nicht zu. Selbst die stärksten Kritiker von Hoeneß, die ihm die dreieinhalb Jahre im Knast, zu denen er schließlich verurteilt wurde, von Herzen gönnen, lehnten das Öffentlichkeitsprinzip, wie es das Steuerrecht Finnlands, Schwedens und Norwegens vorsieht, uneingeschränkt ab. Das Steuergeheimnis darf nicht angetastet werden, hieß es unisono.

Karl-Bertil sorgt für Gerechtigkeit – ein schwedisches Weihnachtsmärchen

»Ich habe die Pakete gestohlen und sie den Armen gegeben.«
Karl-Bertil Jonsson (14), die Hauptfigur in der Weihnachtsgeschichte *Sagan om Karl-Bertil Jonssons julafton* (»Die Geschichte von Karl-Bertil-Jonssons Heiligabend«)

Sogar im Weihnachtsmärchen spielt der *taxeringskalender* eine Rolle. Seit 1975 zeigt das schwedische Fernsehen Jahr für Jahr am Heiligen Abend denselben Zeichentrickfilm. Er handelt von dem 14-jährigen Karl-Bertil Jonsson, der ein großer Bewunderer von Robin Hood ist. Und deswegen will er, wie es sein Vorbild getan hat, den Armen helfen und sie zu Weihnachten beschenken. Doch woher soll der kleine Junge die Geschenke nehmen? In seinen Ferien arbeitet Karl-Bertil bei der Post und muss dort Pakete sortieren. Da stibitzt er dann die Pakete, die an reiche Menschen adressiert sind, und schenkt sie zu Weihnachten an die Armen weiter. Aber woher weiß nun Karl-Bertil, wer arm und wer reich ist? Ganz genau: Er schaut im *taxeringskalender* nach – und stellt so sicher, dass er nur die wirklich Reichen beklaut und nur die beschenkt, die es wirklich nötig haben. Als Karl-Bertils Diebestour auffliegt, ist sein Vater natürlich total sauer. Er zwingt seinen Sohn, all die bestohlenen Reichen zu besuchen und sich bei ihnen zu entschuldigen. Und dann endet die Geschichte so richtig schwedisch. Denn natürlich sind auch die Reichen an einem funktionierenden Sozialstaat interessiert, und auch sie wollen, dass es den Armen gut geht. Und deswegen sind sie dem kleinen Karl-Bertil auch gar nicht böse, sondern sind im Gegenteil sogar richtig erleichtert darüber, dass sie endlich mal ein Weihnachten ohne sinnlose Geschenke wie Topflappen und Aschenbecher feiern können. Viele Kenntnisse in Literaturinterpretation braucht es nicht, um herauszufinden, für wen der kleine Junge als Symbol steht – für den schwedischen Staat natürlich, der mit einem Steuersystem, als eine Art Robin Hood, den Reichen nimmt und den Armen gibt. Aber auch den Reichen nimmt er eben nur so viel, wie sie verkraften können und damit immer noch zufrieden sind. Und weil Karl-Bertil so ein Guter ist, hat ihm die schwedische Post zu Weihnachten 2002 eine Sonderbriefmarke gewidmet. Und das ist jetzt kein Märchen, sondern die Wahrheit.

Natürlich gibt es auch im Norden Fälle von Steuerbetrug, die aber nehmen sich im Vergleich zu dem, was hierzulande abläuft, wie ein kleiner Taschendiebstahl aus. Der wirkliche große Betrug ist auch kaum möglich, denn das Öffentlichkeitsprinzip sorgt nicht nur dafür, dass der Staat nichts im stillen Kämmerlein regeln kann, es sorgt auch dafür, dass jeder Schwede zum Steuerfahnder wird oder zumindest werden kann. Woher hat denn der Nachbar das neue Auto, wo er doch angeblich so wenig verdient? Und das schöne neue Ferienhaus der Svenssons, wer hat denn das wohl bezahlt? Fragen wie diese gehen in manchen schwedischen (und auch finnischen und norwegischen) Köpfen um. Kritiker sehen hier einen Überwachungsstaat heranwachsen, der der Denunziation Tür und Tor öffnet. Befürworter verweisen dagegen auf die Steuergerechtigkeit und darauf, dass das Steuerrecht im Norden im Gegensatz zu Deutschland eben nicht die Reichen bevorzugt. Steuerhinterziehung gilt nicht als Kavaliersdelikt, und das sehen nicht nur die Staatsanwälte so, sondern eben die allermeisten Menschen. Jan-Erik Bäckman, Chef der Analyseabteilung beim schwedischen Fiskus, bestätigt das und sagt: »Wir haben eine sehr hohe Steuermoral, selbst im Vergleich mit dem restlichen Europa.« In Schweden – und das gilt in ähnlichem Maße auch für Finnland und Norwegen – identifizieren sich die Bürger viel mehr mit dem Staat, als wir das hier tun. Deswegen haben auch die wenigsten das Gefühl, der Staat wolle ihnen Geld wegnehmen. Vielmehr denkt man, dass man für sein (Steuer-) Geld eine ordentliche Gegenleistung bekommt. Auf ihren Sozialstaat sind fast alle Nordeuropäer stolz – selbst Liberale und Konservative sprechen sich in der Regel allenfalls für geringe Steuersenkungen aus – das Sozialsystem wollen sie nicht antasten. In Mittel- und in Südeuropa ist man der Auffassung, »die Politiker sind der Staat«, und deswegen ist der Staat in gewisser Weise der Gegner der Bürger. In den USA hat man das sogar zum Credo gemacht – staatliche Eingriffe sind per Definition schlecht, selbst wenn der Staat sich um die Gesundheitsversorgung der Menschen kümmert, wird das schon als Eingriff in die Freiheit des Einzelnen gesehen.

Im Norden herrschen in dieser Frage geradezu paradiesische Zustände. Der Staat, das sind dort nicht die Politiker, die das Volk regieren. Der Staat, das sind alle Bürger des Landes. Deswegen haben die Nordeuropäer auch ein Grundvertrauen in die Institutionen, das uns geradezu naiv vorkommt. Allerdings: So wirklich belogen wurden sie in der Zeit nach dem Zweiten Weltkrieg von ihren Oberen auch noch nie. Und darum gilt für die meisten, was Christian Albrekt Larsen, Wohlfahrtsstaatsforscher an der Universität im dänischen Århus, sagt: »Für die allermeisten in den nordischen Ländern sind der Staat und seine Institutionen ein Erfolgsmodell.« Wenn es darum geht, weltweit die Länder auszumachen, in denen es am wenigsten Korruption gibt, stehen die nordischen Länder immer auf den ersten Plätzen. Im Corruption Perception Index von Transparency International lag 2013 Dänemark an der Spitze vor Finnland, Schweden und Norwegen – nur Neuseeland konnte sich zu den nordischen Ländern in den Top 5 gesellen. Dafür fehlt Island. Das Land stand für viele Jahre immer unter den Top 3, im Zuge der Bankenkrise und des damit verbundenen Gemauschels ist Island bis auf Platz 12 abgerutscht. Exakt dieselbe Position übrigens, die auch Deutschland einnimmt. Der Fall Islands zeigt exemplarisch, dass das Vertrauen in den Staat auch im Norden kein Blankoscheck ist – die Regierungen müssen es sich immer wieder aufs Neue erarbeiten. Machen sie das nicht, wie die isländische Regierung während der Finanzkrise, dann werden sie vom Hof gejagt. 2009 musste der konservative Ministerpräsident Geir Haarde zurücktreten. Und dass der Komiker Jón Gnarr 2010 zum Bürgermeister von Reykjavík gewählt wurde, war auch ein Zeichen des Bürgerprotests. Zur isländischen Bankenkrise und Gnarrs politischer Karriere an anderer Stelle dieses Buches mehr.

Die Steuererklärung macht das Finanzamt

»In letzter Konsequenz führt die Besteuerung in Schweden dazu, dass man alles, was man verdient, dem Finanzamt abliefert. Dafür bekommt man Essensmarken und alle drei Jahre einen Anzug.«
Lars Jönsson (*1961), schwedischer Filmemacher

Jetzt aber wieder zurück nach Schweden und zu einem speziellen »Bürgerservice«: Weil der Staat ohnehin fast alles von seinen Bürgern weiß – auch auf die Bankdaten seiner Bürger hat er Zugriff –, kann er einen ganz besonderen »Service« bieten. Das Finanzamt schickt den Steuerpflichtigen die Steuererklärung schon vorausgefüllt zu. Die muss man dann nur noch unterschreiben und zurückschicken. Seit Neuestem kann man seine Zustimmung zur amtlichen Steuerberechnung sogar per SMS abgeben – einfach ins Handy tippen, dass man damit einverstanden ist, was der Steuercomputer errechnet hat, und schon ist die Steuererklärung fertig. Bereits zehn Prozent der Schweden machen von dieser Möglichkeit Gebrauch. Möglich wird die »Kurzsteuererklärung« auch deswegen, weil das schwedische Steuerrecht sehr einfach ist. Ausnahmen gibt es kaum, individuelle Abzugsmöglichkeiten wenige.

Der bekannteste Fall von Steuerbetrug, den es in Schweden in den letzten Jahren gab, war der von Maria Borelius, ihres

Zeichens Journalistin, Autorin, Unternehmerin und Politikerin der konservativen Moderata Samlingsparti. 2006 war sie acht Tage lang Handelsministerin, bevor sie wegen eines Steuerskandals zurücktreten musste. Kurz nach ihrer Ernennung wurde bekannt, dass sie Anfang der 1990er Jahre – also mehr als zehn Jahre bevor sie Ministerin wurde – ein Kindermädchen »schwarz« angestellt hatte. Außerdem musste sie zugeben, dass ihr Lebenspartner ein 735 000 Euro teures Sommerhaus in Schweden über eine Briefkastenfirma im Steuerparadies Jersey gekauft hatte, um Vermögenssteuer zu sparen.

Natürlich war die Ministerin nicht mehr zu halten und musste sofort zurücktreten. Ironischerweise war die Regierung, der Maria Borelius angehören sollte, mit dem Wahlversprechen angetreten, die Vermögenssteuer abzuschaffen. Und das geschah dann auch – unmittelbar nach dem Rücktritt der Ministerin.

Auch die Isländer nehmen es mit dem Steuergeheimnis nicht so genau. Ausgehend von der Kommunalsteuer kann man mit geringen Mathematikkenntnissen das Einkommen jedes einzelnen Bürgers ausrechnen. Und weil die Isländer in diesem Kapitel ein wenig zu kurz kamen, will ich Ihnen zumindest noch verraten, was der Premierminister und der Präsident verdienen. Der eine kommt auf 7000 Euro im Monat, der andere auf gut 9400 Euro.

Falls ich jetzt ein wenig weit ausgeholt habe: Auch das Thema Steuergerechtigkeit hat etwas mit dem Jantegesetz zu tun, denn auch in diesem Fall gilt: »Niemand soll denken, er sei etwas Besonderes«, egal, ob er oder sie Zumwinkel, Hoeneß oder Schwarzer heißt. Und egal auch, ob er oder sie ein Ministeramt bekleidet.

Immer schön bescheiden bleiben

»Übertriebenes Gehabe und das sture Beharren auf dem Status zählen im schwedischen Geschäftsleben zu den Todsünden.«
Tipp aus einer Publikation von »Springer Management« für deutsche Geschäftsleute

Die Politiker des Nordens müssen nicht nur brav ihre Kinderfrau versteuern, sie sind auch noch anderen ungeschriebenen Regeln des Jantegesetzes unterworfen. Wer in Fernsehdiskussionen besserwisserisch auftritt, wie es die beiden deutschen Exbundeskanzler Schröder und Kohl mit Vorliebe taten, hätte beim Wähler keine Chance. Demonstrativ zur Schau getragene Selbstsicherheit wird nicht als Führungsstärke angesehen, sondern schlicht als Arroganz. Der ehemalige schwedische Ministerpräsident Göran Persson, der wegen seines rüden Auftretens »Bulle-Persson« genannt wurde, musste sich erst selbst disziplinieren, bevor er bei den schwedischen Wählern ankam. Als er dann im Wahlkampf 2006 in sein altes Verhalten zurückfiel und Journalisten, die ihm unliebsame Fragen stellten, anblaffte, sanken seine Popularitätswerte sofort. Obwohl das Land unter seiner Regierung hervorragende Wirtschaftsdaten aufweisen konnte, wurde Persson nicht wiedergewählt.

Auch im Geschäftsleben bringt allzu deutlich zur Schau getragene Selbstsicherheit nichts. Damit haben deutsche Manager, die mit Unternehmen in Nordeuropa ins Geschäft kommen wollen, häufig Probleme. Sie sind harte Diskussionen gewöhnt, pochen auf ihren Standpunkt und rücken nur widerwillig von ihren Forderungen ab. So mancher deutsche Firmenchef ist schon zufrieden lächelnd und die Hände reibend aus einer Verhandlung gegangen, weil er glaubte, sich leicht durchgesetzt zu haben. Später musste er dann erstaunt feststellen, dass der anvisierte Vertrag nie unterzeichnet wurde. Dabei hätte er sich nicht zu wundern brauchen, hatte er doch gegen das Jantegesetz verstoßen. Normalerweise wird verhandelt, bis ein Konsens gefunden ist. Das sind Deutsche nicht gewöhnt, sie wollen ihre Interessen durchsetzen. Ist kein Kompromiss möglich, stimmen die Leute aus dem Norden irgendwann höflich zu – der Streit ist zwar vermieden, aber nachgegeben haben sie trotzdem nicht. Zugegeben, feine Unterschiede gibt es da schon – in Dänemark trifft der deutsche Manager häufig auf Kollegen, die eher in »mitteleuropäischem Stil« verhandeln. Ein schwedischer Freund hat das mir gegenüber einmal so beschrieben: »Wir verhandeln immer so, als ob wir dem Verhandlungspartner wieder einmal begegnen würden. Bei uns müssen am Ende immer beide mit dem Geschäft leben können. Die Dänen dagegen sehen jedes Geschäft für sich selbst.«

Flirten für Anfänger

Nach so viel Steuer und Politik zwischendurch zu einem angenehmeren Thema – es ist: die Liebe. Doch man glaubt es kaum, auch die hat mit dem Jantegesetz zu tun.

Weil bescheidenes Auftreten wichtig ist, empfinden die Nordeuropäer einen allzu langen und direkten Blickkontakt als unhöflich. Okay, in Dänemark ist das ein wenig anders, aber die Dänen gelten ja auch als die »Italiener des Nordens«. Für die gilt die folgende Geschichte nicht, die sich in Stockholm zugetragen hat, aber auch in Helsinki oder Oslo hätte spielen können. Vor einigen Jahren kamen die PR-Leute einer schwedischen Bank auf die vermeintlich geniale Idee, die Stockholmer U-Bahn mit einem Flirtwaggon auszustatten. Stolz bewarben die Werbeleute ihre Idee mit großen Anzeigen. Überall konnte man vom »Singlewagen« lesen. Jeden Montag, so die Aufforderung, sollten nur noch die Ungebundenen ganz vorne in den Zug einsteigen. So würde der erste Wagen zum Flirtabteil auf dem Weg zur Arbeit. Die Idee war im Prinzip hervorragend, auch weil Stockholm als die Welthauptstadt der Singles gilt. Als Vorbild für die Flirtaktion diente New York.

Dort war das Flirtabteil angeblich ein Riesenerfolg. Sicherlich hätte die Sache mit dem Flirtwagen in Madrid, Paris oder auch Rom funktioniert – nicht aber in Stockholm. Denn zum Flirten müsste man die oder den Mitreisende(n) erst mal ansehen oder, noch besser, mit ihr oder ihm sprechen. Genau das aber passiert im Norden nur selten. Kontaktaufnahme im öffentlichen Raum gehört nicht gerade zu den Stärken der Schweden – ganz zu schweigen vom Flirten in der Öffentlichkeit.

Es ist sicher kein Zufall, dass sowohl der Suchbegriff »flirtende Schweden« als auch der »flirtende Finnen« bei Google keinen einzigen Treffer ergeben hat, dafür einen Verweis auf einen Zeitungsartikel mit dem Titel »Flirtende Bären, trinkende Finnen«.

»Hinten anstellen bitte« und der Zwang zum Mittelmaß

»Man lobt sich selbst nicht zu sehr und verfällt jedoch aber auch nicht in Selbstzweifel aufgrund der eigenen Mittelmäßigkeit.«
Ivy, eine junge deutsche Frau, die nach Schweden ausgewandert ist, in ihrem Blog

Interpretiert man das Jantegesetz positiv, setzt es ein großes Stoppschild für Egoismus und Arroganz. Es steht für Bescheidenheit und Gerechtigkeit, die Fähigkeit zur Selbstkritik und Selbstreflexion. Alle sind gleich, jeder bekommt dasselbe, jeder hat die gleichen Rechte. Eigentlich eine schöne Vorstellung, auf der auch die Idee des Wohlfahrtsstaats beruht.

Deswegen wird auch derjenige sanktioniert, der aus der Gruppe herauszuragen versucht, um sich so einen Vorteil zu verschaffen. Das geht hinein bis in die alltäglichsten Rituale, und daher ist auch das Vordrängeln im Norden absolut verpönt. Um ganz sicherzugehen, dass keiner auf die Idee kommt, sich vorzudrängeln, haben die Schweden den *nummerlapp* erfunden, der inzwischen im ganzen Norden verbreitet ist. Wer sich dort in der Apotheke, beim Bäcker, auf der Post, der Bank oder irgendeiner Behörde anstellt, zieht sich aus einem Kästchen am Eingang erst einmal ein Zettelchen, auf dem die Wartenummer steht. Wird die entsprechende Nummer dann angezeigt oder aufgerufen, ist man dran – vordrängeln unmöglich. Manchmal übertreiben es die Schweden aber auch, ein bisschen übergenau muss man sich in manchen Apotheken zwischen zwei *Nummerlapp*-Maschinen entscheiden, an der einen zieht man die Nummer, wenn man ein rezeptfreies Medikament kaufen möchte, und an der anderen, wenn man eines mit Rezept braucht. Was wohl, wenn man sowohl ein rezeptfreies als auch ein rezeptpflichtiges Medikament kaufen will?

Inzwischen gibt es solche Kästen auch in Deutschland – besonders in Bürger-, Finanz- oder Arbeitsämtern. Erfunden wurde der *nummerlapp* aber im Norden.

Dass man Vordrängler, Steuersünder und hochnäsige Angeber nicht mag, ist ja erst einmal nichts Schlechtes. Doch im Norden straft man nicht nur ein Verhalten ab, durch das sich der Einzelne unrechtmäßige Vorteile sichert. Kritisch begegnet man auch demjenigen, der sich seinen Erfolg rechtschaffen erarbeitet hat. Das Jantegesetz befördert nämlich auch eine Diktatur des Durchschnitts. Wo es keine »Schlechteren« gibt, kann es auch keine »Besseren« geben. Deswegen soll niemand klüger, erfolgreicher, reicher oder schöner sein als der andere. Man rümpft schnell die Nase über jeden, der auf seiner Visitenkarte mit dem Doktortitel prahlt. Wer gar seinen Magistertitel in gedruckter Form vor sich herträgt, macht sich zum Zielobjekt stillen Spotts. Keiner lässt sich von einem Doktortitel auf dem Papier beeindrucken. Eher denkt man: »Der muss es ja nötig haben, seinen Titel so vor sich herzutragen.« Österreicher, die sogar den Magister stolz auf ihrer Visitenkarte vermerken, sollten sich vor einer Geschäftsreise in den Norden lieber einen neuen Satz Karten drucken lassen.

Ein Nordeuropäer stellt sich selbst immer so durchschnittlich wie möglich dar, auch dann, wenn er wirklich Besonderes leistet. »Och, das war doch gar nicht so toll«, wird der norwegische Nobelpreisträger abwinken, wenn man ihn zu seinen Entdeckungen befragt. »Das hätte doch jeder gekonnt«, wird der finnische Speerwerfer sagen, der gerade einen Weltrekord geworfen hat. Und »da war auch viel Glück mit im Spiel«, wird der schwedische Manager antworten, der gerade im fünften Jahr in Folge Rekordgewinne für seine Firma eingefahren hat. Während man in den meisten anderen Ländern danach strebt, der Beste zu sein, bemüht man sich in den nordischen Ländern, so wenig wie möglich aus der Menge herauszustechen. Gleichheit steht für die Nordeuropäer ganz oben auf der Liste der guten Eigenschaften. Will man einem von ihnen ein Kompliment machen, dann sagt man ihm, dass er ein ganz normaler Typ sei. Damit macht man ihm garantiert eine Freude, egal ob er Handwerker, Professor oder König ist.

Lågom sagen die Schweden, wenn etwas weder besonders gut noch besonders schlecht ist – also »genau richtig«. Mittelmaß eben. Trotzdem wäre das die falsche Übersetzung. Unser »Mittelmaß« hat nämlich eine negative Bedeutung, das schwedische *lågom* hingegen ist durch und durch positiv gemeint. *»Lågom är bäst«* – »genau richtig ist das Beste« lautet ein schwedisches Sprichwort. Schon der Ursprung des Wortes *lågom* gibt einen Hinweis auf seine heutige Bedeutung. Früher tranken die Wikinger nämlich alle gemeinsam aus einem einzigen Trinkhorn. Das ging reihum, also *»laget om«*. Damit es keinen Streit gab, mussten alle gleich viel trinken, jeder so viel, dass es »gerade recht« war – *lågom* eben.

Mit Ehrgeiz zum Außenseiter

»Gibt es einen Verteidiger, den Sie fürchten?«
»Nein, denn wer mich stoppen will, muss mich umbringen.«
Der Fußballer Zlatan Ibrahimović auf eine Journalistenfrage in ganz unschwedischer Arroganz

Ehrgeiz wird im Norden oft mit Egoismus gleichgesetzt. Wer auf seiner kritischen, vom Mainstream abweichenden Meinung beharrt, wird schnell zum Außenseiter. Da hilft es dann auch nicht, wenn die Ansicht des Abweichlers nachweislich die Richtige ist. Im Norden lebt man vielfach nach dem Motto: »Wir machen das hier so, haben es immer schon so gemacht, und wo kämen wir denn hin, wenn jeder Dahergelaufene Verbesserungsvorschläge machen könnte.«

Wer dazugehören will, muss sich anpassen, darf nichts Besonderes sein und darf auch nichts Besonderes sein wollen. Wenn man einen neuen Job annimmt, wird man in der Regel herzlich aufgenommen und schnell ins Team integriert. Das »Du« hilft dabei. Allerdings sollte sich der Neue erst einmal davor hüten, gleich irgendwelche Verbesserungsvorschläge vorzubringen. In Deutschland mag das als engagiert gelten, vielleicht sogar als besonderer Einsatz für die Firma. Im Norden denkt man eher: Für wen hält sich der Typ eigentlich? Da ist er gerade erst ein paar Monate (Jahre) in der Firma, und schon glaubt er, alles besser zu wissen. Sie erinnern sich, eine Regel des Jantegesetzes lautet: »Du sollst nicht glauben, dass du uns etwas beibringen kannst.«

Ein deutscher Arzt, der sich »Frank« nennt und in Schweden arbeitet, schreibt in der Onlineausgabe des Ärzteblatts frustriert: »Mit dem Mentalitätsunterschied kann ich leben, nicht aber, wenn man Probleme lösen will, Gruppen einberuft und dann nur dahersäuselt. Dann müssen die Karten auf den Tisch … und damit haben die Schweden oftmals ein Problem. Offene Kritik ist unerwünscht.« Das hat Frank zwar ganz richtig beobachtet, er wird aber sicher nichts ändern, wenn er durch allzu forsches Auftreten seine Kollegen vor den Kopf stößt. So wird er allenfalls binnen kürzester Zeit mit dem Stempel »typisch deutsch« versehen werden.

Wenn Frank trotzdem einen Vorschlag einbringen will, kann er es so versuchen: »Wisst ihr, ich habe da eine ganz doofe Idee, die wirklich nichts Besonderes ist, aber könnten wir darüber nicht eventuell mal in der nächsten Teamsitzung reden?«

Eine Idee wird ohnehin erst dann umgesetzt, wenn sie alle gut finden, und das kann unter Umständen (lange) dauern. Konsens ist überall in Nordeuropa das Zauberwort. Deswegen fallen auch politische Entscheidungen manchmal sehr langsam. Als ich vor Kurzem an einer Führung durch die 2008 eröffnete Osloer Oper teilnahm, begann der Guide seinen Vortrag mit den Worten: »Wir sind hier eine Demokratie, da müssen wir Kompromisse machen.« Damit wollte er erklären, warum die Planungen zum Bau des Gebäudes ein paar Jahrzehnte in Anspruch genommen hatten. Wenn man so lange redet, bis es allen recht ist, braucht das eben seine Zeit.

Und noch etwas funktioniert im Norden nicht so richtig: Weil alle gleich sind, konnte sich der Servicegedanke nur schwer durchsetzen. Jemanden zu bedienen und umgekehrt auch sich bedienen zu lassen – beides liegt den Leuten nicht. Noch vor Kurzem konnte es einem selbst in einem Spitzenlokal passieren, dass der Kellner die Frage nach einer neuen Gabel oder einem neuen Messer mit dem Fingerzeig auf den Besteckkasten beantwortete. Unfreundlich wurde man deswegen noch lange nicht bedient, aber in den Restaurants in Nordeuropa behandelte man die Gäste lange Zeit nach der Devise: »Fühl dich wie zu Hause« – da mögen sie dich zwar gern, aber bedient wirst du trotzdem nicht. Einen solchen »nordischen Service« findet man heute kaum noch – allerdings so ganz ohne »Mitmachen« kommen die Gäste meist doch nicht davon. Entweder muss man am Tresen bestellen (oder zahlen) oder sich zumindest den Salat oder die Suppe selbst vom Büfett holen.

Das spart nicht nur Personal im Restaurant. Es ist auch gut für den Gast, denn die Menschen im Norden fühlen sich einfach besser, wenn sie überall ein wenig mithelfen können und dadurch beweisen, dass sie nichts Besseres sind als die anderen.

Noch hat das Jantegesetz den Norden fest im Griff – doch allmählich setzt sich auch hier der Individualismus durch. Die jüngere Generation löst sich von den alten Verhaltensmustern, und auch in Skandinavien gelten Typen als cool, die unangepasst ihrer Wege gehen. Sportler wie Zlatan Ibrahimović, Fußballgenie und Stinkstiefel gleichermaßen, und Petter Northug, weltbester Skilangläufer und gleichzeitig arrogantester Sportler im Weltcup, hätten früher nie als Vorbilder getaugt. Heute aber sind sie Idole einer ganzen Generation. Ein junger Mann, der sich Orange Juixce nennt, verteidigt auf der Internetseite einer norwegischen Sportzeitung sein Vorbild Northug. Er schreibt: »Ich stehe auf Typen, die sich nicht ums janteloven scheren, und zeigen, dass sie besser als andere sind.«

Nur die Finnen versteht wieder keiner: die Sprachen Nordeuropas

»Ansonsten sind die skandinavischen Sprachen für Deutsche relativ einfach zu lernen. Ich mache mich gern ein wenig lustig darüber, indem ich behaupte, die nordischen Sprachen hätten keine Grammatik.«
Professor Bernd Henningsen (*1945), Gründungsdirektor des Nordeuropa-Instituts der Humboldt-Universität zu Berlin

Eine gemeinsame Sprache ist der Schlüssel zum gegenseitigen Verständnis von Menschen. Da haben die Nordeuropäer schon mal einen großen Vorteil – zumindest die meisten von ihnen. Dänisch, Norwegisch und Schwedisch sind einander so ähnlich, dass jeder Bewohner der drei Länder die Sprache der Nachbarländer verstehen kann.

Wie Deutsch gehören auch die nordischen Sprachen zur

germanischen Sprachfamilie. Das Urgermanische – Vorläufer aller germanischen Sprachen – teilte sich im 6. und 7. Jahrhundert in einen westlichen, einen östlichen und einen nördlichen Zweig. Zum Westgermanischen gehören u.a. Deutsch und Englisch und zum Ostgermanischen zum Beispiel Gotisch. Goten gibt es aber schon lange keine mehr, und deswegen ist auch deren Sprache ausgestorben.

Das Nordgermanische, Sprachwissenschaftler sprechen vom Norrön, war während der Wikingerzeit vom 8. bis zum 10. Jahrhundert die gemeinsame Sprache des Nordens. Dann veränderte sich die nordische Sprache allmählich. Und das war – rückblickend aus heutiger Sicht – auch gut so. Im Laufe der Jahrhunderte wurde nämlich die Grammatik der nordischen Sprachen immer einfacher. Während es das Altnordische mit seinen schwierigen Regeln problemlos mit der Kompliziertheit des Deutschen aufnehmen kann, sind das moderne Dänisch, Schwedisch und Norwegisch relativ einfache Sprachen.

Um das Jahr 1000 herum übernahmen die Dänen Elemente aus anderen Sprachen, die »Hinterwäldler« aus Norwegen behielten, da sie kaum Kontakt zur Außenwelt hatten, die ursprüngliche Sprache noch lange bei. In den folgenden Jahrhunderten wurde Dänemark zur beherrschenden Macht im Norden und Norwegen allmählich zu seiner Kolonie. Dänisch wurde zur Verwaltungssprache, und Norwegisch verkam zu einem Dialekt, der nur noch auf dem flachen Land gesprochen wurde. Dass Norwegisch von der Bildfläche verschwand, lag auch an der Pestepidemie von 1349/50. Damals fielen fast alle Priester dem schwarzen Tod zum Opfer. Da sie zu den wenigen Lese- und Schreibkundigen im Land gehörten, starb mit ihnen auch die norwegische Schriftsprache.

Nach der Reformation wurde das verstaubte Kirchenlatein aus den Kirchen verbannt und durch Dänisch ersetzt. Erstmals verstanden jetzt die Gläubigen, was ihnen der Priester erzählte. Was für das Seelenheil der Norweger gut gewesen sein mag, erwies sich für ihre Sprache als der endgültige Todesstoß. Das nun auch im Gottesdienst verbreitete Dänische setzte sich mehr und mehr als Umgangssprache durch, und bald schon sprach ganz Norwegen dänisch – allerdings mit norwegischem Akzent.

Auch in Schweden hatte die Reformation Auswirkungen auf die Sprachentwicklung, allerdings mit umgekehrter Wirkung. Während in Norwegen die eigenständige Sprachentwicklung endete, begann sie mit diesem Datum in Schweden.

1520 war es in Schweden zu einem Aufstand gegen den dänischen König Christian II. gekommen, der als Unionskönig auch über Schweden herrschte. Das dänische Söldnerheer konnte die aufständischen schwedischen Bauern besiegen, die sich schließlich ergaben. Bei dem anschließenden Versöhnungsfest, zu dem er sie eingeladen hatte, ließ der Dänenkönig seine Kontrahenten festnehmen und hinrichten. Diese Niedertracht verziehen ihm die Schweden nicht. Der Volksaufstand brandete nun mit gesteigerter Heftigkeit erneut auf, und diesmal besiegten sie Christian endgültig. Gustav Wasa, der Mann, der den Aufstand angeführt hatte, wurde 1523 zum König gewählt. Drei Jahre später führte er schrittweise die Reformation ein. Allerdings nicht, weil er damit seinen Glauben stärken, sondern weil er so die Macht der katholischen Kirche zerschlagen und sich deren Besitz einverleiben wollte.

Der kleine geschichtliche Exkurs, den ich an anderer Stelle vertiefen werde, zeigt, dass hier politische Ereignisse unmittelbaren Einfluss auf die Sprachentwicklung hatten. Sprachwissenschaftler legen den Beginn der Reformation und damit 1526 als Geburtsjahr der neueren schwedischen Sprache fest. Nun darf man sich das natürlich nicht so vorstellen, als hätten von einem Tag auf den anderen die Menschen plötzlich eine neue Sprache gesprochen. Aber von jenem Jahr an entwickelte sich das Schwedische unabhängig vom Dänischen. Beflügelt wurde die Entwicklung des Schwedischen, weil die Sprache des Volkes auch hier mit der Reformation Einzug in die Kirchen hielt. Jetzt wurde Gottes Wort in der Sprache des Volkes gepredigt. Deswegen musste auch die Bibel ins Schwedische übersetzt werden. Mit der Gustav-Wasa-Bibel – die trotz des Namens natürlich nicht der König, sondern drei schwedische Theologen vom Deutschen ins Schwedische übertrugen – wurde die Grundlage für eine eigene Schriftsprache geschaffen. Für uns Deutsche ist Schwedisch auch deshalb relativ einfach zu erlernen, weil die Hanse, die in Schweden zahlreiche Niederlassungen hatte, und Vorpommern in der Folge des Dreißigjährigen Krieges viele Jahrhunderte zu Schweden gehörten. Dadurch war der Einfluss der deutschen Sprache aufs Schwedische von Anfang an enorm. Aber nicht nur auf die schwedische Sprache hatten die Deutschen Einfluss – das ist jedoch eine andere Geschichte und wird deswegen an anderer Stelle des Buches behandelt.

An dieser Stelle schauen wir nun erst einmal zu den Nachbarn der Schweden, nach Norwegen. Norwegen ist ein kleines Land, doch es leistet sich den Luxus zweier Sprachen. Offenbar müssen die Norweger da etwas kompensieren, denn bis vor 150 Jahren hatten sie gar keine eigene Sprache – man sprach Dänisch. Wenn nicht der dänische König Frederik VI. 1807 bei den Napoleonischen Kriegen auf den falschen Verbündeten gesetzt hätte, spräche man in Norwegen vielleicht auch heute noch Dänisch. Damals zog der Däne zusammen mit dem Franzosenkaiser gegen England, Russland und Schweden in den Krieg. Und als das Heer Napoleons 1813 in der Völkerschlacht bei Leipzig vernichtend geschlagen wurde, stand auch Dänemark auf der Verliererseite. Das Land musste Norwegen an Schweden abtreten. Zunächst hatte das keine Auswirkung auf den Sprachgebrauch. Da Schweden Norwegen weitgehende Autonomie zugestand, blieb Dänisch dort weiterhin die Behördensprache. Doch in den 30er Jahren des 19. Jahrhunderts wurden Forderungen nach einer eigenen norwegischen Sprache laut. Im Zuge der Nationalromantik besann man sich damals auch in Norwegen auf die eigenen kulturellen Wurzeln – und machte sich auf die Suche nach einer eigenen Sprache. Von da an stritt man darüber, wie die norwegische Sprache aussehen sollte. Schnell bildeten sich zwei Lager. Die einen, unter der Führung des Dichters und Sprachforschers Ivar Aasen (1813–1896), propagierten die Loslösung vom Dänischen. Sie wollten eine völlig neue norwegische Sprache aus den noch bestehenden Dialekten bilden. *Landsmål* nannten sie diese Sprachkreation.

Auf der anderen Seite standen die Anhänger des Lehrers und Linguisten Knut Knudsen (1812–1895). Sie favorisierten eine allmähliche Norwegisierung der dänischen Sprache. Dazu sollte zunächst die Schreibweise der Aussprache angepasst werden. Schon immer hatten die Norweger die dänische Sprache mit »Akzent« gesprochen, und dieser Akzent sollte jetzt ein maßgebliches Merkmal der Hochsprache werden. Die Reichssprache – *riksmål* – entstand. 1929 wurden dann beide Sprachen vom norwegischen Reichstag umbenannt, aus *riksmål* wurde *bokmål*, aus *landsmål nynorsk*.

Während anderswo vielleicht politische Intrigen und Ränkespiele darüber entschieden hätten, welche Sprache nun Staatssprache wird, kam es im norwegischen Sprachenstreit zu einer für das Land sehr typischen Lösung: Beide Sprachformen wurden gleichberechtigt nebeneinander akzeptiert. Heute sprechen 85 bis 90 Prozent der Norweger *bokmål* – vor allem in den Städten und im dicht bevölkerten Süden und Südosten des Landes. Die Hochburgen vom *nynorsk* liegen in Westnorwegen mit Bergen als Zentrum.

Im Grunde aber ist der Unterschied zwischen beiden Sprachen gar nicht so groß. *Nynorsk* und *bokmål* sind einander so ähnlich, dass jeder Norweger die jeweils andere Sprache ohne Schwierigkeiten versteht. Doch ein Problem bleibt ihm: Soll er die Nationalmannschaft beim nächsten Länderspiel mit einem lauten *Norge* anfeuern, wie Norwegen auf *bokmål* heißt? Oder soll er sein Team doch lieber auf *nynorsk* nach vorne peitschen und *Noreg* brüllen?

Während die Norweger die »jüngste« nordische Sprache sprechen, haben die Isländer die älteste. Das Isländische entwickelte sich vom 11. Jahrhundert an getrennt von den übrigen nordischen Sprachen und ist deswegen auch für die anderen Nordeuropäer heute mehr oder weniger unverständlich. Freilich können sie hier und da ein Wort entschlüsseln, ja mitunter auch einen ganzen Satz – aber eine interskandinavische Kommunikation ist auf Grundlage der isländischen Sprache nicht möglich. Als Island im 9. Jahrhundert besiedelt wurde, brachten die Einwanderer ihren westnorwegischen Dialekt mit. Schon zwei Jahrhunderte später hätten sich die Isländer nur noch schwer mit ihren Vorfahren in Norwegen verständigen können. Das lag an zwei Dingen: Zum einen hatten die Isländer neue Buchstaben aus dem Altenglischen in ihre Sprache übernommen, zum anderen hatte sich das Norwegische unter dänischem Einfluss in dieser Zeit rasant verändert. Wie es häufig der Fall ist – beispielsweise auch im Falle der USA und Englands – entwickelte sich auch hier die Sprache der Auswanderer langsamer weiter als die der Daheimgebliebenen.

Deswegen wird oft behauptet, dass die heutigen Isländer die alten Sagas immer noch im Original lesen könnten. Ganz so stimmt das nicht. Obwohl sich Isländisch wesentlich widerstandsfähiger gegen Einflüsse von außen zeigte als die anderen nordischen Sprachen, sind tausend Jahre Sprachentwicklung auch am Isländischen nicht spurlos vorbeigegangen. Vermutlich hat früher die isolierte Lage der Insel Einflüsse aus anderen Fremdsprachen verhindert. Doch noch heute bilden die Isländer lieber neue Worte mit Elementen der eigenen Sprache, als dass sie Fremd- oder Lehnwörter aus einer anderen Sprache übernehmen. Das Wort *sími* beispielsweise, das ursprünglich Draht bedeutete, ist die isländische Entsprechung von Telefon. Ein Mobiltelefon ist deswegen ein »beweglicher Draht«, also ein *farsími.* Das Wort für Computer, *tölva,* wurde aus dem Wörtern *tala,* Zahl, und *völva,* Wahrsagerin, gebildet. Der isländische Computer ist also eine Zahlenwahrsagerin.

Auch die Finnen verfahren ähnlich und übernehmen nur selten Fremdwörter in ihre Sprache. Sie nennen das Telefon *puhelin*. Die Herleitung des Wortes erfolgt etwas anders als im Isländischen, sie ist aber nicht weniger logisch. *Puhe* heißt Sprache, und nichts anderes als ein Gerät zur Sprachübertragung ist das Telefon schließlich. Der Computer ist im Finnischen eine Wissensmaschine – *tietokone*, und die Jeans sind Bauernhosen – *farkut*.

Finnisch gehört zur finnougrischen Sprachfamilie, zu der auch das Ungarische und Estnische gehören. Ähnlichkeiten mit germanischen Sprachen gibt es nicht. Und deswegen kann man vom Wort- bzw. Lautbild nur selten Analogien zum Deutschen herleiten. Während ein deutscher Tourist in Norwegen sicher den Weg zum *strand* oder in die *stad* finden wird, weiß ein Finnlandbesucher vermutlich noch lange nicht, was die entsprechenden Worte *ranta* und *kaupunki* bedeuten. Möglich, dass die Finnen ja deshalb so wenig sprechen, weil ihre Sprache so schwer ist. Der bekannte finnische Schriftsteller Väinö Linna hat einmal gesagt: »Nur Gott sprach Finnisch.« Und auch der spricht ja nicht viel. Da Finnland damals zu Schweden gehörte, hatte die vom schwedischen König Gustav Wasa durchgesetzte Reformation in Finnland ebenfalls Auswirkungen auf die Sprachentwicklung. Auch hier sollte das »Wort Gottes« von nun an in der Sprache des einfachen Volkes verkündet werden, und so entstanden auch erste Bibelübersetzungen – die finnische Übersetzung des Neuen Testaments erschien 1548.

Allerdings waren die Folgen wesentlich weniger weitreichend als in Schweden. Ein eigenständiges finnischsprachiges Kulturleben gab es nicht, im Land hatten ja die Schweden das Sagen, und so war Schwedisch die Sprache der Kunst, Kultur und Bildung. Aber auch »die Obrigkeit« sprach ausschließlich Schwedisch. Finnisch galt als die Sprache der Bauern und wurde als solche eigentlich nicht ernst genommen. Erst nachdem Finnland 1809 unter russische Herrschaft gekommen war, entwickelte sich allmählich ein finnisches Nationalbewusstsein, und wer sich als Finne zeigen wollte, musste natürlich auch Finnisch sprechen. Dabei gab es nur ein winziges Problem: Die Intellektuellen, die sich ganz besonders stark zum Finnentum und zur finnischen Kultur bekannten, stammten aus dem gebildeten Bürgertum und sprachen selbst meist kein Finnisch. Johan Ludvig Runeberg (1804–1877) schrieb zwar patriotische Gedichte über den finnischen Freiheitskampf und lieferte sogar den Text für die finnische Nationalhymne, beides allerdings auf Schwedisch. Und selbst Elias Lönnrot (1802–1884) veröffentlichte 1835 den ersten Band des finnischen Nationalepos *»Kalevala«* auf Schwedisch. Erst mit dem Roman *Die sieben Brüder* von Aleksis Kivi (1834–1872) erlangte die finnische Sprache die endgültige Anerkennung als Kultursprache.

Die Inuit kommen in diesem Buch ein bisschen kurz – das liegt in der Natur der Dinge, denn zu Nordeuropa gehören ja nur einige von ihnen – und auch die nur, weil Grönland politisch (immer noch) zu Dänemark gehört. Das Kapitel über die Sprachen möchte ich aber damit abschließen, endlich einmal mit einem alten Irrglauben aufzuräumen. Nämlich dem, dass die Inuit besonders viele Worte für »Schnee« kennen würden. Abgesehen davon, dass es die eine »Eskimosprache« gar nicht gibt, die Inuit vielmehr zahlreiche verschiedene Sprachen sprechen, weist auch keine von diesen einen besonderen »Schneereichtum« auf. Der Mythos ist ein reines Missverständnis, und das rührt daher, dass sämtliche eskimo-aleutischen Sprachen polysynthetische Sprachen sind. Wikipedia erklärt das so: »In polysynthetischen Sprachen wird ein Satz oder Satzteil gebildet, indem ein zentrales lexikalisches Morphem (meist das Verb) – mit einer Vielzahl gebundener Morpheme mit morphosyntaktischer oder semantischer Funktion durch Affigierung kombiniert wird.«

Wer das wie ich immer noch nicht verstanden hat, für den gibt es hier die vereinfachte Erklärung für Nichtlinguisten: Ein neues Wort wird schlicht durch Anhängen der zusätzlichen Informationen gebildet. Konkret: In den Eskimosprachen würde man nicht sagen »der Schnee ist dreckig«, sondern »Schneedreck«. Die Anzahl der Wörter für »Schnee« an sich erhöht sich dadurch aber nicht. Genau diesem Trugschluss war einer der ersten Forscher erlegen, der zu den Inuit kam. Die Zeitungen druckten seine falschen Thesen ab, die zudem noch den »Vorteil« hatten, absolut logisch zu klingen, denn nirgends schneit es mehr als im Lande der Eskimos. Die meisten Worte für Schnee hat übrigens – und da schließt sich der Kreis zu den nordischen Sprachen – das Isländische, nämlich genau 16. Schneefall heißt beispielsweise *fannkoma,* schwerer Schneefall mit großen Flocken bei ruhigem Wetter *hundslappadrífa,* Pulverschnee *lausamjöllb* …

Immer auf die Schweden? Das Verhältnis untereinander

»Was hat der Schwede, was der Norweger nicht hat?
Antwort: gute Nachbarn.«
Norwegischer Schwedenwitz

Immer auf die Großen. Die werden von den kleinen Geschwistern geärgert und dürfen sich nicht mal richtig wehren, weil sie ja die »vernünftigeren« sind. Der große Bruder im Norden, das sind die Schweden. Meist sind sie es, die den Spott der Nachbarn abbekommen.

Die Dänen kommen gut weg im gesamtnordischen Urteil. Die gelten als lustig und als richtige Partybiester. Sie sind die »Italiener des Nordens« und werden von den anderen um ihr »südländisches Temperament« beneidet. Allenfalls wird über ihre »komische Sprache« ein bisschen gelästert. Die Norweger sind ja eigentlich neureiche Ölbarone – aber in den Augen der übrigen Nordeuropäer sind sie die netten Naturburschen auf

Skiern geblieben, die mit Rucksack und Thermoskanne durchs Gebirge ziehen. Die Finnen gelten als ein bisschen hinterwäldlerisch, schweigsam und einfältig, aber eigentlich als doch ganz nett. An dieser Ansicht haben auch der Hightechboom und die »Nokiasierung« des Landes (noch) nichts geändert. Und die Isländer? Die sind zu weit weg, als dass es sich lohnen würde, überhaupt über sie zu spotten.

Bleiben also die Schweden. Die waren mal eine Weltmacht, und sowohl Finnland als auch Norwegen gehörten einst – wenn auch zu unterschiedlichen Zeiten – zu Schweden. Das ist im einen Fall zwar schon mehr als 200 und im anderen immerhin auch schon über 100 Jahre her. Doch irgendwie hat sich in beiden Ländern die Meinung gehalten, die Schweden seien arrogante Besserwisser.

Irgendwie ungerecht ist die Sache schon – zumindest im norwegischen Fall. Norwegen »gehörte«, bevor es an Schweden fiel, nämlich zu Dänemark, und die Dänen haben ihren Nachbarn im Norden wesentlich schlechter behandelt. Als die Schweden »übernahmen«, gestanden sie den Norwegern umgehend eine weitgehende Autonomie zu. Egal, das Leben ist nun mal nicht immer fair. Die Dänen mag man in Norwegen, die Schweden eher weniger.

Vielleicht wirkt aber auch noch das Verhalten der Schweden im Zweiten Weltkrieg nach. Offiziell war Norwegens Nachbar damals neutral. Aber aus Angst, das Land könne ebenfalls von der deutschen Wehrmacht besetzt werden, war die Regierung in Stockholm gegenüber Hitlerdeutschland zu großen Zugeständnissen bereit. Als die Deutschen Norwegen angriffen, erlaubten die Schweden der Wehrmacht den Durchmarsch durch Nordschweden in Richtung Narvik. Richtige nordische Solidarität sieht anders aus.

Trotzdem stellt sich in diesem Zusammenhang die Frage, warum man in Norwegen dann die Finnen leiden kann – die kämpften in ihrem Fortsetzungskrieg von 1941 bis 1944 ja von vornherein als Waffenbrüder mit den Deutschen.

Aber vielleicht ist man in Norwegen auch einfach nur ein klein wenig neidisch auf die Schweden. Das größte Land des Nordens war oft genug Vorreiter und auch Vorbild in der Region. Nach Ansicht der Norweger hat das den Nachbarn hochnäsig gemacht.

Trotz allem, eigentlich mag man die Schweden ja – irgendwie. Aber im Sport sind die Wettkämpfe gegen den großen Nachbarn doch die wichtigsten Ereignisse des Jahres.

Man kann den Norwegern kaum vorwerfen, dass sie nicht faire Sportsleute wären. Den Gegner auszupfeifen und mit Häme zu überziehen gilt als unnorwegisch. Man feuert die eigenen Helden zwar frenetisch an, Sportler aus anderen Ländern bekommen aber auch ihren Applaus. Ein klein wenig Schadenfreude, wenn Schweden verliert, darf aber schon sein. Ich habe 1994 bei den Olympischen Winterspielen in Lillehammer als Übersetzer gearbeitet. Damals waren die einheimischen Sportler extrem erfolgreich und gewannen zehn Gold-, elf Silber- und fünf Bronzemedaillen. Die Begeisterung darüber war riesig. Fast ebenso groß war die klammheimliche Freude, dass die benachbarten Schweden mit nur drei Medaillen nach Hause fahren mussten. Noch wichtiger: Im nordischen Skisport, wo für Norweger der Ländervergleich wirklich zählt, gewannen sie selbst 14 Medaillen, während Schweden leer ausging. Von meinen norwegischen Übersetzerkollegen hörte ich oft den Spruch: »Wichtig ist nicht, zu gewinnen, sondern Schweden zu schlagen.«

Damals war auch ein Poster sehr populär, das man in jedem Souvenirgeschäft kaufen konnte. Es zeigte eine Landkarte Nordeuropas, auf der dort, wo sich normalerweise Schweden befindet, eine riesige Lücke klaffte. *Skandinavia uten Sverige* – Skandinavien ohne Schweden stand darüber. Ein Wunsch, der natürlich nicht ganz ernst gemeint war. Doch zumindest die Finnen werden ebenfalls über das Plakat geschmunzelt haben. Auch sie haben ihre Probleme mit dem großen Nachbarn. Und auch für ihre Volksseele ist es wie Balsam, wenn sie den Schweden ein Schnippchen schlagen können. Die Finnen stärken ihr Selbstbewusstsein meist mit Eishockeysiegen.

Vermutlich deshalb, weil sie einen Grund für ein regelmäßiges sportliches Kräftemessen suchen, hat bei Finnen und Schweden eine anachronistische Art des Länderkampfes überlebt, die es sonst nirgends mehr auf der Welt gibt. In den 1960ern und 1970ern waren sie populär – Leichtathletikländerkämpfe, bei denen die besten Läufer, Werfer, Stoßer und Springer zweier Länder gegeneinander antraten. Heutzutage, wo die Leichtathletikgrößen große Individualisten sind, wirkt ein solcher Sportwettkampf wie aus der Zeit gefallen. Aber in Schweden und Finnland ticken in diesem Fall die Uhren anders.

Jedes Jahr im Spätsommer tragen die beiden Länder einen Leichtathletikländerkampf gegeneinander aus. Dann ist für die Finnen die Zeit des *ruotsi-ottelu* – des Schwedenkampfs – gekommen und die Schweden treten zum *finnkampen* an – dem Kampf gegen die Finnen. Der Wettkampf der beiden Nationen hat eine lange Tradition. 1925 wurde er erstmals ausgetragen. Von Beginn an kochten die Emotionen hoch. Nur sechs Jahre nach dem ersten Länderkampf prügelten sich die 800-Meter-Läufer während des Rennens. Auch die Funktionäre stritten heftig. Die Schweden sorgten dafür, dass der legendäre finnische Langläufer Paavo Nurmi gesperrt wurde, weil er für seinen Start Geld erhielt. Profitum war damals noch verboten. Das ärgerte die Finnen so sehr, dass sie in den folgenden Jahren die Wettkämpfe absagten. Erst acht Jahre später trafen die Sportler erneut aufeinander und das nur, weil die Finnen im Vorfeld der für 1940 geplanten Olympischen Spiele in Helsinki keine Reibereien mit dem Nachbarn wollten.

Auch in späteren Jahren ging es nicht immer friedlich zu. 1992 beispielsweise mussten alle sechs Teilnehmer des 1500-Meter-Laufs disqualifiziert werden, weil ihr Rennen mehr einem Rugbyspiel ohne Ball als einem Mittelstreckenlauf ähnelte. Obwohl sie sich auf der Bahn geschubst und gerempelt hatten, war nach dem Zieleinlauf der Streit sofort vergessen. Wie alte Freunde schüttelten sie sich die Hände. Letztendlich verhielten sie sich damit ähnlich wie die Länder zueinander – denn die Rivalität zwischen Finnen und Schweden ist keine wirkliche Feindschaft. Es ist eher eine Art Hassliebe unter ungleichen Nachbarn.

Die beiden Völker leben und lebten immer freundschaftlich nebeneinander. Als Finnland noch nicht wirtschaftliches Vorzeigeland, sondern Krisenregion war, arbeiteten viele Finnen in Schweden. Umgekehrt gibt es in Finnland eine recht beachtliche schwedische Minderheitengruppe. Sechs Prozent der Finnen haben Schwedisch als Muttersprache. Trotz der Sticheleien der Mehrheitsfinnen dürfte keine Minderheit in der Welt einen so umfassenden Schutz genießen wie die Finnlandschweden. Sie haben bei Behördengängen und vor Gericht das Recht, ihre eigene Sprache zu verwenden. Alle offiziellen Formulare sind auch auf Schwedisch erhältlich. Und in Gebieten, in denen auch Schweden leben, sind sogar die Straßenschilder zweisprachig. Ganz korrekt steht bei Ortsschildern immer die Sprache oben, die von den meisten Einwohnern der Gemeinde gesprochen wird. In Orten Südwestfinnlands, in denen fast gleich viele Menschen Finnisch und Schwedisch sprechen und in denen sich die »Mehrheitsverhältnisse« häufig ändern, schraubt man, um die korrekte Anordnung penibel einzuhalten, die entsprechenden Schilder konsequenterweise häufig an und ab.

Das finnische Fernsehen strahlt weit mehr Fernsehprogramme in schwedischer Sprache aus, als es dem Bevölkerungsanteil entspricht. Für die knapp 300 000 Schwedisch sprechenden Menschen sendet ein eigener Radiokanal. In Helsinki, Turku und Vaasa finanziert der Staat schwedischsprachige Theaterhäuser, und ein knappes Dutzend Zeitungen erscheint auf Schwedisch. Die politischen Interessen der Minderheit vertritt die Schwedische Volkspartei, die fast immer als Koalitionspartner an der Regierung beteiligt ist.

Dass die Dänen etwas großzügiger mit den Schweden umgehen als Finnland und Norwegen, mag vielleicht daran liegen, dass auch sie einst eine Großmacht waren und froh sind, dass jetzt die Schweden die Keile einstecken, die zum Teil auch ihnen gebührt. Die kleinen Nickligkeiten haben aber keinerlei Einfluss auf die Tagespolitik. Das beweisen die nordischen Länder schon seit Jahrzehnten durch eine enge und vorbildliche Zusammenarbeit.

Mit Angel, Gewehr und Rucksack: das Verhältnis zur Natur

Naturburschen sind sie doch alle. Die Norweger, die Schweden und die Isländer auch. Die Dänen, die wohnen allerdings schon ziemlich weit im Süden und sind damit nach Meinung der anderen Nordländer dann doch ein bisschen verweichlicht.

Die Härtesten aber sind die Finnen. Zumindest nach eigenem Selbstverständnis. Wenn im Herbst die Jagdsaison beginnt, verschwinden Finnlands Männer im Wald. Sie schlüpfen in Tarnkleidung oder in die traditionelle rote Kleidung der Elchjäger, steigen in die Gummistiefel, lassen den Dolch vom Gürtel baumeln und marschieren mit dem Gewehr auf dem Rücken durch die Wildnis. Egal ob Manager, Lehrer, Finanzbeamter oder Elektriker, das Jagdfieber packt sie alle. Auf 100 Einwohner kommen in Finnland 56 Gewehre und Pistolen, und von den 5,3 Millionen Finnen haben 600 000 einen Waffenschein, 300 000 sind aktive Jäger. Das macht einen Jäger pro Elch – denn ungefähr ebenso viele Exemplare von Europas größter Hirschart leben in Finnland. Wenn man bedenkt, dass fast ausschließlich Männer jagen, werden die genannten Zahlen erst richtig beeindruckend – jeder vierte finnische Mann hat einen Waffenschein, Babys und kleine Jungs mit eingerechnet. Die Lust am Schießen hat historische Gründe. Lange Zeit war Finnland ein Land der Bauern und Fischer, eines, in dem die Menschen über weite Gebiete verstreut lebten, eines, in dem es nur wenige Städte gab. Die Jagd war deswegen schon immer ein wesentlicher Bestandteil des Lebens, half mit, das Überleben zu sichern. Und anders als in Zentraleuropa, wo der Adel die Jagdgebiete für sich reservierte, gehörte der weite finnische Wald allen.

Ein Mann ohne Waffe war einer, der hungerte. Heute kann man seine Fleischvorräte bequem im Supermarkt besorgen, aber irgendwie scheint das Jagdfieber in den finnischen Genen zu stecken. Oder richtiger in denen der meisten Nordeuropäer. Denn viel anders als in Finnland geht es auch in Norwegen und Schweden nicht zu. Dort ist der oberste Elchjäger der König, die Jagdleidenschaft von Carl XVI. Gustaf ist legendär, über seine jägerischen Fähigkeiten gehen die Meinungen dagegen auseinander.

Die Elchjagd ist ein großer Gleichmacher. Im Wald gibt es keine Unterschiede zwischen Reich und Arm, zwischen Oben und Unten. Nach Ende der Jagd sitzen der Bankdirektor und der Arbeiter gemeinsam ums Feuer und schwitzen hinterher – zumindest, wenn sie in Finnland auf Jagd waren – zusammen in der Sauna. Und alles, was die Standes- und Einkommensunterschiede aufhebt, gefällt den Nordländern.

In Finnland leben etwa 300 000 Elche, in Schweden ein paar mehr. Obwohl etwa ein Viertel von ihnen jedes Jahr erlegt wird, nimmt der Gesamtbestand nicht ab. Die Elche fühlen sich im Norden wohl und haben dort, außer dem Menschen, nur noch den Braunbären zum Feind. Von dem aber leben nur noch ein paar tausend Exemplare im gesamten Norden.

Ein bisschen Abenteurer, ein wenig Amundsen, Nansen oder Heyerdahl steckt auch in jedem Norweger – und in jeder Norwegerin. An Sommerwochenenden sind die Norweger draußen in den Bergen, oft sind dann mehr Menschen *på fjella* unterwegs als im Zentrum der Hauptstadt. Die Oberwanderin des Landes ist Königin Sonja. Sie ist regelmäßig mit Rucksack und Wanderschuhen in ihrem Königreich auf Tour. Der einzige Unterschied, den es zwischen Mann und Frau draußen in der Natur gibt, ist der, dass die Herren der Schöpfung oft mit Angel unterwegs sind. Zu einem richtigen Naturburschen gehört es eben auch, dass er in der Wildnis selbst für Nahrung sorgen kann.

Der norwegische Journalist Anders Hompland schrieb dazu: »Norweger gehen sonntags auf Tour, und das ist etwas ganz anderes als ein Spaziergang. Touren werden auf Skiern unternommen oder in beachtlichem Tempo zu Fuß.« Und an anderer Stelle analysiert er, warum norwegische Manager im Ausland Probleme haben: »Bei Geschäftsessen werden sie schnell zu Außenseitern, denn sie können nicht mit guten Ergebnissen oder hohen Einkünften prahlen, und sie können auch keine gesellige, oberflächliche Unterhaltung führen. Sie kommen nur zurecht, wenn sie über lange Skitouren erzählen können, aber dafür interessiert sich im Ausland nun mal kein Mensch.«

Ebenso wie im Sommer machen es die Norweger auch im Winter, nur dass sie dann mit Skiern von Hütte zu Hütte ziehen. Dass dann in den norwegischen Bergen Temperaturen um minus 20 Grad Celsius eher die Regel als die Ausnahme sind, stört niemanden. Schlechtes Wetter hält richtige Norweger nicht von einem Ausflug in die Natur ab. Eine Thermoskanne mit heißem Tee, Kaffee oder gern auch heißer Schokolade steckt sowieso in jedem norwegischen Tourenrucksack. Thermoskanne und Norweger gehen schon von Geburt an eine enge Symbiose ein, die ein Leben lang anhält. Und ein Picknick im Freien, dick eingemummelt in Daunenjacken, ist bei Minustemperaturen besonders schön. Die Schweden machen es eigentlich genauso wie die Norweger – nur den Rucksack haben sie anders gepackt. Anstatt mit heißer Schokolade haben sie ihre Thermoskanne mit warmem, dickflüssigem Heidelbeersaft gefüllt. *Blåbärssuppa* ist typisch schwedisch, ohne wagt sich kaum einer hinaus in die Natur.

Auch dass es im Winter früh dunkel wird oder ganz oben im Norden die Sonne gar nicht aufgeht, hält niemand von Ausflügen in die Winternatur ab. Mit der Stirnlampe auf dem Kopf lässt sich so mancher Loipenkilometer zurücklegen. Lange Skiläufe mögen Schweden, Norweger und Finnen ohnehin. Den Wasalauf, der auf 90 Kilometern den Spuren des Königs Wasa folgt, kennt jeder. Weniger bekannt ist der Finlandiahiihto, der auf 50 Kilometern rund um Lahti führt. Offenbar haben die Finnen da was an ihrer Ausdauer eingebüßt, denn ursprünglich verband das Rennen auf 75 Kilometern die beiden Städte Hämeenlinna und Lahti. Auch in Norwegen ist man auf königlichen Spuren unterwegs. Jedes Jahr im März spurt man rund um Lillehammer die Loipen zum 54 Kilometer langen Birkebeinerrennet. Der Überlieferung zufolge haben die Birkebeiner – Adelige, die dem König nahestanden – im Jahr 1204 dessen Sohn auf dieser Strecke vor Aufständischen in Sicherheit gebracht.

Eine Episode, die von der Naturverbundenheit und Wetterfestigkeit der Norweger erzählt, erlebte ich während der Olympischen Winterspiele in Lillehammer 1994: Einer der beliebtesten Wettbewerbe war damals der 50-Kilometer-Skilanglauf. Warum eine Sportart, bei der nur alle paar Minuten ein Skiläufer an den Zuschauern vorbeikommt, in Norwegen eine nationale Hysterie auslöst, kann ich nicht beantworten – vermutlich braucht man das nordische Outdoor-Gen, um sich für so eine Sportart begeistern zu können. Doch um diese Frage soll es hier ohnehin nicht gehen, an dieser Stelle möchte ich von den norwegischen Zuschauern erzählen. Für die Plätze entlang der olympischen Wettkampfstrecke draußen im Wald brauchte man damals keinen Eintritt zu bezahlen. Die besten Plätze – an den Steigungen oder Orten, die einen guten Überblick boten – waren besonders gefragt. Um sich den Zuschauerplatz dort zu sichern, wanderten die Fans schon am Vorabend hinaus an die Loipe und bauten dort ihre Zelte auf. Dass das Thermometer in jener sternenklaren Nacht auf weit unter minus 20 Grad

Celsius gefallen war, störte niemanden. Schließlich hatte man seine Thermoskanne dabei.

Ich selbst habe das Rennen damals übrigens auch gesehen. Allerdings bin ich erst pünktlich zum Start gekommen und war am Ende trotzdem total durchgefroren. Die norwegischen Zuschauer dagegen haben auch nachdem der letzte Starter im Ziel war noch stundenlang entlang der Strecke weitergefeiert.

Wetterresistent müssen auch die Isländer sein. Wären sie das nicht, könnten sie auf ihrer Insel gar nicht leben. Der nächste Regenschauer lässt dort nie lange auf sich warten. Und was man andernorts als Sturm bezeichnet, scheint den Isländern eine milde Brise zu sein. Draußen in der Natur zeigt auch der Isländer, dass er ein ganzer Kerl ist. Allerdings lieber vom Fahrersitz seines Superjeeps aus. Mit dem prescht er auf hohen Rädern abseits befestigter Straßen durchs Gelände und zeigt bei Flussdurchquerungen sein fahrerisches Können. Aber auch für den isländischen Mann gehört die Jagd zum Leben in der Natur mit dazu. Sommerurlaub war früher auch die Papageientaucherzeit – dann machte man sich auf die Jagd nach den kleinen bunten Seevögeln, die gebraten wohl besonders gut schmecken sollen. Doch deren Bestand hat dramatisch abgenommen. Daran sind aber nicht die Jäger schuld, sondern die Erderwärmung. Den Fischen, von denen sich die Papageientaucher ernähren, wird das Meer allmählich zu warm, deshalb ziehen die großen Schwärme weiter nach Norden, immer weiter weg von der isländischen Küste. Das heißt, dass die Altvögel immer weiter fliegen müssen, um Futter für ihre Jungen zu fangen. Weitere Flugstrecken bedeuten weniger Nahrung und das wiederum, dass die Jungvögel, wenn sie das Nest verlassen, kleiner und schwächer sind, als das früher der Fall war. Dadurch sinken auch ihre Überlebenschancen dramatisch. Heute dürfen die bunten Vögel nur noch an wenigen Tagen im Jahr bejagt werden, in manchen Jahren bleibt die Jagd gleich ganz verboten. Das wiederum ist schlecht für das Schneehuhn, denn für viele jagdfreudige Isländer muss es nun als Ersatz für

Papageientaucher herhalten. Immerhin: Der Schneehuhnbestand ist nicht gefährdet und steigt trotz Bejagung beständig an.

Die Dänen haben es da schon etwas schwerer, sich als Naturburschen zu beweisen, fehlen ihnen doch die Berge, die sie besteigen, und die Wälder, die sie durchwandern könnten. Elche, die sie erschießen könnten, haben sie auch nicht. Und die Winter sind zu milde fürs Eisangeln, Springen in Eislöcher oder für kilometerlange Touren durch verschneite Landschaften. Im Vergleich zu den anderen nordischen Ländern ist Dänemark geradezu überbevölkert und hat nur wenig Natur zu bieten. Und so bleibt ihnen nur, sich aufs Fahrrad zu setzen, um sich den Bürostress wegzustrampeln oder sich beim Segeln den Wind um die Ohren pfeifen zu lassen. Aber ganz ehrlich: Durch Fahrradfahren bei Gegenwind und eine Segelpartie auf dem Öresund qualifiziert man sich als Nordeuropäer nicht wirklich zum Naturburschen.

Fit mit Fun: Sport

Die Menschen aus dem Norden sind richtige Sportskanonen. Dass sie gern draußen unterwegs sind, Wandern im Sommer und Skilanglaufen im Winter betreiben, habe ich schon erzählt. Aber auch »nur« zum Zuschauen sind die Wintersportarten sehr beliebt – zum Skispringen am Holmenkollen pilgern jedes Frühjahr Zehntausende Norweger, und an der Loipe stehen sie auch bei Eiseskälte, um ihre Lieblinge im Skilanglauf anzufeuern. Kein Wunder, dass bei so viel Sportbegeisterung Norwegen bei allen Olympischen Spielen zusammengenommen die meisten Medaillen gewonnen hat (rechnet man die Medaillen beider deutschen Staaten zusammen, ist Deutschland noch erfolgreicher). Und auch die beiden besten Winterolympioniken aller Zeiten sind Norweger – der Biathlet Ole Einar Bjørndalen und der Skilangläufer Bjørn Dæhlie.

In Schweden und Finnland ist Eishockey der beliebteste Zuschauersport, und darin sind die Nordmänner so gut, dass ab und an sogar ein Weltmeistertitel abfällt – öfter für die Schweden, ein bisschen weniger häufig für die Finnen.

Umso mehr zählt es dann, wenn der Titel heim nach Helsinki geholt wird. Den größten aller denkbaren Erfolge feierte Finnland 1995: Damals wurde das Team nicht nur Weltmeister, sondern bezwang den Erzrivalen Schweden im Finale mit 4:1 – und noch dazu gelang der Erfolg in Stockholm, also in der Heimat des Gegners. Diesen Triumph noch zu steigern schien kaum vorstellbar. Dann aber standen sich im Jahr 2011 beide Mannschaften wieder in einem Weltmeisterschaftsfinale gegenüber. Finnland siegte erneut, und zwar mit 6:1. So hoch hatte noch nie zuvor eine Mannschaft in einem Finalspiel der Weltmeisterschaft gewonnen. Schweden war gedemütigt und damit der Traum eines jeden finnischen Sportfans wahr geworden. Im Sommer 2012, noch ein halbes Jahr nach dem Sieg, lief halb Finnland mit einem T-Shirt durch die Gegend, auf dem nichts weiter stand als die beiden Zahlen 6 und 1.

Damit die Schweden-Fans ein wenig getröstet werden, zähle ich hier einfach der Reihe nach alle Jahre auf, in denen das Dreikronenteam den Weltmeistertitel gewann: 1953, 1972, 1962, 1987, 1991, 1992, 1998, 2006 und 2013. Doch das wird die Finnen nicht beeindrucken. Denn was wirklich zählt, sind Siege im Bruderduell gegen Schweden.

Im Handball haben die Finnen gegen die Schweden aber keine Chance. Das ist jedoch nicht schlimm, denn die gehören zusammen mit Norwegen und Dänemark zur absoluten Weltspitze. Egal ob bei den Männern oder den Frauen, wenn internationale Titel ausgespielt werden, sind die Nordlichter immer vorne mit dabei. Selbst das kleine Island ist eine Handballgroßmacht. Als das Team von der Vulkaninsel bei der Europameisterschaft 2010 den dritten Rang sicherte, feierte das von der Bankenkrise geschüttelte Land seine Helden so, wie es in Deutschland wohl nur nach dem Gewinn des Fußballweltmeistertitels passieren würde. Auch die Grönländer sind im Handball erfolgreich – relativ zumindest. Das kleine Land mit nicht einmal 60000 Einwohnern hat sich bereits dreimal für die Teilnahme an der Weltmeisterschaft qualifiziert.

Im Sommer läuft und joggt der Norden – im Stadtpark oder im Wald, draußen in der Natur eben. Viele Läufer sind dabei mit Karte und Kompass unterwegs, denn im Orientierungslauf sind die Nordeuropäer ganz groß. Øyvin Thon, Jörgen Mårtensson, Ulla Lindkvist und Annichen Kringstad sind dort Volkshelden. Hierzulande kennt man die Herrschaften nicht, denn für Serienweltmeister im Orientierungslauf interessiert sich außerhalb des Nordens niemand. Schweden und Finnland haben eine lange Tradition als Leichtathletiknationen. Der »fliegende Finne« Paavo Nurmi, der zwischen 1920 und 1928 neun olympische Gold- und drei Silbermedaillen gewann, ist selbst heute noch jedermann ein Begriff. Und auch den Namen Lasse Virén kennen Sportfans. Der Finne gewann bei den Olympischen Spielen 1972 in München und 1976 in Montreal jeweils das Double im 5000- und 10000-Meter-Lauf. Heute sind die finnischen Leichtathleten mit Ausnahme der Speerwerfer international nur noch zweitklassig, und auch die Schweden haben außer der Siebenkämpferin Carolina Klüft in den letzten Jahren keine Leichtathletin bzw. keinen Leichtathleten von Weltniveau hervorgebracht.

Aber dies tut der Begeisterung keinen Abbruch. Und spätestens im August, wenn die beiden Länder in einem großen Leichtathletikländerkampf gegeneinander antreten, ist jeder Schwede und jeder Finne Leichtathletikfan. Die besondere Rivalität der beiden Sportnationen habe ich ja schon in einem vorhergehenden Kapitel beschrieben, deshalb wende ich mich hier gleich der Frage zu, die für deutsche Sportfans wahrscheinlich am wichtigsten ist: Und was ist mit König Fußball? In Finnland ist der bestenfalls ein Prinz – außer in einem Match gegen das Deutsche Reich am 12. August 1923 hat Finnland noch nie gegen Deutschland gewonnen. Aber, und auch das soll gesagt werden, die letzten vier Spiele zwischen Finnland und Deutschland endeten allesamt unentschieden. Große internationale Erfolge kann die Nationalmannschaft nicht vorweisen – außer vielleicht den 4. Platz bei den Olympischen Spielen in Stockholm. Gut, ganz aktuell ist dieser Triumph nicht. Die Spiele in Schweden fanden 1912 statt, und auch, dass das entscheidende Spiel um Platz drei mit 0:9 verloren ging, ist vielleicht kein allzu großes Ruhmesblatt. Aber besser wurde es später nicht mehr. Die Isländer leisten als kleines Land immer wieder Erstaunliches auf dem Fußballfeld. Viele Trophäen konnten zwar auch sie noch nicht gewinnen, aber immerhin haben Islands Kicker maßgeblich zu einem denkwürdigen Moment deutscher Fernsehgeschichte beigetragen. Als am 6. September 2003 Deutschland in einem grottenschlechten Spiel gegen Island nicht über ein Unentschieden hinauskam, folgte daraufhin das legendäre Streitgespräch zwischen dem damaligen DFB-Teamchef Rudi Völler und dem ARD Kommentator Waldemar Hartmann, bei dem Völler restlos die Beherrschung verlor und dem Journalisten unter anderem seinen übermäßigen Weizenbierkonsum vorwarf.

Schweden ist bei großen Fußballturnieren meistens dabei. Wirklich gewonnen haben die Spieler im gelb-blauen Trikot aber noch nicht viel, einmal abgesehen vom Vizeweltmeistertitel bei der Heim-WM 1958 und den dritten Plätzen 1950 und 1994. Die schwedische Frauennationalmannschaft gehört dagegen zu den Besten der Welt. Und dass die Dänen Fußball spielen können, wissen wir Deutschen aus leidvoller Erfahrung, denn »Danish Dynamite« besiegte unsere Jungs im Finale um die Fußballeuropameisterschaft 1992 mit 2:0. Die wirkliche Fußballgroßmacht aber sind die Färöer – zumindest wenn man die Fußballbegeisterung als Maßstab heranzieht. Von den 49 000 Einwohnern spielen mehr als 5000 aktiv Fußball – im Verhältnis sind das deutlich mehr als im fußballverrückten Deutschland. Jede noch so kleine Gemeinde hat ihren eigenen Fußballverein. Der Beginn des färöischen Fußballbooms lässt sich exakt auf den Tag zurückdatieren. Es war der 12. September 1990. An jenem Tag traten die Färöer zum EM-Qualifikationsspiel gegen Österreich an. Für die Männer von den Schafsinseln war es das erste offizielle internationale Spiel überhaupt. Erst kurz zuvor waren sie dem Europäischen Fußballverband beigetreten. Weil man nicht einmal ein Stadion hatte auf den Färöern, musste man sein »Heimspiel« in Schweden austragen. Dementsprechend waren die Hobbyfußballer aus dem Norden gegen das Team aus Felix Austria nur krasser Außenseiter. Zwischen Wien und Bregenz diskutierte man lediglich über die Höhe des Siegs. Toni Polster, damals Profi beim FC Sevilla, tippte auf einen 10:0-Sieg und sein österreichischer Teamkollege Andi Herzog meinte: »Wenn wir gut spielen, gewinnen wir 8 oder 10:0, wenn wir schlecht spielen halt nur 3:0.« Doch es kam anders. Das Spiel endete 1:0 – aber für die Färöer. Und seitdem ist jeder Färinger Fußballfan.

Alles anders im Juni: der Sommer

Eine Jahreszeit verändert eine ganze Region. Der Junifinne hat nichts mit dem Novemberfinnen gemein, der Sommernorweger erkennt den Winternorweger kaum wieder, und der Schwede, der an Mittsommer ausgelassen auf dem Tanzboden tanzt, schüttelt den Kopf über seinen Landsmann, der mit Novemberblues über das Leben nachgrübelt.

Im Sommer sitzt der Norden im oder vor dem Ferienhaus. Der Norweger fährt in seine *hytte* in den Bergen, der Schwede zur seiner *stuga* am See, und der Finne verlässt sein *mökki* nur noch, um sich auf den Weg in die Sauna zu machen. Sobald die Sonne an Kraft gewinnt, hält es keinen mehr in der Stadt.

Man kennt es von Weihnachten, der Geliebten, die im Ausland lebt, und von Großmutters Schweinebraten – wenn man etwas nicht immer bekommen kann, gewinnt es an Wert. So verhält es sich vermutlich auch mit dem nordischen Sommer. Die meiste Zeit wartet man auf ihn, und wenn er dann endlich da ist, will man ihn rund um die Uhr genießen. Dann ist es so, als stünden Millionen Finnen, Schweden und Norweger unter Drogen.

Solche Momente kann nur einer schaffen – der nordische Sommer mit seinem betörenden Licht. Die Jahreszeit, in der die Sonne Überstunden macht und fast rund um die Uhr arbeitet. Die, in der die Natur scheinbar verrückt spielt, Pflanzen in Rekordgeschwindigkeit wachsen und Tiere eine Energie versprühen, die sie andernorts auf ein ganzes Jahr verteilen müssen. Der Sommer zaubert ein Lächeln auf die Gesichter der Menschen und versetzt sie in einen kollektiven Glücksrausch.

Während des kurzen Sommers bleibt der Norden geschlossen. Dinge, die dringend zu erledigen sind, sollten vor Mittsommer getan werden. Danach wird kein Antrag mehr bearbeitet, keine Nachfrage mehr beantwortet und keine Reparatur mehr durchgeführt. Die Menschen ziehen aus den Städten hinaus in ihre Sommerhäuser. In den Ämtern und Büros ist niemand mehr zu erreichen. Bei Handwerkern antwortet der Anrufbeantworter, und lediglich die Stellvertreter der Stellvertreter bleiben zurück. Sie halten die Stellung, vertrösten Antragsteller und Auskunftsuchende und vereinbaren einen Termin, zu dem der Chef dann zurückruft. Vor Mitte August wird das aber nicht sein. Denn so lange bleibt jeder weg aus der Stadt. Erst wenn die Sommerferien zu Ende sind, beginnt das Leben in den Städte von neuem.

Jetzt mag der eine oder andere einwenden: »Bei uns ist es doch auch so. Auch hierzulande fährt man in den Sommerurlaub.« Nein, bei uns ist es nicht so. Nicht jeder Deutsche fährt geradezu instinktgetrieben am ersten Ferientag aufs Land und kehrt unweigerlich erst am letzten wieder zurück. Manch einer bleibt sogar freiwillig in der Stadt, und ein anderer verzichtet vielleicht sogar ganz auf den Sommerurlaub. Das ist in Norwegen und mehr noch in Schweden und Finnland unvorstellbar.

Als ich das erste Jahr in Finnland arbeitete, bekam ich als Neuling natürlich die unangenehme Rolle des Stellvertreters des Stellvertreters verpasst. Frisch von der Universität, mit der Berufserfahrung von drei Wochen und einem finnischen Wortschatz von 20 Wörtern, musste ich als Chef vom Dienst den deutschsprachigen Auslandsfunk des Finnischen Rundfunks leiten. Zusammen mit drei Praktikantinnen gestaltete ich sechs Wochen allein das Programm.

Was wir auf die Beine gestellt haben, fand ich damals ziemlich beachtlich. Doch selbst wenn ich mich täusche und nicht alles perfekt war – schlimm wäre es nicht gewesen. Was zwischen Mitte Juni und Mitte August in Finnland passiert, nimmt ohnehin niemand ernst. Jeder weiß: Das hat nur der Stellvertreter des Stellvertreters gemacht.

Das Jedermannsrecht: Lagerfeuer vor dem Zelt

Im Norden ist man gern draußen. Die Menschen leben nahe an und mit der Natur. Und die soll für jedermann zugänglich sein. Vor diesem Hintergrund ist das Jedermannsrecht (schwedisch: *allemansrätten,* norwegisch: *allemannsretten,* finnisch: *jokamiehenoikeus*) entstanden.

Das Jedermannsrecht gilt überall im Norden – außer in Dänemark – und doch ist es kein wirkliches Gesetz, sondern eine Art Gewohnheitsrecht, das sich über viele Generationen entwickelt hat. In Norwegen hat man es allerdings 1957 im »Gesetz über das Leben im Freien« in Paragrafen gegossen. Zäune sind nicht dazu da, die Menschen draußen zu halten, sondern Schafe und Kühe drinnen. Anders als in vielen anderen Ländern geben sie nicht das Zeichen: »Halt, hier nicht weiter!« Man darf sie übersteigen und das Tor zur Weide öffnen, um hindurchzugehen. Vorausgesetzt, man schließt es hinter sich wieder. Wanderwege führen oft über Privatgrund. Und selbst wenn der Wanderer quer über eine Wiese laufen möchte, hält ihn ein Zaun nicht auf. Man darf Beeren und Pilze sammeln auf fremdem Grund, und sogar sein Zelt aufschlagen darf man dort. Es ist – ausgenommen in Finnland – sogar zulässig, überall abseits bewohnter Gebiete ein Lagerfeuer anzuzünden. Vorausgesetzt natürlich, dass man vorsichtig mit dem Feuer umgeht und hinterher alle Spuren beseitigt. Der verantwortliche Umgang mit den Rechten, die es gewährt, ist Teil des Jedermannsrechts.

Klar, auch und gerade im Norden respektiert man die Privatsphäre. Niemand käme auf die Idee, in Sichtweite eines Wohn- oder Ferienhauses zu campieren. Oder gar durch den Vorgarten fremder Leute zu spazieren. Ob das Privatgrundstück umzäunt ist oder nicht, spielt keine Rolle. Gerade wo wenig Menschen wohnen, schätzt man die Distanz – in Finnland vielleicht sogar noch ein bisschen mehr als in Norwegen, Schweden und Island. Der deutsche Journalist Helge Sobik hat in seinem Buch *Finnische Fundstücke* sehr treffend eine Szene beschrieben, in der zwei Finnen auf gegenüberliegenden Ufern eines Sees entlanggehen: »Nickt der andere einen Gruß herüber, ist das okay. Winkt er, ist das ein viel zu direkter Eingriff in die Privatsphäre.« Das ist typisch finnisch. Ebenso typisch aber ist, dass die beiden Männer aus Sobiks Geschichte ungehindert am Ufer entlangspazieren können. Der freie Zugang zu Seen und zum Meer ist nämlich ebenfalls Teil des Jedermannsrechts. Dass ganze Seen mit Privatgrundstücken zugepflastert sind und man nicht mehr ans Wasser herankommt, weil dort Villen stehen, gibt es im Norden nicht. Selbst ein Obolus für das Betreten bestimmter Strandabschnitte, egal ob er von Privatpersonen oder als städtische Strandgebühr erhoben wird, wäre dort undenkbar. Auch Eintrittsgelder für Nationalparks, wie sie beispielsweise in den USA üblich sind, widersprechen dem nordischen Denken. Die Natur ist für alle da, egal ob arm oder reich. Als einige isländische Grundbesitzer im Frühjahr 2014 anfingen, ein bescheidenes Eintrittsgeld von 600 isländischen Kronen – umgerechnet 3,80 Euro – für den weltberühmten Geysir zu verlangen, führte das zu Protesten. Ögmundur Jónasson, Abgeordneter der Links-Grünen im isländischen Parlament, schloss sich den Demonstranten an und verlangte den gebührenfreien Zutritt zum Geysir. »Niemand wird Eintritt zahlen, oder wir rufen die Polizei«, drohte er den Landbesitzern. Auch Anna Dóra Sæþórsdóttir, außerordentliche Professorin für Tourismus und Geografie an der Universität von Island, verteidigte das Jedermannsrecht im Deutschlandfunk: »Es ist so fest in unseren Köpfen verankert, dass man uns das nicht wegnehmen kann. Auch wenn jemand Land besitzt, darf man es überqueren, solange man kein Geld damit verdient. Ich finde, nach diesem Gesetz darf man von Reisenden keinen Eintritt verlangen.« Postwendend wurde die Eintrittsaktion von einem Gericht verboten.

Dänemark ist zu klein und zu dicht bevölkert, als dass dort etwas Ähnliches wie das Jedermannsrecht praktikabel wäre. Ein bisschen von der großen Freiheit der nordischen Nachbarn will man aber auch dort erleben. Deswegen hat man nun in einer ersten Testphase in 40 Wäldern Wanderern das Zelten erlaubt.

Länderporträts

Dänemark: Dannebrog im Glück

»Der phlegmatische Charakter der Deutschen, den wir bis zu einem gewissen Grad bei den Norwegern kennengelernt haben [...] erhält bei den Dänen ein glückliches Gegengewicht in einer raschen Auffassungsgabe und in einer germanischen Geistern sonst fremden Lebhaftigkeit.«
Meyers Konversationslexikon von 1890

Was vom Himmel kommt, muss etwas Besonderes sein. Und die dänische Flagge, der Dannebrog, wurde den Dänen am 15. Juni 1219 von Gott gereicht. Dass jedenfalls sagt die Legende. Damals kämpfte König Waldemar II. in einer Schlacht gegen die heidnischen Esten. Als der Kampf schon verloren schien, soll der Dannebrog – zu Deutsch das Tuch der Dänen – vom Himmel gefallen sein. Sogleich wendete sich das Kampfesglück, und die Heiden wurden mit Gottes Hilfe besiegt.

Die genaue Herkunft der dänischen Flagge ist unbekannt, vermutlich geht sie aber auf die Wikinger zurück, die beim Angriff ein rotes Tuch hissten. Eine andere Theorie besagt, dass der Dannebrog ursprünglich die Fahne dänischer Kreuzfahrer gewesen sei und seine Farben – Rot und Weiß – deswegen mit denen des Johanniterordens identisch sind. Wie dem auch sei, belegt ist jedenfalls, dass der Dannebrog erstmals im 14. Jahrhundert als Fahne Dänemarks am Mast wehte – und damit ist er die älteste Staatsflagge der Welt.

Kein Wunder, dass ihn die Dänen mit Begeisterung hissen; kaum ein Ferienhaus, vor dem er nicht im Wind flattert, und kaum ein Haushalt, der nicht mindestens ein Exemplar der Staatsfahne vorweisen kann. Sogar ihre Weihnachtsbäume schmücken die Dänen mit kleinen Fahnen, die dann als Girlandenkette am Baum hängen. Da können nur die Norweger mithalten, die ihre Weihnachtsbäume ebenfalls mit ihrer Nationalflagge verzieren. Nachdem Norwegen bis 1814 zu Dänemark gehörte, hat der dänische »Flaggenwahn« vermutlich ein wenig abgefärbt.

Deutsche Besucher sollten aber nicht versuchen, dagegenzuhalten und vor ihrem Ferienhaus mit Schwarz-Rot-Gold zu hissen. Ausländische Flaggen an einem dänischen Flaggenmast hochzuziehen ist per Gesetz verboten. Meist wird das von den dänischen Nachbarn zwar nur mit einem heftigen Kopfschütteln und bösen Blicken bestraft, theoretisch kann aber auch die Polizei einschreiten und eine Geldstrafe aussprechen. Immerhin: Den Dannebrog dürfen auch Touristen hissen. Allerdings muss die Flagge spätestens zum Sonnenuntergang vom Mast geholt werden.

Besonders viele dänische Fahnen wehten am 26. Juni 1992 im Wind. An diesem Abend besiegte nämlich die dänische Fußballnationalmannschaft im Finale der Europameisterschaft das favorisierte deutsche Team mit 2:0. Dabei waren die Dänen nur als Nachrücker nach Schweden gefahren. Jugoslawien war damals wegen des Balkankonflikts erst wenige Tage vor Beginn der Meisterschaft ausgeschlossen worden. Der dänische Nationaltrainer Richard Møller Nielsen musste seine Jungs aus dem Urlaub zurückrufen, und entsprechend untrainiert kamen seine Spieler in Schweden an. Weil sie ja eigentlich auf Ferien und Entspannung eingestellt waren, brachten sie auch ihre Frauen und Freundinnen mit. Jeder Trainingslehre widersprechend stürmten die Dänen, die sich wegen ihres unbekümmerten und offensiven Spielstils bald den Beinamen »Danish Dynamite« verdienten, bis ins Finale und besiegten dort Matthäus, Klinsmann und Co. Jeder Däne erinnert sich an diesen Abend und kann die Namen der Torschützen John Jensen und Kim Vilfort nennen. So sehen sich die Dänen gern. Locker, lässig, aber doch erfolgreich.

Stolz sind die Dänen aber nicht nur auf ihre Fußballer, sondern auf nahezu alles in ihrem Land. Das kreativste Design haben sie ebenso wie das beste Bier, die besten Handballspieler, die besten Arbeitsplätze und die schönsten Frauen sowieso. *Verdens bedste* – das Weltbeste – lautet der Begriff, der vor so ziemlich alles gesetzt wird, was aus Dänemark kommt. Wer den Ausdruck als Suchbegriff bei Google eingibt, kommt auf 768 000 Fundstellen.

Däne zu sein, scheint etwas ganz Besonderes zu sein. Dänen sind stolz auf ihr Land und auf sich selbst. Auch hier halten allenfalls wieder die Norweger mit, denn auch was sie machen ist in der Regel *»verdens best«*. Hier wie da könnte die Überhöhung der eigenen Leistungen auch ein klein wenig mit mangelndem Selbstbewusstsein zu tun haben – denn zu den allerwichtigsten Ländern der Welt zählen nun mal beide nicht.

Im Internet weist ein Ferienhausanbieter seine deutschen Kunden zwischen den Punkten Mülltrennung und Nebenkosten – sozusagen in den Geschäftsbedingungen – ausdrücklich auf den Nationalstolz der Dänen hin. Dort heißt es: »Die Dänen haben einen ausgeprägten Nationalstolz. Dieser äußert sich ganz offensichtlich in der überall präsenten Darstellung der Nationalfahne. Die rote und weiße Farbe findet sich auch in vielen Details im täglichen Leben wieder. […] Viele junge Dänen verbringen einige Zeit im Ausland, dies aber nicht, weil ihnen Dänemark nicht gefällt, sondern weil sie neugierig und offen für die Welt sind.«

Als Warnhinweis unter »S« hätte dann aber noch stehen sollen, dass Sandburgen, besonders wenn sie von Deutschen gebaut werden, an dänischen Stränden nicht gern gesehen werden. Selbst die zeitweise Inbesitznahme eines winzigen Strandstückes wird mit Argwohn betrachtet. »Was bildet sich der ein, hier einfach öffentliches Land für sich selbst zu beanspruchen«, denken die Dänen dann. Und weil wir Deutschen im Kopf vieler Dänen immer noch den Eroberer-Stempel tragen, gilt Sandburgenbauen als typisch deutsch.

Besser ist es da schon, man passt sich an, so wie dieser deutsche Einwanderer, der in seinem Internetblog »4nordlichter.com« schreibt: »Der Dannebrog wird generell sehr gern eingesetzt. Holen die Dänen zum Beispiel am Flughafen Gäste aus einem anderen Land ab, wird mit dänischen Papierfähnchen gewedelt. Bei Geburtstagen wird der Weg zum Haus mit den rot-weißen Dänemark-Fähnchen gekennzeichnet. Und auf einem Geburtstagstisch – ob zuhause oder im Kindergarten – darf die Flagge natürlich auch nicht fehlen. Für diesen Anlass kann man überall auch passende Pappteller, Becher und Servietten mit kleinen dänischen Flaggen drauf erwerben. Zugegebenermaßen empfand ich diese Kultur in der ersten Zeit in Dänemark als merkwürdig und etwas befremdlich. Mit den Jahren habe ich mich jedoch an den Dannebrog und seine häufige Verwendung gewöhnt. Ich mag mittlerweile den natürlichen Umgang der Dänen mit ihrer Nationalflagge. Und der Nationalstolz ist ansteckend. Zwischenzeitlich flagge ich auch fleißig und mit größter Selbstverständlichkeit mit und unsere diversen Papierfähnchen und Tischflaggen kommen regelmäßig zum Einsatz.«

So mögen es die Dänen. Und so mag man die Dänen. Als kleines Land haben sie ja immer den Bonus, dass man ihren Nationalstolz als sympathisch und entspannt einstuft – ja als nachahmenswert für uns Deutsche, die wir immer noch Schwierigkeiten damit haben, uns zu unserem Land zu bekennen. Da ist sicherlich was Wahres dran. Es muss aber auch erlaubt sein, die Fragen zu stellen, ob es nicht vielleicht doch einen Zusammenhang gibt zwischen dem überbordenden Nationalstolz der Dänen und ihrer rigiden Ausländergesetzgebung. Und ob es wirklich nur Zufall ist, dass die Rechtspopulisten gerade im stolzen Dänemark so erfolgreich sind.

Dänisches Glück, nur für Dänen

»Ein Somalier, der nichts kann – das geht einfach nicht.«
Rechtspopulisten-Chefin Pia Kjærsgaard zur Frage der Einwanderung nach Dänemark

Glück ist die Kombination vieler Faktoren: Wohlstand gehört dazu, Bildung, Gesundheit, politische Freiheit und starke soziale Netzwerke. Der erste World Happiness Report, den Forscher vom Earth Institute der New Yorker Columbia University 2012 im Auftrag der Vereinten Nationen erstellten, fragte auch danach, wie oft jemand am Tag zuvor gelacht, sich gefreut oder glücklich gefühlt habe. Der Weltglücksbericht berücksichtigte alle Glücksumfragen bis 2011, und das Ergebnis konnte kaum überraschen: Die glücklichsten Menschen leben in Dänemark, gefolgt von den skandinavischen Nachbarländern Finnland und Norwegen.

Auf einer Skala von 0 bis 10 erreichten die Dänen mit 7,6 Punkten den höchsten Durchschnittswert. Deutschland schnitt mit Rang 30 vergleichsweise schlecht ab. Unklar bleibt, welche Alltagsrelevanz die Statistik für den Durchschnittsdänen und die Allerweltsdänin hat. Aber nett ist das Ergebnis der Studie allemal, und es kann die Dänen richtig glücklich machen.

Und ihr Glück teilen sie auch gern – schließlich gehört Dänemark zu den größten Geberländern was die Entwicklungshilfe angeht. Zu Hause aber wollen die Dänen nicht gestört werden in ihrem Glück. Fremde sind da nur fehl am Platze. Deswegen haben sie eine kleine Schutzmauer um ihr Königreich herumgebaut und sich so ziemlich die schärfste Ausländerpolitik aller EU-Länder zusammengebastelt – unter dem Druck der rechtspopulistischen Volkspartei zwar, aber wirklich gewehrt hat sich auch keine der anderen Parteien. »Ich habe keine Skrupel, das Land noch weitergehend vor denen dichtzumachen, die man verdächtigen könnte, dass sie Dänemark zur Last fallen wollen«, sagte der Integrationsminister der bis 2011 regierenden Mitte-rechts-Regierung Søren Pind in der Zeitung Jyllands-Posten. Pind gehört der konservativ-liberalen Partei Venstre an und gilt dort als Reformer.

Mit spitzem Bleistift haben die Dänen ausgerechnet, dass »nichtwestliche« Zuwanderer das Land pro Jahr 15,7 Milliarden Kronen (umgerechnet 2,1 Milliarden Euro) kosten würden, während die aus westlichen Ländern immerhin ein knappes Plus von 2,2 Milliarden Kronen (umgerechnet ca. 300 Millionen Euro) einbrächten. »Wir wollen uns gern mehr für die öffnen, die können und wollen, und uns gern noch mehr vor denen abschotten, die nicht können oder wollen«, sagte der damalige Integrationsminister, als er diese Zahlen interpretierte. Offenbar haben aber die »guten« Ausländer die scharfen Töne aus Kopenhagen missverstanden und sie auf sich selbst bezogen – denn dänische Firmen haben inzwischen zunehmend Probleme, Fachleute aus dem Ausland anzuwerben. Ein deutscher Einwanderer beschwert sich auf seinem Blog »Ellemans danmark blog«: »War bis vor ungefähr drei Jahren die Fremdenfeindlichkeit vor allem auf offensichtliche Ausländer und Asylanten beschränkt, gilt sie heute auch EU-Bürgern gegenüber. Was sagte vor einiger Zeit ein Däne: Wir haben unsere Freunde und Familien. Ausländer brauchen wir nicht!«

Bei den Wahlen 2011 wurde die rechtskonservative Regierung abgewählt und durch eine Mitte-links-Regierung unter sozialdemokratischer Führung ersetzt. Einige der härtesten Gesetze wurden seitdem überarbeitet – am Prinzip einer restriktiven Ausländerpolitik hat sich dadurch aber nichts geändert.

Schweden: Bullerbü und Wohlfahrtsstaat

»Naturfehler sind Phlegma und Langsamkeit, Neigung zum Genuss geistiger Getränke und Hang zum äußerlichen Prunk.«
Meyers Konversationslexikon von 1890 über die Schweden

Schweden findet eigentlich jeder Deutsche irgendwie sympathisch. Wer kann schon was gegen Pippi Langstrumpf haben, gegen Wälder, die vollgestopft sind mit Elchen, und gegen Blaubeerkuchen. Schweden ist in der Vorstellung der meisten Deutschen wie ein alter Volvo. Solide, zuverlässig und richtig gut – aber vielleicht auch ein bisschen langweilig. Für die Schwedenbegeisterung der Deutschen gibt es inzwischen sogar ein eigenes Wort. Man spricht vom Bullerbü-Syndrom, wenn wir Deutschen uns in Schweden die heile Welt imaginieren. Eine Welt voll bunter Holzhäuschen, blauer Seen und glücklicher Menschen. Nach Meinung von Berthold Franke, dem ehemaligen Direktor des Goethe-Instituts in Stockholm, hat das Bullerbü-Syndrom aber weniger mit der Liebe der Deutschen zu Schweden, sondern vielmehr mit dem Wunsch der Deutschen nach einem besseren Deutschland zu tun. Und als Idealbild für das bessere Deutschland steht eben Schweden Modell. Das war schon in den 1960er und 1970er Jahren so. Nur war da Schweden nicht das Synonym für die heile Welt, sondern das Vorbild für die politische Linke in Deutschland. Schweden war lange Zeit der Inbegriff des perfekten Sozialstaats. Der »schwedische Wohlfahrtsstaat« war Vorbild für alle, die einen dritten Weg suchten, einen zwischen Sozialismus und Kapitalismus. Anders als hierzulande »kümmerte« sich der schwedische Staat um seine Bürger, bewies, dass soziale Gerechtigkeit möglich war. Und die Politiker waren bürgernah, bewegten sich ohne Personenschutz und benutzten, wie die normalen Leute auch, die U-Bahn und den Bus.

Doch seit der damalige Ministerpräsident Olof Palme am 28. Februar 1986 auf dem Heimweg vom Kino erschossen und Außenministerin Anna Lindh im September 2003 beim Einkaufen niedergestochen wurde, hat man auch in Schweden bemerkt, dass man auf keiner Insel der Seligen lebt. Dass der Ministerpräsident heute zu wichtigen Terminen hinter Panzerglasscheiben vorfährt, hat man auch in Stockholm inzwischen akzeptieren müssen.

Und auch ansonsten hat sich viel geändert im Dreikronenland. Irgendwann wurden die Wohltaten, die Schweden seinen Bürgern bescherte, zu teuer. Anfang der 1990er Jahre war das Staatsdefizit auf zwölf Prozent der Wirtschaftsleistung angestiegen – das war der höchste Wert aller westlichen Industrieländer – die Inflationsrate schnellte auf zehn Prozent hinauf, und auch die Arbeitslosenrate kletterte in den zweistelligen Bereich. Die Sozialdemokraten hatten das schwedische Volksheim erbaut, sie waren es auch, die es jetzt renovierten. Die Regierung unter Ministerpräsident Göran Persson kürzte Arbeitslosengeld und Sozialhilfe, lockerte den Kündigungsschutz und nahm bei der Rente Streichungen vor. Allerdings sparte man nicht nur bei den Armen, sondern auch bei den Reichen. Heute bekommen Rentner etwa 50 Prozent ihres früheren Gehalts, wer besser verdient hat, erhält sogar deutlich weniger. Geringverdienern wird eine Mindestrente garantiert. Ergänzt wird das Ganze durch in Schweden übliche Betriebs- und Zusatzpensionen.

Vor allem im Gesundheitswesen hat man damals eisern gespart, jedes vierte Krankenhaus wurde geschlossen. Da die Schweden aber nicht einfach aufhörten krank zu werden, hat das Land seitdem ein riesiges Problem und ein neues Wort. Von der *hälsakö,* der »Gesundheitsschlange«, spricht man, wenn man monatelang auf eine Behandlung warten muss. Der populäre Witz, dass man in schwedischen Krankenhäusern ausgezeichnet versorgt werde, falls man die Wartezeit bis zur Behandlung überlebt, ist zu nahe an der Wahrheit, als dass man über ihn lachen könnte.

Doch auch in der Krise waren die Schweden wieder Vorbild, diesmal aber für eine andere Klientel – für Gerhard Schröder und seine Harz-IV-Truppe beispielsweise. Die schwedischen Einsparungen hatten schnell Wirkung gezeigt und die Wirtschaft wieder in Schwung gebracht. Das wollte auch Kanzler Schröder in Deutschland schaffen und nahm sich die nordischen Genossen zum Vorbild. Allerdings vergaß er dabei, dass die Schweden ihre Kürzungen von einem wesentlich höheren Niveau aus begonnen hatten und man dort – die leidige Krankenhausgeschichte einmal ausgenommen – die Bürger selbst nach Durchsetzung aller Sparmaßnahmen immer noch mehr verwöhnte als in Deutschland davor. Eine Verarmung ganzer Gesellschaftsschichten hat es deswegen in Schweden nie gegeben. Anders als Gerhard Schröder musste sein Kollege Göran Persson sein Sparprogramm vor der Öffentlichkeit nicht groß verteidigen. Wie auch sonst immer, wenn die Regierung etwas beschließt, hatten die Bürger die Sparbeschlüsse ebenfalls klaglos akzeptiert. Die manchmal erschreckende »Obrigkeitshörigkeit« der Schweden, die ihren Politikern absolut nichts Böses zutrauen, lässt sie bereitwillig alles erdulden, was ihnen auferlegt wird.

Vor den Wahlen 2006 konnten die regierenden Sozialdemokraten hervorragende Wirtschaftsdaten vorlegen. Die Krise im Land hatte man bravourös gemeistert, die Arbeitslosenquote war auf fünf Prozent gesunken, Schweden war schuldenfrei, der Haushalt ausgeglichen.

Perfekte Bedingungen also für den Wahlsieg einer jeden Regierungspartei. Weil die Opposition eigentlich an nichts etwas auszusetzen hatte, versprach sie den Wählern, dass sie »nichts anders, aber alles besser« machen würde. Damit hatten die Konservativen genau den Nerv der Wähler getroffen, sie hatten genau das versprochen, was die Schweden wollten. Alles sollte so weitergehen wie bisher, aber mit anderem Personal. Man hatte sich einfach sattgesehen an dem alten Personal, und im Land herrschte eine große Sehnsucht danach, endlich mal nicht von Sozialdemokraten regiert zu werden – aber bitteschön doch mit sozialdemokratischer Politik.

Am 17. September 2006 gewann ein Bündnis bürgerlicher Parteien mit hauchdünnem Vorsprung die Reichstagswahlen. Fredrik Reinfeldt, der Vorsitzende der Konservativen Partei Moderatarna, wurde Ministerpräsident. Diesen Wahlerfolg konnte die konservative Allianz 2010 wiederholen. Nach so langer Abstinenz wollen die Schweden offenbar doch wieder ihre Sozialdemokraten zurück. Bei allen Umfragen vor den Reichstagswahlen 2014 liegt die Partei, die das moderne Schweden aufgebaut hat, mit großem Vorsprung in Front.

Sprachgewirr in Rinkeby

Wer sich im Stockholmer Stadtteil Rinkeby verständigen will, hat mit Schwedisch schlechte Karten. Hier spricht man mehr als hundert Sprachen. Schwedisch, zumindest als Muttersprache, kann fast niemand: Weniger als zwei Prozent der Bewohner Rinkebys sind im Land geboren.

Babylon liegt mitten in Schweden. Dabei ist Rinkeby auf den ersten Blick ein ganz normaler Vorort von Stockholm: Die für schwedische Großstädte so typischen langgestreckten, vier- bis sechsstöckigen Mietskasernen stehen auch hier. Schön sehen die braun und grün gestrichenen Blöcke nicht aus – sie sind aber auch nicht hässlicher als in vielen anderen Stadteilen. Trotzdem unterscheidet sich Rinkeby von diesen. Hier wohnen Einwanderer und Flüchtlinge aus aller Herren Länder: Somalis leben neben Irakern, Inder neben Ghanaern, Pakistani neben Iranern. In dem bunten Völkergemisch von Rinkeby gibt es keine Gruppe, die zahlenmäßig dominiert. Ausschließlich unter sich zu bleiben, fällt schwer.

Wer sich mit seinem Nachbarn unterhalten will, muss deshalb doch Schwedisch sprechen. Schwedisch ist das Esperanto von Rinkeby – allerdings Schwedisch in seiner rudimentärsten Form, gemischt mit Wörtern aus den verschiedensten Einwanderersprachen. Literaturpreise lassen sich mit »Rinkeby-

Svenska«, wie die neugeschaffene Sprache bei Linguisten inzwischen offiziell heißt, nicht gewinnen; Freundschaften schließen und auch Konflikte austragen hingegen sehr wohl.

Wer am Rinkebytorg aus der U-Bahn steigt, tritt hinaus auf einen weiten Platz, der von mehrgeschossigen Laden- und Wohngebäuden eingerahmt wird. In seiner Mitte steht ein hässlicher Springbrunnen. Er besteht aus einigen Rohren, sie sollen wohl Kunst darstellen. Auf den Bänken am Rande des Platzes sitzen arabisch aussehende ältere Herren mit hochgeschlagenen Mantelkrägen. Die bekannte schwedische Autorin Kerstin Ekman hat in ihrem Buch *Zum Leben erweckt* ebenfalls Rinkeby beschrieben: »Der Geruch nach Masala und Minze und Knoblauch und rohem Fleisch im Supermarkt. Braunäugige alte Männer mit Persianermützen auf Parkbänken. Gleichsam in einer Zeit ruhend, die niemals zu Ende geht.«

Am Rande des Platzes liegt die »Rinkeby Gallerian«, ein Einkaufszentrum für Billigramsch. Gefragt ist aber vor allem das Café im Erdgeschoss. Es befindet sich fest in der Hand junger arabischer Männer. Sie scheinen kälteempfindlicher zu sein als ihre Väter und Großväter, die draußen in der schwedischen Herbstsonne sitzen.

Ist es nur Einbildung? Als ich an der Theke einen Kaffee bestelle, spüre ich die Blicke auf mir. Ich erwidere sie, glaube darin die Frage zu lesen »Was macht der denn da?«. Blonde Menschen verirren sich nur selten in das Viertel. Tatsächlich sind die meisten Stockholmer noch nie in ihrem Leben in Rinkeby gewesen. Warum auch – zu sehen gibt es nichts und zu tun auch nicht. Und dann ist da noch die Angst vor dem Fremden, dem Anderssein, die selbst die ansonsten so toleranten Schweden in sich tragen. »Willst du denn wirklich nach Rinkeby?«, fragten auch mich schwedische Freunde. Manche warnten mich sogar vor der Fahrt dorthin, so als plane ich eine Expedition durch den Dschungel des Amazonas. Dabei liegt das Viertel nur zehn Haltestationen mit der *tunnelbana* vom Stadtzentrum entfernt – und nicht am anderen Ende der Welt.

Von Gewalt und Aggression ist in Rinkeby nichts zu spüren. Ruhig und friedlich geht es zu. Was auffällt: Gelacht wird hier mehr als in manch anderen Vororten, die fest in schwedischer Hand sind. Dennoch ist Rinkeby kein Paradies. Die Stadtteilzeitung *Mitt i Rinkeby* schreibt davon, wie Halbwüchsige von einer Brücke aus Steine auf fahrende Busse geworfen haben. Als schließlich ein Fahrrad von oben auf die Windschutzscheibe des Busses krachte, erwogen die Verkehrsbetriebe sogar ernsthaft, die nach Rinkeby führende Linie 517 einzustellen. In *Mitt i Rinkeby* kann man auch die Geschichte eines 19-jährigen Arabers nachlesen, der auf dem Rinkebytorg nach einem Streit niedergestochen und schwer verletzt worden ist. Ereignisse wie diese sind zwar die Ausnahme. Sie tragen aber dazu bei, dass Rinkeby in Stockholm einen zweifelhaften Ruf genießt.

Dabei überwiegen die Erfolgsgeschichten. Beispielsweise die von Reza Mansouris Buchladen »Alfabet Maxima«, nur wenige Schritte vom Rinkebytorg entfernt. Dass der Laden im Stadtteil der hundert Sprachen liegt, spiegelt sich auch im Sortiment wider: Persische Bücher stehen ebenso im Regal wie arabische. Auch finnische oder russische Literatur ist zu haben. Und Astrid Lindgrens Bücher bekommt man hier in so exotischen Sprachen wie Bengali und Romani.

Reza Mansouri wundert sich nicht, dass es in seinem Viertel manchmal zu Streitigkeiten kommt. Vielmehr wundert er sich, dass es nur so selten dazu kommt: »Manche Menschen, die in meinem Laden Seite an Seite ein Buch lesen, würden sich in ihrem Heimatland bis aufs Messer bekämpfen«, sagt Reza Mansouri. Hier in Schweden aber lebten sie friedlich zusammen, »weil sie dieses Land als ihre Heimat betrachten«.

Die Schule von Rinkeby liefert ebenfalls Stoff für eine Erfolgsstory. Der Direktor und seine engagierten Lehrer haben es innerhalb eines Jahrzehnts geschafft, »Rinkebyskole« vom Schrecken aller Pädagogen in eine der besten Schulen des Landes zu verwandeln. In einem landesweiten Mathematikwettbewerb kamen 2006 sechs der sieben Finalisten aus dieser Schule. Inzwischen genießt sie einen so guten Ruf, dass sich sogar Schüler aus anderen Stadtteilen zum Unterricht anmelden.

Norwegen: Die Ölbarone des Nordens

Am Heiligabend 1969 hat sich Norwegen verändert – an diesem Tag begann der ölige Weg in den Reichtum. Während die Menschen zu Hause vor dem Weihnachtsbaum saßen und sich gegenseitig beschenkten, wurde weit draußen in der Nordsee ein viel größeres Geschenk ausgepackt – dort stieß man just am Weihnachtsabend auf riesige Öl- und Gasvorkommen. Drei Jahre hatte man vergeblich gesucht, jetzt aber sprudelten die Quellen. Und sie haben bisher nicht aufgehört, das zu tun. Heute steht Norwegen auf der Liste der Ölfördernationen ganz weit oben. In Europa sind die Norweger hinter Russland die Nummer 2, weltweit rangieren sie unter den Top 15, unter den größten Gasproduzenten liegen sie sogar auf Rang 7. Und was den Export des schwarzen Goldes angeht, gehört Norwegen zu den ganz Großen. Nur Saudi-Arabien und Russland führen mehr Erdöl aus als das kleine Land im Norden. Schon vor dem Dezember 1969 war Norwegen kein armes Land. Die Zeit des Hungerns, in der die Menschen scharenweise auswanderten, lag auch damals schon mehr als 50 Jahre zurück. Der Schiffsbau, eine durchaus konkurrenzfähige Papier- und chemische Industrie sowie Fischfang und Landwirtschaft ermöglichten den Norwegern ein relativ sorgenfreies Leben. Freilich, zu den Reichen auf dem europäischen Kontinent gehörte man damals noch nicht. Das änderte sich nach dem Weihnachtsgeschenk von 1969. Plötzlich gehörte Norwegen zu den Superreichen der Welt. Innerhalb kürzester Zeit bezahlte das Land seine gesamten Auslandsschulden zurück, und dann begann – ganz untypisch für einen Neureichen – das große Sparen.

96 Prozent der Einnahmen aus der Ölförderung legen die Norweger auf die hohe Kante und investieren in einen Fonds. Nur vier Prozent der Summe dürfen laut Gesetz im laufenden Haushalt verwendet werden. In Krisenzeiten, wie den gegenwärtigen, schnürt Vater Staat das Säckel etwas weiter auf und lässt knapp sechs Prozent des Ölgelds in den Haushalt fließen. Damit fördert man Konjunkturpakete, durch die die inländische Wirtschaft am Laufen gehalten wird – beispielsweise werden Baumaßnahmen in Kommunen unterstützt.

Norwegen behauptet von sich gern, ein kleines und unbedeutendes Land zu sein. Das mag stimmen, wenn es um die Einwohnerzahl geht. Schaut man auf die Wirtschaftskraft, ist das eine maßlose Untertreibung. Mit seinem Ölfonds gehört der norwegische Staat zu den größten Investoren weltweit. Vor kurzem haben die Norweger sogar Abu Dhabi überholt und besitzen jetzt den kapitalträchtigsten Staatsfonds aller Länder. Der politische Einfluss des Landes ist dadurch natürlich wesentlich größer, als es seinen knapp fünf Millionen Einwohnern entspricht.

Der Ölfonds hat – Stand Dezember 2013 – einen Wert von mehr als 600 Milliarden Euro, das entspricht rund einem Prozent des globalen Aktienmarktes. Und jede Woche wächst das Fondsvermögen um fast eine dreiviertel Milliarde Euro weiter an. Umgelegt auf die fünf Millionen Einwohner bedeutet das, dass der Staat für jeden seiner Bürger bereits mehr als 120 000 Euro auf die hohe Kante gelegt hat.

Zum Vergleich: Griechenland, das Sorgenkind der EU, das mit einem Hilfspaket nach dem anderen vor dem Staatsbankrott gerettet werden muss, war Ende 2013 mit 307 Milliarden Euro verschuldet. Ein kleiner Scheck aus Oslo könnte die Probleme in Athen also auf einen Schlag lösen. Um die mehr als 2000 Milliarden Euro auf den Tisch zu blättern, mit denen Deutschland verschuldet ist, müssten zwar auch die Norweger noch ein bisschen sparen. Immerhin aber könnten sie, wenn sie wollten, die Schulden aller deutschen Bundesländer mit einem Schlag tilgen – der Betrag, mit dem die einen in den Miesen stehen, entspricht zur Zeit exakt dem, den die anderen auf der hohen Kante haben.

Offiziell spricht man in Norwegen nicht vom Ölfonds, sondern von »*Statens pensjonsfond utland*« – also vom »Staatlichen Rentenfonds Ausland«. »Ausland« deswegen, weil die Norweger alle Einnahmen, die aus dem Öl kommen, jenseits der Staatsgrenzen anlegen. So soll verhindert werden, dass die einheimische Wirtschaft überhitzt und eine Inflationsspirale in Gang kommt. Yngve Slyngstad, Chef des norwegischen Staatsfonds, hat dies so formuliert: »Das Geld, das auf den Bohrinseln verdient wird, darf das Festland gar nicht erst erreichen.« Der Begriff »Rentenfonds« wiederum macht klar, wozu das Geld einmal verwendet wird. Wenn in ungefähr 50 Jahren der letzte Tropfen Öl durch die Leitungen geflossen ist, soll es den Norwegern weiterhin gut gehen. Und die heute junge Generation soll sich dann sicherer Renten erfreuen können. Norbert-»die-Rente-ist-sicher«-Blüm würde sich freuen. Zumindest die Norweger werden sein 1986 gegebenes Versprechen halten.

Dass fast alles Geld aus den Öleinnahmen auf die hohe Kante gelegt wird, führt zu der auf den ersten Blick absurden Situation, dass trotz des Ölreichtums in kaum einem anderen Land der Welt die Benzinpreise so hoch sind wie in Norwegen.

Der Reichtum bringt aber auch noch andere Probleme. Doch immerhin, die Norweger können auf hohem Niveau jammern.

Problem 1: Auf den Plattformen kann man (zu) viel Geld verdienen. Das führt zu landesweit steigenden Preisen. Die wiederum kann nur derjenige ohne Schwierigkeiten bezahlen, der selbst auf einer Bohrplattform arbeitet. Für die übrigen wird das Leben immer teurer. Die enorm hohe Quote arbeitender Frauen hat einerseits damit zu tun, dass Norwegen in Gleichberechtigungsfragen viel weiter ist als Deutschland. Wahr ist aber auch, dass sich viele Familien ihren (hohen) Lebensstandard nicht leisten könnten, wenn nur einer arbeiten würde.

Problem 2: Für viele Jobs an Land fehlt das Personal, denn jeder will für viel Geld auf den Plattformen arbeiten. Besonders Menschen aus ohnehin strukturschwachen Gegenden abseits der Großstädte nutzen die Chance auf einen hohen Verdienst. Für den Einzelnen ist das ein Segen, für die Gemeinschaft wirft das aber Probleme auf. Die Menschen verlassen ihre Bauernhöfe und legen ihre Schiffe an die Kette, schließen ihren Malerbetrieb oder machen die Autowerkstatt zu, kündigen im Krankenhaus oder an der Universität. Viele – für norwegische Verhältnisse schlecht bezahlte – Stellen können abseits der Großstädte nicht mehr besetzt werden. Für »Gastarbeiter« aus Deutschland, speziell Ärzte und Krankenpfleger, ist das die Chance auf eine berufliche Zukunft im Norden.

Problem 3: Da die Löhne an Land – in Konkurrenz zu denen auf den Plattformen – ebenfalls steigen, gehen auch die Lohnkosten der norwegischen Unternehmen nach oben. Die beklagen sich nun lautstark und führen Wettbewerbsnachteile auf dem internationalen Markt ins Feld. Laut Eurostat, dem statistischen Amt der Europäischen Union, kostet die durchschnittliche Arbeitsstunde in Norwegen 44 Euro 20 Cent. Das ist der höchste Wert in Europa. Wenn man bedenkt, dass die deutschen Arbeitgeber den Untergang des Abendlandes – und den Verlust von Arbeitsplätzen – androhen, weil sie im Schnitt 30 Euro 10 Cent pro Arbeitsstunde berappen müssen, könnte man die norwegischen Unternehmen fast verstehen. Doch hier wie dort wird auf hohem Niveau gejammert, den viel beschworenen Einbruch der Exporte hat es weder in Norwegen noch in Deutschland gegeben. Und auch die Arbeitslosenquote ist alles andere als besorgniserregend. Obwohl das viele in Norwegen anders sehen – für sie sind die gegenwärtigen 3,5 Prozent schon ein ernstes Warnsignal. Immerhin hatte das bisher noch keine Auswirkung auf eine andere Statistik: Der »Index der menschlichen Entwicklung«, erstellt von den Vereinten Nationen, der die Lebensqualität in allen Ländern der Welt misst, weist Norwegen nach wie vor als Spitzenreiter aus.

Finnland: Vom Bauernland zur Industrie-nation

»Gehen wir von den Kolalappen südwärts, so kommen wir nach Finnland, einem Land von so eigenartigem Charakter wie kaum ein anderes.«
Aus: *Völker der Erde*. Eine Länderkunde aus dem Jahre 1890

»Warum lebst du denn eigentlich hier?« Als ich Ende der 1980er Jahre nach Finnland gezogen war, bekam ich diese Frage häufig zu hören. Das war nicht unfreundlich gemeint, sondern ein Ausdruck der Verwunderung. Man konnte nicht glauben, dass ein Ausländer, der unter allen Ländern der Welt wählen konnte, sich gerade für Finnland als Wohnort entschied. Damals sahen sich die Finnen als isoliertes und langweiliges Volk, das im fernen Nordosten Europas lebte. Eigentlich gehörte man nicht dazu, und wenn ein Finne im Urlaub nach Deutschland, Italien oder Spanien reiste, sagte er deshalb auch: »Ich fahre nach Europa.« Während der Rest des Kontinents damals wirtschaftlich florierte, steckte Finnland in einer Wirtschaftskrise. Mit dem Untergang der Sowjetunion war der wichtigste Handelspartner weggefallen. Innerhalb kürzester Zeit schnellte die Arbeitslosenrate hoch auf fast 20 Prozent, und das Bruttosozialprodukt schrumpfte um 13 Prozent. Wie zwei Jahrzehnte später Deutschland, musste damals Finnland die überschuldeten Banken mit Staatsgeldern retten.

Nokia produzierte noch Gummistiefel, und nur die Papierindustrie und der Schiffbau waren wichtige Erwerbszweige. Allerdings auch welche, die die besten Zeiten hinter sich hatten. Damals blickte man neidisch in den Süden Europas, wo alles doch so viel moderner und heiterer schien. 1995 trat Finnland der Europäischen Gemeinschaft bei, und danach setzte ein schneller Wirtschaftsaufschwung ein. Die Exporte in die Länder der Gemeinschaft nahmen sprunghaft zu, der Lebensstandard stieg; knapp 20 Jahre nach dem Beitritt gehört Finnland zu den reichsten Ländern der Union.

Eine Broschüre des finnischen Außenministeriums stellte allerdings auch noch 1998 die durchaus ernst gemeinte Frage: »Ist der Finne vom Lande gut genug für Europa?« Weiter schrieb man: »Die Finnen unterscheiden sich auch darin von den meisten anderen europäischen Völkern, dass Finnland sich binnen sehr kurzer Zeit von einer Agrarnation direkt in eine moderne Gesellschaft verwandelt hat. Für einen Teil der Finnen ist die Ländlichkeit ihrer Kultur ein Problem oder sogar ein Grund, sich ein bisschen zu schämen.« Auch ich habe damals oft Äußerungen gehört wie »Wir Finnen sind halt Waldmenschen und Tölpel vom Land«. Irgendwie fürchtete man sich davor, mit den geschniegelten Geschäftsleuten aus Süd- und Mitteleuropa nicht mithalten zu können, und damit man der Kritik zuvorkam, machte man sich lieber selber schlecht.

In den letzten 20, 30 Jahren hat sich das Bild der Finnen von sich und ihrem Land völlig gewandelt: Und das aus gutem Grund: Inzwischen zählt Finnland zu den führenden Industrienationen weltweit, kaum eine Statistik, in der Finnland keinen Spitzenplatz belegt. Nokia war in den 1990ern das Symbol für den finnischen Höhenflug. Im Bereich der IT-Technik ist das einstige Agrarland Weltmarktführer, und finnische Maschinen sind Exportschlager. Aus den Bauern – oder zumindest deren Kindern – wurden inzwischen Computerspezialisten und Geschäftsleute. Egal, ob es um Bildung, Wirtschaft oder Forschung geht – die Finnen sind immer ganz vorne dabei. Und sogar auf die Frage »Wo lebt es sich am besten in der Welt?« lautet inzwischen die Antwort: »In Finnland.« Zumindest wenn man der US-amerikanischen Zeitschrift *Newsweek* glaubt. Deren Redakteure haben 2010 rund hundert Länder in den fünf Kategorien Bildung, Gesundheit, Lebensqualität, wirtschaftliche Dynamik und politisches Umfeld nach einem detaillierten Punktesystem bewertet. Wie man für das alles Punkte vergeben, es exakt aufschlüsseln und bis auf die zweite Stelle hinter dem Komma berechnen kann, wissen wahrscheinlich nur die Journalisten des Magazins. Doch egal: Finnland kam mit 89,4 Glückspunkten auf Platz eins. Und lag damit – ganz wichtig – exakt 0,47 Punkte vor Schweden. Nun hatten es die ungeliebten Nachbarn endlich schwarz auf weiß: Das Paradies liegt auf der anderen Seite der Ostsee, in Finnland. Deutschland schaffte es in diesem Ranking übrigens auf Platz 12 und landete damit mehr als vier Glückspunkte hinter dem Spitzenreiter. Was moderne Technologien anbelangt, ist Finnland ohnehin ganz weit vorn – auch ohne genaues Punkteranking. Fast alle Städte haben inzwischen ein öffentliches WLAN-Netz mit kostenlosem Internetzugang für jedermann. Ein Breitband-Internetzugang steht seit Juni 2010 jedem Finnen sogar als ein in der Verfassung verbrieftes Recht zu.

Ganz umsonst gibt es den Spitzenplatz als Technologiesupermacht jedoch nicht: Eine andere Statistik belegt, dass das Land im hohen Norden auch das meiste Geld pro Einwohner in die Forschung steckt – und zwar 3,96 Prozent des Bruttoinlandsprodukts. Wie so oft in den internen Ranglisten der EU machen die nordischen Länder die ersten Plätze untereinander aus. Auf Finnland folgen Schweden und Dänemark auf Platz zwei und drei.

Island: Die Bauchlandung der Businesswikinger

»Ich weiß noch, wie ich vor ein paar Jahren die Haupteinkaufsstraße von Kopenhagen entlangging und ein paar Isländer getroffen habe, die stolz meinten: Jetzt gehen wir in unsere Geschäfte. Die Businesswikinger gaben uns ein neues Selbstbewusstsein.«
Der Schriftsteller Hallgrímur Helgason (*1959)

Die Geschichte von Islands Bankenpleite ist ein bisschen wie ein Märchen, das vor Hochnäsigkeit und Habgier warnt. Eigentlich hatten es die Isländer gut auf ihrer kleinen Insel. Die Menschen hatten Arbeit und lebten in schönen Wohnungen.

Sie verdienten ordentlich und konnten sich so manchen Luxus leisten. Sie fuhren in schönen Autos durch die Gegend und lagen am Wochenende entspannt in ihren heißen Quellen, und sie hätten glücklich sein können bis ans Ende ihrer Tage. Doch dann kam ein böser Zauberer, der aussah wie ein Geschäftsmann im Anzug und mit Aktenkoffer, und erzählte ihnen, dass es noch andere Länder gab, in denen die Menschen noch viel reicher waren, größere Autos fuhren und noch schönere Wohnungen bewohnten. Das alles wollten die Isländer plötzlich auch haben, und sie begannen zu spekulieren. Man schrieb das Jahr 2001, als die Isländer größenwahnsinnig wurden. Die Regierung »deregulierte« die Banken, was bedeutete, dass die von nun an machen konnten, was sie wollten. Und das taten sie auch. Sie nahmen Schulden auf und kauften ein ausländisches Unternehmen nach dem anderen.

Hallgrímur Helgason, einer der bekanntesten isländischen Schriftsteller, dem mit seinem Roman 101 Reykjavík der internationale Durchbruch gelang, sagte über die isländische Goldgräberstimmung der damaligen Zeit: »Eigentlich war man einer Art von psychischer Gewalt ausgesetzt. Ich fühlte mich immer, als ob ich einfach der Letzte wäre, weil ich nichts von Geld verstand, und dabei war ich doch zum anerkannten Autor geworden. Ich habe keine Aktien und keine Wertpapiere und hatte von diesen Dingen wirklich keine Ahnung.«

Landsbanki, Glitnir und Kaupthing, die drei Banken des Landes, häuften bis 2008 einen Schuldenberg von 50 Milliarden Euro an – das isländische Bruttoinlandsprodukt belief sich zu diesem Zeitpunkt gerade einmal auf 8,5 Milliarden Euro. Schlimm fand das niemand, denn wenn man Geld brauchte, dann holte man sich das einfach von ausländischen Anlegern. Die ließen sich gern von den hohen isländischen Zinsen locken. Und weil den »seriösen« isländischen Banken offenbar niemand etwas Böses zutraute, ignorierten alle die Warnsignale bis zum Schluss.

Und dann war plötzlich alles anders. Von einem Tag auf den

anderen endete der isländische Höhenflug in einer veritablen Bruchlandung. Als am 24. September 2008 die amerikanische Investmentbank Lehman Brothers Insolvenz anmeldete, begann eine weltweite Abwärtsspirale, in deren Strudel auch Island geriet. Plötzlich wollte niemand mehr den isländischen Banken Geld leihen. Die aber waren auf den steten Geldzufluss angewiesen, denn den brauchten sie, um die Zinsen für ihre eigenen Schulden bezahlen zu können. Innerhalb kürzester Zeit waren die Landsbanki, Glitnir und Kaupthing zahlungsunfähig. In einem solchen Fall würde normalerweise die Zentralbank als Kreditgeber einspringen. Im isländischen Fall aber war die Verschuldung der Banken um ein Vielfaches höher, als die gesamte Volkswirtschaft zu leisten imstande war – eine Rettung war also völlig ausgeschlossen.

Die isländische Regierung verstaatlichte die Banken und meldete für deren ausländische Geschäftsbereiche Konkurs an – konkret hieß das, dass alle ausländischen Investoren ihr Geld verloren. Vor allem Anleger aus den Niederlanden und Großbritannien waren betroffen. Das gefiel dem damaligen britischen Premierminister Gordon Brown überhaupt nicht, und deshalb setzte das britische Innenministerium die isländische Pleitebank Landsbanki neben Al-Qaida, Nordkorea, dem Iran und der Hisbollah auf die Liste terroristischer Organisationen und Staaten. Die isländische Regierung war zwar ein bisschen beleidigt, aber offenbar auch eingeschüchtert. So wollte die damals amtierende konservative Regierung die Schulden der Banken übernehmen und bis zum Jahr 2023 zurückzahlen. Damit aber war die Bevölkerung nun gar nicht einverstanden, hätte das doch bedeutet, dass ein jeder Isländer mit umgerechnet fast 11 000 Euro für den Spekulationswahnsinn der Banken hätte geradestehen müssen. Und so griffen die Isländer zu Töpfen, Pfannen und Kochlöffeln. Wütend und laut trommelnd demonstrierten sie so lange vor der Reichsbank und dem *Althing*, bis sie ihren Willen bekamen. Das, was sie forderten, war nicht weniger als der Rücktritt des Nationalbankchefs, des konservativen Premierministers Geir Haarde, und eine Volksabstimmung über die geplante Übernahme der Schulden der Banken durch die Regierung. Wegen der massiven Proteste aus der Bevölkerung legte der Präsident Ólafur Ragnar Grímsson schließlich sein Veto gegen den Schuldenübernahmebeschluss ein. Bei der folgenden Volksabstimmung lehnten die Isländer die Übernahme der Auslandsschulden der Banken mit überwältigender Mehrheit ab.

Großbritannien und die Niederlande klagten nun vor dem Gerichtshof der Europäischen Freihandelszone in Luxemburg gegen Island. Ohne Erfolg – das Gericht entschied am 28. Januar 2013, dass der isländische Staat nicht verpflichtet sei, die Schulden seiner Banken zu übernehmen.

Nach dem Rücktritt Haardes übernahm die Sozialdemokratin Jóhanna Sigurðardóttir die Regierungsgeschäfte. Ihre Regierung reagierte auf die Bankenkrise ganz anders als beispielsweise die deutsche. Sie schonte die Steuerzahler und verzichtete auf Einsparungen bei Sozialprogrammen. Dafür ließ sie die Banken pleitegehen, und so mussten diejenigen die Zeche bezahlen, die in Erwartung hoher Zinsgewinne in Island spekuliert hatten. In der Folge der Bankenkrise stürzte die isländische Krone ab und verlor knapp die Hälfte ihres Wertes im Vergleich zum Euro. Das aber trug zu einem neuen Wirtschaftsaufschwung bei. Die isländischen Exporte boomten – besonders die Fischerei und die Landwirtschaft profitierten von den sinkenden Ausfuhrpreisen, und die Tourismusindustrie freute sich ebenfalls über ein erkleckliches Plus.

Schlussendlich haben die isländischen Maßnahmen gegriffen, die Arbeitslosenquote, die während der Krise auf fast zehn Prozent angestiegen war, hat sich seit dem Sommer 2012 wieder auf Werte um die fünf Prozent eingependelt. Und während Islands Wirtschaft im Katastrophenjahr 2009 noch um 6,7 Prozent schrumpfte, kann man inzwischen, Stand 2013, wieder ein Wirtschaftswachstum von gut zwei Prozent vermelden. Mit diesem Wert steht Island übrigens deutlich besser da als

Deutschland. Auch der Internationale Währungsfonds (IWF) lobt das isländische Krisenmanagement und sieht das Land als ein Vorbild für Volkswirtschaften in einer ähnlichen Situation.

Von deutscher Seite spart man übrigens an Lob. Es soll ja nur keiner glauben, dass man aus einer solchen Krise herauskommen kann, ohne dass man die Großbanken auf Kosten der Steuerzahler rettet.

Und den perfekten Plan für die Zukunft Islands gibt es auch schon. Den hat der Schriftsteller Hallgrímur Helgason. Er sagt: »Jetzt ist Schluss mit all diesem Quatsch, jetzt wollen alle wieder Leberkäse und Lammfleisch und Wollstrümpfe und gute Bücher lesen, die alten isländischen Werte eben.«

Ein (G)Narr für Reykjavík

Wenn Politiker nicht mehr weiter wissen, scheinen die Narren gefragt – wie der Komiker Beppe Grillo in Italien, der dort mit seiner Fünf-Sterne-Bewegung große Wahlerfolge feierte, oder Jón Gnarr in Island. Grillos Partei holte bei den Parlamentswahlen 2013 ein Viertel der Wählerstimmen und wurde damit zweitstärkste Kraft, Jón Gnarr gewann 2010 mit 34,7 Prozent die Bürgermeisterwahlen in der isländischen Hauptstadt Reykjavík.

Jón Gnarr kam 1967 in Reykjavík als Sohn eines Polizeibeamten auf die Welt … und war von Anfang an schwierig. Mit 14 Jahren schickte man ihn auf ein Internat für schwer erziehbare Jugendliche, später schlug er sich mit Gelegenheitsjobs durch und arbeitete u. a. in einem Heim für geistig und körperlich Behinderte. Mit 19 Jahren schrieb er sein erstes Buch, ein paar Jahre später hatte er seine eigene Radiosendung. Bei allem, was Gnarr machte, fielen zwei Dinge auf – er war witzig, und er war klug. Bald moderierte er seine eigene Fernsehshow. In der Serie *Naeturvaktin* – Nachtschicht –, in der er einen neurotischen marxistischen Tankstellenbesitzer spielt, wurde er zum Kultstar. Außerdem zupfte Gnarr den Bass in einer Punkband mit dem sympathischen Namen »Laufende Nasen«, und er schrieb ein paar Romane und veröffentlichte Gedichte. Mit einer Sketchshow, in der er die selbstherrlichen Politiker in der Bankenkrise persiflierte, brachte er ganz Island zum Lachen. Und dann trieb Gnarr die Sache auf die Spitze. Er gründete selbst eine Partei, die er ganz unbescheiden Besti flokkurinn, die Beste Partei, nannte. Und wie die etablierten Parteien zog auch er mit überzogenen und lächerlichen Versprechungen in den Wahlkampf. Mit dem einzigen Unterschied: Gnarr und seine Leute versprachen neben »offener statt heimlicher Korruption, kostenlosen Handtüchern für Schwimmbäder und einem Eisbären für den Zoo« auch, alle Versprechen im Falle eines Wahlsieges zu brechen.

Nach der Bankenkrise hatten die Isländer den Hals gestrichen voll von den Politikern, und wenn sie schon belogen werden sollten, dann lieber von einem Narren wie Gnarr.

Als das Ergebnis am Wahlabend bekanntgegeben wurde, dürfte Jón Gnarr nicht schlecht gestaunt haben. Seine Partei hatte die meisten Stimmen errungen, und er war Bürgermeister.

Was dann kam, war die eigentliche Sensation. Gnarrs Partei lieferte – sie machte »richtige« Politik. Es blieb nicht bei Einführung eines »Gute-Tag«-Tags, an dem sich die Einwohner der Hauptstadt gegenseitig freundlich grüßen sollten, und der Aufhübschung der Verkehrsampeln mit Smileys. Gnarr sanierte den maroden örtlichen Stromversorger, eine Herkulesaufgabe, an der alle seine Vorgänger gescheitert waren. In der Wahl der Mittel war der Komiker dabei allerdings alles andere als originell. In der *Süddeutschen Zeitung* gab er zu Protokoll: »Wir haben uns sofort nach der Wahl einen Rettungsplan überlegt: Stromkosten erhöhen, Leute entlassen und dem Unternehmen die Steuern erlassen.« So beschreibt Gnarr sein Sanierungskonzept. Und weiter: »Wir konnten das nur machen, weil wir nichts zu verlieren hatten. Wir wussten, jeder wird uns dafür hassen. Viele sagten: Ich werde Sie nie wieder wählen. Da habe ich gesagt: Ich glaube, Sie haben nicht mal die Möglichkeit, mich noch mal zu wählen.«

Ähnlich entschlossen machte sich die Beste Partei daran, die städtischen Schulen zu retten. Gnarr dazu: »Wir mussten einfach was machen, die Schulen waren zu teuer. In Dänemark haben sie Schulen geschlossen, das wollten wir nicht. Stattdessen haben wir Schulen zusammengelegt und damit viele Betriebskosten eingespart. Dadurch wurde mehr Geld frei für Unterrichtsmaterialien, Unterricht und Schülerstipendien.«

Kurz vor Ende seiner Amtszeit Mitte 2014 ist Gnarr einer der beliebtesten »Politiker« Islands. Würde er wieder antreten, würde er wieder gewählt. Aber Gnarr will nicht. In einem Interview mit der *Frankfurter Allgemeinen Zeitung* sagte der Mittvierziger, der sich als Bürgermeister neben dem Logo seiner Lieblingspunkband das Stadtwappen von Reykjavík hat eintätowieren lassen: »Viele Menschen haben gesagt: Wartet nur, bald redet er auch wie ein Politiker. Ich bin keiner geworden, aber ich musste dagegen ankämpfen. Das war nicht einfach.«

Åland, Färöer, Grönland: Allein oder lieber doch dabei sein

Die Ålandinseln, die Färöer und Grönland sind die drei autonomen Gebiete innerhalb des Nordens. Die Erstgenannten sind Teil Finnlands, die beiden anderen Regionen gehören zu Dänemark. In allen drei Gebieten stellte oder stellt sich die Frage nach der Unabhängigkeit. Die Antworten darauf fallen unterschiedlich aus.

Åland: Zufrieden im finnischen Reich

Eigentlich hatten die Åländer ja zu Schweden gewollt. Kein Wunder, denn alle Einwohner der Inselgruppe sprechen Schwedisch. Außerdem liegt ihre Heimat deutlich näher an Schweden als an Finnland – 40 Kilometer sind es in die eine, 100 in die andere Richtung. Trotzdem hat der Völkerbund 1921 Finnland die Ålandinseln zugesprochen.

Bis 1809 hatte Åland, wie auch der Rest Finnlands, zu Schweden gehört. Dann aber verloren die Schweden den Finnischen Krieg. Von nun an hatte Russland das Sagen. 45 Jahre später wiederum stand der nächste Krieg an. Im Krimkrieg zog nun der russische Zar gegen die Engländer und Franzosen den Kürzeren. Zwar durfte er die Ålandinseln behalten, musste sie aber zu einer entmilitarisierten Zone erklären. Alle Befestigungsanlagen wurden zerstört, alle Soldaten abgezogen. Ein paradiesischer Zustand – der bis heute anhält.

Als Finnland 1917 seine Unabhängigkeit erklärte, sahen die Åländer die Chance gekommen, sich nun ihrerseits von Finnland loszusagen und endlich zu Schweden zurückzukehren. Doch was man hat, will man nicht hergeben – da verhält sich Finnland nicht anders als jedes andere Land. Der Streit um die Ålandinseln wurde schließlich dem Völkerbund vorgelegt, und der sprach Finnland die Hoheitsrechte über die Inseln zu.

Im Gegenzug musste sich Helsinki verpflichten, den Schutz der Sprache, der Kultur und der Traditionen Ålands zu garantieren – die Inseln bekamen in wichtigen Fragen das Recht auf Selbstverwaltung. Im Laufe der Jahre kamen immer weitere Sonderrechte dazu. Seit 1954 haben die Åländer eine eigene Flagge, seit 1970 sind sie durch Abgeordnete im Nordischen Rat vertreten, und seit 1984 gibt es sogar åländische Briefmarken. Als Finnland 1995 der EU beitrat, bekamen die Åländer wieder mal eine Extrawurst gebraten: Politisch gehört die Inselgruppe zur EU, zollrechtlich allerdings nicht – mit dem Vorteil, dass man auf den Inseln und vor allem auf den vielen Fähren, die durch åländische Hoheitsgewässer fahren, zollfrei einkaufen und billiges Bier trinken kann. Aus diesem Grund durchqueren auch alle Fähren, die zwischen Helsinki und Stockholm verkehren, åländisches Hoheitsgewässer bzw. legen für fünf Minuten in der Inselhauptstadt Mariehamn an. Dann nämlich dürfen sie an Bord zollfrei Waren verkaufen. Der Tax-free-Einkauf hält die åländische Wirtschaft im Gang. Das Einkommen dort ist (noch) höher als in Finnland – und die Arbeitslosenrate gehört zu den niedrigsten der EU. Kein Wunder, dass die Inselbewohner heute hoch zufrieden sind und sich kaum einer von ihnen wünscht, die Inseln sollten zu Schweden gehören. Und dass seine Inseln selbstständig werden, will kein Åländer. Warum auch? Im Paradies lebt es sich gut.

Färöer: Gehen oder bleiben?

Høgni Hoydal arbeitete lange in Dänemark. Trotzdem tat er alles dafür, dass sein Arbeitsplatz in Kopenhagen abgeschafft wird. Høgni Hoydal ist Parteichef der Sozialistischen Republikanischen Partei und war einer der beiden färöischen Abgeordneten im Parlament in Kopenhagen, und er kämpft für die Unabhängigkeit der Färöer von Dänemark. Hoydal stellt als Erstes klar, dass der Name seiner Partei übersetzt in etwa »Partei für die Macht des Volkes« bedeutet. Das klinge zwar sperrig, gibt Hoydal zu, gebe aber das Wesen der Partei immerhin korrekt wieder. Das zu erwähnen ist ihm wichtig, denn spätestens seit der Regierung von George W. Bush in den USA brächte man mit dem Begriff »Republikaner« extrem konservative Politik in Verbindung.

Das aber sei seine Partei gerade nicht, betont Hoydal. Seine Republikaner seien keine nationalistische, sondern eine internationalistische Partei. Sie wollten die Loslösung von Dänemark, um dann als unabhängiges und tolerantes Land an der Weltpolitik teilnehmen zu können. »Die dänische Alimentierung beschränkt die Eigenverantwortung«, sagt Hoydal, der dem Mutterland auch unlautere Motive unterstellt. Zwar tue man in Kopenhagen so, als hätte man gegen die Unabhängigkeit der Färöer keine Einwände. In Wahrheit fürchteten die Dänen aber genau das, ist Hoydal überzeugt. Dann nämlich wäre ein Präzedenzfall für Grönland geschaffen: Die größte Insel der Welt wolle Dänemark aber auf jeden Fall behalten. Durch die Klimaerwärmung und das abschmelzende Eis werden dort Bodenschätze, unter anderem auch Erdöl, zugänglich, die man bisher nicht hat abbauen können. Ein neuer Reichtum, an dem auch Dänemark seinen Anteil haben wolle. Auch im Meer vor den Färöern ist man schon auf Öl gestoßen, allerdings noch nicht in Mengen, die den Abbau rechtfertigen würden. Da in Zukunft vielleicht auch hier mit Erträgen zu rechnen sei, sei dies, laut Hoydal, ein weiterer Grund für Kopenhagen, an den Färöern festzuhalten.

Seit dem 11. Jahrhundert gehörten die Färöer zu Norwegen, durch die Kalmarer Union waren sie ab 1380 mit Dänemark verbunden, und das blieb auch so, als sich 1814 die Union auflöste. Bis Mitte des 20. Jahrhunderts gab es keine ernsthaften Bestrebungen in Richtung Unabhängigkeit. Die Färöer waren weitgehend von den Zahlungen aus Dänemark abhängig, und es entwickelte sich auf den Inseln das Gefühl, ohne dänische Hilfe nicht überleben zu können.

Dies änderte sich im Zweiten Weltkrieg. Am 9. April 1940 überfiel Hitlers Wehrmacht Dänemark. Um einer Invasion Nazideutschlands zuvorzukommen, besetzten drei Tage später britische Truppen die Färöer. Das Band zwischen dem Mutterland Dänemark und den Inseln im Atlantik war damit durchtrennt.

Da die Briten den Färingern weitreichende Freiheiten zugestanden, setzte sich auf der Inselgruppe allmählich die Erkenntnis durch, auch ohne Dänemark überlebensfähig zu sein. Als die Briten dann nach Ende des Zweiten Weltkriegs abzogen, waren die Färinger in der Frage, ob man weiterhin zu Dänemark gehören wollte, gespalten. 1946 kam es zu einer Volksabstimmung, in der sich eine – wenn auch nur knappe – Mehrheit für die Ablösung von Dänemark aussprach. Da die Wahlbeteiligung relativ gering war und das färöische Parlament anders als die Bürger für den Verbleib bei Dänemark votierte, erkannte das Mutterland das Abstimmungsergebnis nicht an, gewährte den Inseln in der Folge aber eine weitgehende Autonomie. Deswegen sind die Färöer beispielsweise auch nicht Mitglied der EU. Als Dänemark 1973 der Europäischen Gemeinschaft beitrat, weigerten sich die Färinger aus Sorge, die Selbstbestimmung über den Fischfang zu verlieren, diesen Schritt zu tun.

Die Färinger sind stolze Menschen. Sie lieben ihr Land und reagieren wie alle kleinen Völker allergisch, wenn sie das Gefühl haben, bevormundet zu werden – sei es von Dänemark oder der EU. Keiner solle es wagen, sich in die inneren Angelegenheiten einzumischen. Die wahren Freunde sind die anderen »Kleinen«. Nicht von ungefähr hat man die besten Beziehungen zu Island und Grönland.

Die Färinger sind stolz auf ihre eigene Währung, die färöische Krone, die allerdings mit einem Wechselkurs von 1 : 1 an die dänische Krone gebunden ist, ihre eigene Flagge und vor allem ihre eigene Sprache. Färöisch ist mit Altnordisch und Isländisch verwandt, und es ist noch nicht allzu lange her, dass man sich um die Weiterexistenz der Sprache hatte sorgen müssen. Für einige Zeit hatte es so ausgehen, als würde das Dänische an die Stelle des Färöischen treten. Diese Ängste gibt es heute nicht mehr, speziell die jungen Leute sind stolz auf ihre Herkunft und ihre »exotische« Sprache.

Am Nationalfeiertag, dem 29. Juli, versammeln sich Jahr für Jahr weit mehr als 10 000 Menschen – rund ein Viertel der Gesamtbevölkerung – auf dem alten Thingplatz am Hafen der Hauptstadt Thorshavn. Die meisten von ihnen tragen Tracht, und überall weht die Nationalflagge – ein rotes, blau gerändertes Kreuz auf weißem Hintergrund – im nie aufhörenden färöischen Wind. Doch der Weg in die Unabhängigkeit scheint noch weit. Nicht wegen der starken Widerstände aus Dänemark, sondern im Gegenteil, weil die dänische Regierung den Färöern weitgehende Freiheiten lässt und sich nicht in die Inselpolitik einmischt. Viele Färinger können deswegen mit dem Ist-Zustand gut leben und haben nichts dagegen, wenn neben der eigenen Nationalflagge, dem Merkið, auch der Dannebrog weht.

Grönland: Mit Problemen und dem Willen zur Unabhängigkeit

Grönland oder Kalaallit Nunaat, wie die Grönländer ihre Heimat nennen, ist die größte Insel der Erde. Nur 57 000 Menschen leben auf fast 2,2 Millionen Quadratkilometern und machen Grönland damit zu dem Land mit der geringsten Bevölkerungsdichte der Welt.

Noch bis zum Zweiten Weltkrieg war Grönland eine traditionelle Jägergesellschaft, die als wenig beachtetes – und weitgehend rechtloses – Anhängsel zu Dänemark gehörte. In den 1950er und 1960er Jahren veränderte sich das Leben der Grönländer radikal. Innerhalb weniger Jahre zog auf der eisigen Insel das Industriezeitalter ein. Oberflächlich betrachtet, verbesserten sich dadurch die Lebensbedingungen – die Menschen lebten nun in kuschelig warmen Häusern, niemand musste mehr zu gefährlichen Jagdtouren aufbrechen, um Nahrung für seine Familie heranzuschaffen, für die Kinder gab es Schulen und für die Kranken Hospitäler.

Der Einzug der westlichen Kultur führte aber auch zu einer Entwurzelung der Menschen, die mehr und mehr ihre Identität verloren. Die Folgen: Alkoholismus, ein dramatisches Ansteigen der Kriminalität, eine enorme Arbeitslosigkeit, eine erschreckende Zahl von Kindesmissbrauchsfällen und eine der höchsten Selbstmordraten der Welt. Kaum ein Kind bringt die Schulausbildung zu Ende, nur zwei Prozent der Jugendlichen schaffen es bis zu einem Universitätsabschluss, und von denen wiederum verlassen dann die meisten Grönland. Der Einkommensunterschied zwischen Arm und Reich ist noch größer als in den USA.

Grönland ist ein Land in der Krise, aber auch eines, das sich allmählich selbst findet und vielleicht eines Tages zu den wenigen »Gewinnern« der globalen Klimaerwärmung zählen könnte. Das abschmelzende Eis gibt bisher unzugängliche Bodenschätze frei, vor der Küste liegen reiche Öl- und Gasvorkommen. Das arme Grönland könnte bald ein reiches Land sein – allerdings auch hier wieder mit allen sozialen Problemen, die ein solcher Wandel mit sich bringt.

Seit den 1960er Jahren entwickelte sich langsam ein eigenes grönländisches Nationalbewusstsein, das mit Forderungen nach mehr Autonomie einherging. Die Proteste nahmen in der Folge des dänischen Beitritts zur Europäischen Gemeinschaft (EG) im Jahre 1973 zu. Damals wurde nämlich auch Grönland »zwangsweise« Mitglied und die eigenen Fischgründe plötzlich zugänglich für die großen Fangflotten aus Mittel- und Südeuropa. Besonders Trawler der damaligen Bundesrepublik Deutschland fischten das Meer vor Grönland leer. Nach langen Verhandlungen wurde 1978 das Autonomiegesetz nach dem Vorbild der Färöer verabschiedet. Seitdem ist Kopenhagen nur noch für die Außenpolitik und die Verteidigung Grönlands verantwortlich. Die Proteste gegen die Europäische Gemeinschaft gipfelten schließlich 1982 in einer Volksabstimmung, bei der sich die Grönländer mit überwältigender Mehrheit für den Austritt aus der EG zum Jahr 1985 entschieden. Als erste Region hat Grönland damit die Europäische Gemeinschaft verlassen, genießt seitdem einen besonderen »assoziierten Status«, wie ihn beispielsweise auch das Nicht-EU-Mitglied Norwegen hat. Im November 2008 ging Grönland noch einmal einen Schritt weiter in Richtung Unabhängigkeit. In einer Volksabstimmung wurde das seit 1979 geltende Autonomiestatut durch eine Selbstverwaltungsordnung ersetzt. Dieses Gesetz regelt unter anderem die für Grönland enorm wichtigen Eigentumsrechte an Bodenschätzen. Deren Besitz ermöglicht dem Land die finanzielle Unabhängigkeit von Dänemark und eröffnet ihm damit auch die Möglichkeit, in nicht allzu ferner Zukunft seine Unabhängigkeit zu deklarieren.

Nordische Besonderheiten

Wer die Wahl hat, hat die Qual: die politischen Systeme

Die fünf nordischen Länder gelten als Vorzeigedemokratien mit hoher Bürgerbeteiligung. Wie die Wahlverfahren konkret funktionieren, erklärt das folgende Kapitel und fordert zumindest im norwegischen Fall die ganze Aufmerksamkeit des Lesers.

»Das norwegische Wahlsystem ist nicht leicht zu durchschauen, beruht aber letztlich auf dem Prinzip der freien, gleichen, direkten und geheimen Wahl.« So heißt es auf der offiziellen deutschsprachigen Internetseite der norwegischen Regierung. Dann will ich die Herausforderung mal annehmen und das nicht leicht zu durchschauende System in seinen Grundzügen erklären. Norwegen ist in 19 fylker – Provinzen – eingeteilt. Jedes fylke ist ein Wahlbezirk, der aber wiederum in Unterwahlbezirke unterteilt ist. Bei der storting-Wahl, der Wahl zum norwegischen Parlament, gehen zunächst 157 der 165 zu vergebenden Sitze an Abgeordnete, die in den Provinzen gewählt werden.

Wie viele Sitze eine Provinz beanspruchen kann, hängt von der sogenannten Vergleichszahl ab. Und die wird wie folgt berechnet: Zur Bevölkerungszahl der Provinz wird das 1,8-Fache ihrer Fläche in Quadratkilometern addiert. Da das vermutlich nur Mathematiker verstehen, hier eine Beispielrechnung, die so ungefähr auf die einwohnerreiche südnorwegische Provinz Akershus zutrifft. Bei 567 000 Einwohnern und 5000 Quadratkilometer Fläche betrüge die Verteilungszahl (567 000 + 1,8 x 5000) 576 000. Je höher nun die Vergleichszahl ist, desto mehr

Sitze stehen einem fylke zu. Durch die Berücksichtigung der Fläche der Wahlkreise sind dünn besiedelte Gebiete bei der Verteilung der Sitze überrepräsentiert. Das erklärt auch, warum die »Fischer im Norden« immer noch ein enormer Machtfaktor im Land sind. Innerhalb der Provinzen werden die Sitze dann proportional auf die Parteien verteilt, eine Sperrklausel hierfür gibt es nicht. Rein mathematisch sind aber in den größten Wahlkreisen etwa vier Prozent der Wählerstimmen nötig, um einen Sitz zu bekommen, in den kleineren über zehn Prozent.

Sind die 157 Sitze vergeben, werden die verbleibenden acht Sitze auf nationaler Ebene verteilt. Hierfür gilt dann eine Vier-Prozent-Hürde. Als Nachschlag noch ein paar ganz unkomplizierte Fakten: Wählen darf man ab dem Alter von 18 Jahren, gewählt wird immer an einem Montag im September, und die Legislaturperiode erstreckt sich stets über vier Jahre. Wobei dem Wort »stets« eine wichtige Bedeutung zukommt. Eine vorzeitige Auflösung des stortings ist nicht möglich. Vertrauensfragen, Misstrauensvoten und taktische Auflösungen des Parlaments – etwa weil die Regierungspartei bei Umfragen gerade einen großen Vorsprung hat – sind nicht möglich. Und wenn Wahlen keine eindeutigen Mehrheiten ergeben? Dann muss man sich eben zusammenraufen. Wobei Minderheitsregierungen ohnehin dem nordischen Selbstverständnis entsprechen.

Einfacher funktioniert das Wählen in Dänemark. Im dänischen Parlament, dem Folketing, sitzen 179 Abgeordnete, die für vier Jahre nach dem Verhältniswahlrecht gewählt werden. Wahlberechtigt sind alle Dänen über 18 Jahre. Parteien, die ins Parlament einziehen wollen, müssen mindestens zwei Prozent der Stimmen erringen. Je zwei der 179 Sitze sind für die Abgeordneten der Färöer-Inseln und Grönland reserviert.

Ähnlich schnell und schmerzlos ist erklärt, wie die Schweden ihre Abgeordneten wählen: Die 349 Mitglieder des riksdags werden nach dem Verhältniswahlrecht für vier Jahre gewählt. Wahlberechtigt und wählbar ist jeder schwedische Staatsbürger, der am Wahltag mindestens 18 Jahre alt ist. Das Land ist in 29 Wahlkreise eingeteilt, die je nach Größe zwischen 2 und 36 Abgeordnete in den Stockholmer Reichstag entsenden dürfen. Wahltag ist immer ein Sonntag im September. Die Sperrklausel liegt bei vier Prozent. Wenn eine Partei, die landesweit an der Vier-Prozent-Hürde scheitert, in einem Wahlkreis mehr als zwölf Prozent der Stimmen gewinnt, erhält sie trotzdem die ihr dort zustehenden Mandate. Dadurch sollen nach dem Willen des Gesetzgebers Regionalparteien oder Parteien, deren Wähler konzentriert in einer Region leben, besser geschützt werden – in der Praxis kam diese Ausnahmeregel aber noch nie zur Anwendung.

Das Staatsoberhaupt ist sowohl in Dänemark als auch in Schweden und Norwegen nicht der Ministerpräsident. An der Spitze des Staates steht der König bzw. die Königin. Margrethe II. von Dänemark, Carl XVI. Gustaf von Schweden und Harald V. von Norwegen haben allesamt nur repräsentative Aufgaben. Trotzdem: Das Königshaus ist in allen drei Ländern völlig unumstritten und stellt einen wichtigen Identifikationsfaktor für die Menschen dar.

Die Isländer und Finnen haben keinen König, bei ihnen steht der Staatspräsident an der Spitze des Landes. In Island wird der Präsident in allgemeiner, direkter und geheimer Wahl mit einfacher Mehrheit für eine Amtszeit von vier Jahren gewählt. Häufig wird aber gar nicht gewählt. Das nennt man dann stille Wahl, und zu der kommt es immer dann, wenn sich einem amtierenden Präsidenten nach Ende seiner Amtszeit kein Gegenkandidat entgegenstellt. Und das ist bisher zumeist der Fall gewesen. Laut Verfassung hat der Staatspräsident durchaus einiges zu sagen: »Er ernennt und entlässt ohne Parlamentsabstimmung die Regierungsmitglieder, vertritt Island völkerrechtlich und übt die Gesetzgebung zusammen mit dem Parlament aus.« Soweit, so theoretisch, denn in der Praxis hat der Präsident rein repräsentative Pflichten.

Die 63 Abgeordneten des Althings, so heißt in Island das Parlament, werden für vier Jahre gewählt. Wahlberechtigt sind alle Isländer, die älter als 18 Jahre sind, und die dürfen sich bei der Abstimmung dann so richtig austoben. Sie können nach Belieben Kandidaten von den Wahllisten streichen und sie von hinteren Listenplätzen nach vorn wählen. Bis auf neun werden alle Sitze in den Wahlkreisen vergeben – dort gibt es zwar keine Sperrklausel, aber um bei der Sitzverteilung zum Zuge zu kommen, muss man etwa zehn Prozent der Stimmen gewinnen. Für die landesweit zu vergebenden neun Zusatzsitze gilt eine Sperrklausel von fünf Prozent.

Im finnischen Parlament, der eduskunta, sitzen 200 Abgeordnete, die für vier Jahre nach dem Verhältniswahlrecht gewählt werden. Wahlberechtigt ist jeder finnische Staatsbürger ab 18 Jahren, und der kann nicht nur Parteienlisten wählen, sondern die Reihenfolge der Kandidaten auf den Listen nach Belieben verändern. Weil die Finnen von dieser Möglichkeit regen Gebrauch machen, spielt die Person des Kandidaten eine große Rolle. Das hat dazu geführt, dass finnische Parteien gern ehemalige Sportler, Schönheitsköniginnen, Schauspieler, Sänger oder sonstige Stars auf ihre Listen setzen. Einen Exschauspieler als Präsidenten, wie die Amerikaner, haben die Finnen auf diese Weise zwar noch nicht bekommen, aber immerhin eine ehemalige Schönheitskönigin als Ministerin.

Während es in den anderen nordischen Ländern der Normalfall ist, dass man nach den Wahlen Minderheitsregierungen bildet, die sich dann für einzelne Abstimmungen die Zustimmung von Teilen der Opposition sichern müssen und so wiederum ganz automatisch auch Minderheitsinteressen beachten müssen, geht man in Finnland einen anderen Weg. Dort bildet man in der Regel nicht nur große, sondern sehr große Koalitionen. Man versucht mehr Parteien in die Regierung einzubinden, als dies für die Mehrheit im Parlament nötig wäre. Dadurch werden die Interessen einer möglichst breiten Bevölkerungsmehrheit auch auf den Regierungsbänken vertreten. Und damit sich die schwedischsprachige Minderheit keinesfalls ausgeschlossen fühlt, ist deren Partei eigentlich an jeder Koalition, egal ob sozialdemokratisch oder konservativ geführt, vertreten.

Bis zur Verfassungsreform im Jahre 2000 war in Finnland der Staatspräsident der Chef im Ring, und auch heute hat er im Vergleich zu seinem deutschen Kollegen immer noch große Rechte. Als eine Art »Oberaußenminister« hat er Mitspracherecht, wenn es um die internationalen Beziehungen des Landes geht, außerdem ist er Oberbefehlshaber der Streitkräfte und kann hohe Staatsbeamte und Richter ernennen. Da ergibt es auch Sinn, dass die Wähler entscheiden können, wer an der Staatsspitze steht. Der Präsident wird deswegen in direkter Wahl für eine Amtszeit von sechs Jahren gewählt.

Beinahe aber hätte Finnland sogar einen König bekommen. Und weil das ein Deutscher gewesen wäre, soll die Geschichte hier noch erzählt werden.

Ein Deutscher auf den Finnenthron?

»Finnlands Parlament gibt kund: Da Finnland ein selbständiges Reich geworden und das Parlament verpflichtet ist, ein Königsgeschlecht auszuerwählen, hat also der Landtag Seine Hoheit Prinz Friedrich Karl von Hessen dazu ausersehen, als Finnlands König das Königreich Finnland entsprechend dessen Verfassung und Gesetzen zu regieren.«
Offizielle Anfrage des finnischen Parlaments an Prinz
Friedrich Karl von Hessen, 1918

Nach Ende des finnischen Bürgerkriegs im Jahre 1918 – damals stritten Konservative und Kommunisten in blutigen Kämpfen um die Vorherrschaft im Land – entbrannte ein politischer Streit darüber, ob Finnland eine Republik oder eine Monarchie werden sollte. Schließlich setzten sich die Monarchisten durch. Da das deutsche Kaiserreich im Bürgerkrieg den Konservativen zum Sieg verholfen hatte, sollte der zukünftige König aus Deutschland kommen. So sollte die Verbundenheit zwischen Finnland und Deutschland gestärkt werden. Und natürlich hofften die Finnen, sich unter den besonderen Schutz des Deutschen Reiches stellen zu können. Denn ob die Sowjetunion die Niederlage der roten Kämpfer im Nachbarland einfach so hinnehmen würde, war damals noch nicht ausgemachte Sache. Außerdem hatten die Finnen auch begehrliche Blicke auf ehemals finnische Gebiete in Karelien geworfen. In Helsinki war man sich darüber im Klaren, dass man die allein nie würde erobern können. Aber mit einer Großmacht wie Deutschland im Rücken, wer weiß?

Am liebsten hätten die Finnen Oskar, den fünften Sohn des deutschen Kaisers Wilhelm II., zu ihrem König gemacht. Doch der Kaiser war dagegen. Er wollte gerade nicht das Schicksal des deutschen Kaiserhauses allzu eng mit dem eines neuen Staates verknüpfen, von dem man nicht wusste, ob er sich auf der politischen Weltbühne etablieren würde. Und so wies Berlin die finnische Anfrage zurück.

Als Nächsten kontaktierten die Finnen den hessischen Prinzen Friedrich Karl, der als Fredrik Kaarle den finnischen Thron hätte besteigen sollen. Der war auch gar nicht abgeneigt, und so begann man in Helsinki mit den Vorbereitungen zur Thronbesteigung. Eine Krone wurde in Auftrag gegeben und der Palast, in dem der Zar wohnte, wenn er in Finnland weilte, für den zukünftigen König umgebaut. Die Krone kann man noch heute in der Edelsteingalerie im nordfinnischen Kemi besichtigen, der für Fredrik Kaarle vorgesehene Palast ist Sitz des Staatspräsidenten. Ob die Postkarten mit dem Konterfei des Königs, die es damals schon in Helsinki zu kaufen gab, später zu Ladenhütern oder im Gegenteil zu gesuchten Raritäten wurden, weiß ich nicht. Denn nach Finnland kam Friedrich Karl schließlich doch nie – die Weltgeschichte regelte die finnische Königsfrage auf ihre Weise. Deutschland kapitulierte im Ersten Weltkrieg, das deutsche Kaiserreich wurde von einer Revolution hinweggefegt. Danach war ein deutscher König für den finnischen Thron natürlich undenkbar gewesen. Weil es mangels König mit der Monarchie dann doch nicht klappte, wurde Finnland schließlich – ganz anders als geplant – eine Republik.

Zwei draußen, drei drinnen: das Verhältnis zur EU

»Die schwedische Regierung ist der Auffassung, dass die EU-Zusammenarbeit gut und notwendig ist, doch gleichzeitig besteht bei einer Reihe von Punkten Verbesserungsbedarf.«
Aus einer Schrift des Svenska Institutet anlässlich der zehnjährigen EU-Mitgliedschaft Schwedens, 2005

Bis auf zwei sind sie alle dabei. Und mit diesen beiden will ich dieses Kapitel beginnen – Island und Norwegen sind die beiden nordischen Länder, die (bisher) nicht Mitglied der Europäischen Union sind.

Norwegen gehört bis zum heutigen Tag zwar nicht zur EU, hat aber so oft einen Antrag auf EWG-, EG- bzw. EU-Mitgliedschaft gestellt wie kein anderes Land. Schon 1962 und 1967 wollte man der Europäischen Wirtschaftsgemeinschaft (EWG) bzw. der Europäischen Gemeinschaft (EG) beitreten – damals vor allem deswegen, weil auch der Haupthandelspartner Großbritannien den Beitritt beantragt hatte. Beide Male stoppten die Franzosen durch ihr Veto den britischen Antrag. Weil sie ohne die Briten aber nicht in Europa mitmachen wollten, zogen auch die Norweger ihren Antrag das eine wie das andere Mal wieder zurück. 1972 klappte es dann schließlich doch mit dem EG-Beitritt der Briten, und wieder glaubten viele Norweger, dass sie wirtschaftliche Probleme bekämen, wenn Großbritannien in und sie selbst außerhalb der EG wären. Besonders die Industrie fürchtete den Anschluss an Europa zu verlieren. Landwirte, Fischer und Gewerkschafter warnten dagegen vor dem Zentralismus der Brüsseler Bürokratie. Die Linke wiederum fürchtete im Falle eines Beitritts um die Errungenschaften des Wohlfahrtsstaates und einen Siegeszug des Kapitals. Der Widerstand gegen die EG reichte also von rechts bis links – er fand aber hauptsächlich außerhalb der Parteien statt. Alle großen Parteien wollten nämlich den Weg nach Brüssel antreten. Das Beitrittsgesuch hatte Norwegen mit einer Parlamentsmehrheit von 132 zu 17 Stimmen gestellt. Das änderte aber nichts daran, dass eine knappe Mehrheit der norwegischen Bevölkerung gegen den EG-Beitritt und damit auch gegen ihre Politiker stimmte. Die sozialdemokratische Regierung, die dem EG-Vertrag bereits zugestimmt hatte, trat daraufhin zurück.

Anfang der 1990er Jahre flammte die Diskussion um den Beitritt zur Europäischen Gemeinschaft erneut auf. Im Prinzip war die Frage immer noch dieselbe: Lohnt es sich, für vermeintliche wirtschaftliche Vorteile, die der EU-Beitritt bringt, Teile der staatlichen Souveränität an Brüssel abzugeben? 1992 beantragte die regierende Arbeiterpartei unter Ministerpräsidentin Gro Harlem Brundtland erneut den Beitritt zur Union. Wieder wurden von den einen die wirtschaftlichen Vorteile einer EU-Mitgliedschaft in den Mittelpunkt gerückt, während die anderen vor allem vor einer Aufgabe der nationalstaatlichen Souveränität warnten. Die Angst davor, dass die norwegischen Ölfelder von Brüssel angezapft werden könnten, der norwegische Dorsch von Fischern aus der Gemeinschaft gefangen und der norwegische Zwergwal von Umweltschützern aus Mitteleuropa gerettet werden könnte, ging im Land um. Die Bauern fürchteten die Streichung staatlicher Subventionen und die Frauen den Verlust der skandinavischen Errungenschaften in Fragen der Gleichberechtigung. Außerdem ging es den Norwegern schon damals wirtschaftlich ausgezeichnet. Viele Wähler sahen deswegen schlichtweg nicht die Notwendigkeit, irgendetwas am perfekten Status quo zu verändern. Ein wichtiges Argument gegen Europa war damals auch der

Umweltschutz. Man fürchtete nämlich, die strengen norwegischen Umweltschutzvorschriften dort nicht durchsetzen zu können. So überwogen schließlich die Ängste, die zum Teil schon 1972 die Diskussion bestimmt hatten. Im November 1994 lehnten die Norweger erneut mit knapper Mehrheit den Unionsbeitritt ab. Wenn sie sich heute den Zustand der Europäischen Union auf der einen und den ihres Landes auf der anderen Seite anschauen – Milliardenschulden hier und ein Milliardenvermögen dort – sind die Norweger vermutlich froh, dass sie nicht dazugehören zur Brüsseler Bürokratie und sich den Schlamassel in aller Ruhe von außen ansehen können. Und ihr Öl kann ihnen auch niemand wegnehmen.

Die Isländer hatten ebenfalls lange nichts mit der EU am Hut. In der Krise wollten sie aber dann doch dabei sein. Weil es ihnen zu diesem Zeitpunkt egal war, woher die Hilfe kam, stellten die traditionell europaskeptischen Isländer im Sommer 2009 – also ein dreiviertel Jahr nach Beginn der Bankenkrise – den Antrag auf Vollmitgliedschaft in der Europäischen Union. In der Folgezeit berappelte sich Island dann aber schnell, die von der Regierung eingeleiteten Sanierungsmaßnahmen griffen, und das Land fand wieder zur Normalität zurück. Damit schwand auch das Interesse an einer EU-Mitgliedschaft. Jetzt traten wieder die Probleme in den Vordergrund, die schon früher die Sondierungsgespräche zwischen der Union und dem Inselstaat zum Scheitern gebracht hatten. Vor allem der Fisch war das Streitthema. Die Isländer befürchteten, und das vermutlich nicht zu Unrecht, dass die Fischereinationen der Union schon gierig auf die reichen Fanggründe vor der isländischen Küste schauten. Dort aber wollen die Isländer alleine die Netze auswerfen und sich nicht von den großen Fangflotten anderer europäischer Länder Konkurrenz machen lassen. Ein wirtschaftlich unbedeutendes, aber doch symbolträchtiges ewiges Streitthema war auch im isländischen Fall der Walfang. Hier geht es um die Frage, wie sehr sich ein kleines Land seine Politik von Brüssel diktieren lassen muss.

Die Bankenkrise, die zunächst den Anstoß zum isländischen Beitrittsantrag gegeben hatte, versorgte ironischerweise die EU-Gegner mit weiteren Argumenten. Ohne eine eigene Währung, die isländische Krone, hätte der Aufschwung sicher länger auf sich warten lassen. Durch die Abwertung der Krone um die Hälfte ihres Werts gegenüber dem Euro stärkte man die Konkurrenzfähigkeit einheimischer Produzenten und stimulierte so den Export. Außerdem wurde das bis dahin extrem teure Reiseland Island plötzlich für Touristen interessant und erlebte einen starken Besucherzustrom.

Und noch etwas: In einer Volksabstimmung hatte es die isländische Bevölkerung abgelehnt, dass ihr Staat – und damit sie als Steuerzahler – die Auslandsschulden der in Konkurs gegangenen Banken übernehmen sollte. Das hatte zur Folge, dass viele britische und niederländische Anleger ihr Geld verloren. Zutreffend argumentierten die EU-Gegner, dass sich Island als Mitgliedsland der Union wohl kaum gegen die Forderungen Großbritanniens und der Niederlande hätte erwehren können. So aber blieb Großbritannien und den Niederlanden letztlich nur die leere Drohung, durch ihr Veto den EU-Beitritt Islands zu stoppen. Doch da Island letztlich gar nicht der EU beitreten wollte, konnte man in Reykjavík ziemlich entspannt bleiben.

Dass es mit dem Unionsbeitritt nichts werden würde, war spätestens im Frühjahr 2013 klar, als das Parteienbündnis aus Konservativen und Liberalen die Wahlen gewann. Beide Parteien hatten schon im Vorfeld angekündigt, dass sie Islands Beitrittsgesuch zurückziehen würden.

Auch für Finnland waren es zunächst wirtschaftliche Gründe, die eine Annäherung an die Europäische Union in Gang brachten. Mit dem Zusammenbruch der Sowjetunion hatten die Finnen ihren wichtigsten Handelspartner verloren und mussten nun neue Absatzmärkte für ihre Waren suchen. Da wiederum boten sich natürlich die Länder der Europäischen Gemeinschaft an. Die Arbeitslosigkeit war auf unglaubliche 21 Prozent nach oben geschnellt, das Land lag wirtschaftlich am Boden.

1992 nahm Finnland zügig die Verhandlungen über einen Beitritt zur EG auf, die 1994 bereits abgeschlossen wurden. In einer Volksabstimmung votierten fast 57 Prozent der Wähler für einen Beitritt zur Europäischen Union, der dann 1995 vollzogen wurde. Von Anfang an gehörte Finnland zur Eurozone. 2002 ersetzte der Euro als neues, grenzübergreifendes Zahlungsmittel die Finnische Mark als Landeswährung.

Der Zusammenbruch der Sowjetunion hatte Finnland zwar den Haupthandelspartner gekostet, dem Land aber überhaupt erst die Annäherung an die EU ermöglicht. Der »Finnisch-Sowjetische-Freundschaftspakt« hatte nämlich die Finnen zur Neutralität verpflichtet, und damit hatte sich von vornherein jeder Gedanke an eine Annäherung an Brüssel verboten.

Ich arbeitete 1991 als Journalist beim Finnischen Rundfunk und erinnere mich noch gut daran, welche Sensation die Erklärung des damaligen finnischen Präsidenten Mauno Koivisto war, der verkündete, dass für Finnland ein EU-Beitritt zurzeit nicht in Frage komme. Wer mit der finnischen Politik der frühen 1990er Jahre nicht so vertraut ist, mag jetzt fragen, was an diesem Satz so besonders sein soll. Es war ein Wort, das das Land in Aufregung versetzte: zurzeit. Erstmals in der Geschichte des Landes lehnte das finnische Staatsoberhaupt damit den Beitritt zur Europäischen Union nicht generell ab, sondern eben nur zum gegenwärtigen Zeitpunkt. Tagelang bestimmte diese Äußerung die Schlagzeilen, und die Kommentatoren versuchten zu interpretieren, wie lange denn dieses »zurzeit« wohl noch dauern würde. Nach dem Fall der Sowjetunion waren die Finnen mutig geworden. Finnlands Präsident Koivisto hielt nun die Finger in die Luft, um die politische Windrichtung zu prüfen. Nachdem auch einige Monate nach seiner Äußerung kein Sturm aus Moskau über Helsinki gefegt war, traute man sich und stellte den Antrag auf Mitgliedschaft in die Europäische Union.

Wie Finnland so blieb auch Schweden lange Zeit wegen seiner Neutralitätspolitik außerhalb der Europäischen Union.

Erst am 1. Januar 1995 trat das Land zusammen mit Finnland dem Bündnis bei. Warum man erst so spät den Weg nach Brüssel angetreten hat, kann man den nüchternen Worten einer Informationsschrift des schwedischen Außenministeriums entnehmen. Da heißt es: »Wegen der Auseinandersetzungen zwischen den Supermächten, die Europa während des Kalten Kriegs geteilt hatten, galt ein Beitritt Schwedens als nicht vereinbar mit der Neutralitätspolitik des Landes.«

In einer Volksabstimmung im November 1994 hatten sich nur etwas mehr als 52 Prozent der Wahlberechtigten für einen Beitritt zur Union entschieden, und das, obwohl mit den Sozialdemokraten und den Konservativen die beiden größten Parteien des Landes einträchtig für Europa warben. Schon die geringe Stimmenmehrheit verrät – wirkliche Europabegeisterung sieht anders aus. Und das hat sich bisher auch nicht verändert. Ohne Frage steht man in Schweden hinter dem Europagedanken und stellt seine Mitgliedschaft nicht infrage. Andererseits aber lässt man sich eben ungern etwas vorschreiben. Von Stockholm aus betrachtet man das Treiben in der EU durchaus mit einer gewissen Arroganz. Vergleicht man die eigenen Leistungen mit denen der Brüsseler Bürokraten, schneiden die verdammt schlecht ab. Davon, dass man in Brüssel bessere Entscheidungen trifft als zu Hause in Stockholm, hat die Schweden bislang noch keiner so recht überzeugt. War nicht Schweden das Land, das sich aus den Kriegen des 20. Jahrhunderts heraushalten konnte, war es nicht hier, wo man den »perfekten« Sozialstaat, das »Volksheim«, aufgebaut hat, und ist es nicht hier, wo jedermann sicher und zufrieden leben kann? Sind es nicht die Schweden, die in den Fragen der Gleichberechtigung, des Umweltschutzes und der Arbeitnehmerrechte immer ganz weit vorn marschieren? Viermal »Ja« wird jeder Schwede laut rufen, wenn man ihm diese Fragen stellt. Und er wird zurückfragen, wie im Vergleich dazu die EU-Bilanz ausfällt. Natürlich sehen die Schweden trotzdem ein, dass sie in einer Welt, die sich mehr und mehr globalisiert, nicht länger abseits stehen können. Natürlich wissen sie, dass ihre Haupthandelspartner aus der EU kommen, und selbstverständlich ist auch ihnen klar, dass sich ihre traditionelle Neutralität in einer Zeit, in der Konflikte immer internationaler werden, kaum noch leben lässt. Von dem Begriff »Neutralität« haben sich die Schweden ohnehin schon klammheimlich verabschiedet. »Militärisch bündnisfrei« bezeichnen sie sich jetzt fast verschämt, beteiligen sich aber trotzdem – ein bisschen unlogisch ist das schon – an Einsätzen der NATO.

»Ja, zum Teufel noch mal«, hört man die Schweden rufen, »natürlich erkennen wir die Realitäten an.« Dafür sind sie pragmatisch genug, sie sehen schon, was in der Welt abgeht, und deswegen sind sie auch Mitglied im Brüsseler Club geworden. Aber das, was da 1995 vollzogen wurde, war eine Vernunftehe und keine Liebesheirat. Die Ehepartner haben sich inzwischen aneinander gewöhnt, und oft sind Vernunftehen ja nicht die schlechtesten. Ein bisschen Abstand braucht man aber dann doch, wenn die Leidenschaft fehlt. Und deswegen sprachen sich die Schweden bei einer erneuten Volksabstimmung im Sommer 2003 mit einer Mehrheit von knapp 56 Prozent gegen die Einführung des Euros aus.

Am längsten sind die Dänen mit dabei. Sie traten bereits 1973 der Europäischen Gemeinschaft bei. Und damals stimmten die Dänen sogar mit einer ordentlichen Mehrheit von 63,3 Prozent für Europa. Das heißt nun aber keineswegs, dass sie besondere Europafans wären. Ganz im Gegenteil: Misstrauen gegen Brüssel ist Teil der dänischen DNA. Zu diesem Ergebnis kommt auch eine Studie der Berliner Stiftung Wissenschaft und Politik aus dem Jahr 2012, die feststellt, dass die EU-Skepsis fest im Land verankert ist. Da war es nur logisch, dass die dänische Bevölkerung zunächst 1992 den Maastrichter Vertrag ablehnte und damit das Staatenbündnis in die Krise stürzte (einem nachgebesserten Kompromiss stimmte die Bevölkerung im darauffolgenden Jahr zu) und im September 2000 mehrheitlich gegen die Einführung des Euros votierte.

Der dänische Außenminister verstand damals sein Volk nicht mehr und trat mit den Worten »unsere Beziehung zu Europa ist kaum noch zu erklären« zurück.

Mitunter führt die Anti-EU-Stimmung in Kopenhagen in der Tat zu nicht nachvollziehbaren Beschlüssen wie dem, dass die dänische Armee für Auslandseinsätze der NATO zur Verfügung steht, für solche der EU aber nicht. So als ob man sich in Kopenhagen lieber der Führung Washingtons unterstellen würde als der Brüssels. Es ist vor allem die Angst vor dem Verlust der Eigenständigkeit, der eigenen Kultur und der eigenen Identität, die die Dänen zu riesigen Euroskeptikern werden lässt. Für sie ist die Europäische Union ein Bündnis der »Großen«. Da hilft es sicher nicht, dass EU-Goliath Deutschland, mit dem Dänemark in der nicht allzu weit zurückliegenden Geschichte alles andere als gute Erfahrungen gemacht hat, der direkte Nachbar ist.

Tobias Etzold, der Autor der oben genannten Studie, stellt aber eine vorsichtige Kurskorrektur fest. Er schreibt: »Seit dem Regierungswechsel am 3. Oktober 2011 hat Dänemark begonnen, seine traditionell nordisch-skeptische Sonderstellung in der EU zumindest ansatzweise infrage zu stellen.« Eine klare Linie in der Kopenhagener Politik vermag der Autor aber nicht zu erkennen. Und er weiß auch, warum man dort einen Schlingerkurs fährt. Eine dänische Regierung, die sich allzu deutlich für Europa ausspräche, müsste gegen die Mehrheit des eigenen Volkes regieren. Und sie würde vermutlich die nächsten Wahlen verlieren. Wie in Finnland und Norwegen warten auch in Dänemark die europafeindlichen Rechtspopulisten nur darauf, die Stimmen der EU-Kritiker einzusammeln. Das führt zu der paradoxen Situation, dass eine allzu EU-freundliche Politik der dänischen Regierung langfristig den EU-Gegnern in die Karten spielen könnte.

Als bevölkerungsarme Länder fürchten sie sich vor der Übermacht Brüssels und den Großen in der Union. Bedenken wie diese sind noch um ein Vielfaches verständlicher, wenn es um die drei autonomen Gebiete innerhalb des Nordens geht. Denn auf den Färöern leben nur 49000 Menschen, in Grönland 56000 und auf den zu Finnland gehörenden Ålandinseln 28000.

Alle drei Regionen haben für sich die entsprechenden Konsequenzen gezogen. Die Färöer sind der EU nie beigetreten, Grönland trat nach einer Volksabstimmung 1985 wieder aus, und die Ålandinseln gehören zwar politisch zur EU, sind aber zollfreies Gebiet.

Wirklich überzeugte Europäer sind die Nordeuropäer bis heute nicht, und sie gehen die Zusammenarbeit mit Brüssel eher pragmatisch an. Schweden, Finnland und Dänemark sind nicht deswegen Mitglieder der Union, weil sie das Hohe Lied der europäischen Einheit singen, sondern weil sie für sich konkrete wirtschaftliche Vorteile sehen. Und Norwegen und Island sind aus eben diesem Grund nicht dabei – sie sehen nicht, dass ihre Geldbörsen nach einem EU-Beitritt praller gefüllt wären.

Die Rechten sind die Schlechten: Populismus und Radikalismus

Aus unserer Sicht scheint der Norden Europas mitunter wie eine Insel der Seligen. Alles läuft dort oben perfekt. In sämtlichen Statistiken, die internationale Organisationen zu bieten haben, egal was gemessen wird, ob es um Lebensstandard, Einkommen, Stand der Gleichberechtigung oder schlicht um Glück geht, immer führt ein nordisches Land die Positivstatistik an. Und oft bilden gleich alle Fünf die Spitzengruppe der Guten.

Bei so viel scheinbarer Perfektion wundert es denn doch, dass einige der nordischen Länder auch in einer eher unerfreulichen Statistik zu den Spitzenreitern gehören. Nämlich der, die die Stimmenanteile rechtspopulistischer Parteien bei Wahlen verzeichnet.

Die nordeuropäischen Länder sind allesamt homogene Gesellschaften, in denen das Gemeinwohl ganz oben steht und man nicht nur im privaten, sondern auch im politischen Leben alles im Konsens zu regeln versucht. Der Sozialstaat, der keinen durch sein engmaschiges Netz fallen lässt, war von rechts bis links lange Zeit unhinterfragt der gemeinsame Nenner der Politik. Eine wirkliche Opposition dazu gab es lange Zeit nicht, keine Partei – auch eine solche nicht, die die Bezeichnung »konservativ« im Namen führte – nahm wirklich »konservative« Standpunkte ein. Und die liberalen Parteien im Norden verstanden unter Liberalität die »Freiheit des Andersdenkenden« und nicht die Freiheit zur Gewinnoptimierung wie die deutsche FDP. Das hatte zur Folge, dass es für Menschen mit rechtskonservativem Weltbild in der skandinavischen Parteienlandschaft keine wirkliche Alternative gab. Die deutschen Volksparteien fangen auch das Gedankengut dieser Wählerschicht auf. CDU, CSU, FDP, ja teilweise sogar SPD bieten konservativen Meinungen einen Unterschlupf. Nur die wirklich Radikalen »brauchen« in Deutschland eine eigene Partei. Rechtspopulistische Parteien haben hierzulande kaum Chancen, weil ihre Themen von den Etablierten abgedeckt werden.

Im Norden war das lange Zeit anders. Der Widerstand gegen das politisch befriedete Konsens-System entbrannte in den 1970er Jahren am Steuerthema. Mit der monothematischen Forderung nach »niedrigeren Steuern« traten die ersten rechten Parteien auf den Plan. Doch allein mit einem Steuersenkungsprogramm kann man im Norden nur eine sehr begrenzte Anzahl von Stimmen gewinnen. Deswegen wurden die Rechten erst dann wirklich erfolgreich, als sie Anti-EU-Parolen und ausländer- und islamfeindliche Meinungen in ihre Programme aufnahmen.

Die eigentlich sehr sympathische Neigung, alles im Konsens zu regeln und niemanden von Entscheidungen auszuschließen, schafft für die Rechten glänzende Voraussetzungen, sich im Parteiensystem zu etablieren. Zum einen werden die

Rechtspopulisten im Norden nicht ausgegrenzt, und zum anderen braucht man sie schlichtweg zur Mehrheitsbeschaffung. Die für Nordeuropa so typischen Minderheitsregierungen, bei denen sich die Regierung für jede Abstimmung neue Mehrheiten suchen muss, begünstigen den Einfluss populistischer Parteien. Denn so können die, als Mehrheitsbeschaffer, auch ihre Ziele zumindest teilweise durchsetzen.

Ein Land rutscht nach rechts – Dänemark

Der erste erfolgreiche Rechtspopulist in Dänemark war ein Steuerrebell. Der Rechtsanwalt Mogens Glistrup wurde bekannt, weil er im Fernsehen launige Reden gegen das dänische Steuersystem hielt. Das reichte zunächst als Qualifikation zur Gründung einer Partei. 1972 rief er die Fortschrittspartei ins Leben, die mit dem Ein-Punkte-Programm – der Senkung der Einkommenssteuer nämlich – auch gleich in das dänische Parlament einzog. In den folgenden Jahren »erweiterte« die Fortschrittspartei ihr Programm und forderte nun vehement die Begrenzung der Einwanderung nach Dänemark. Aussagen wie »alle Muslime werden zum heiligen Krieg gegen die Ungläubigen erzogen« oder das Bekenntnis: »Natürlich bin ich Rassist – das sind alle guten Dänen. Man ist entweder Rassist oder Landesverräter« brachten Glistrup in die Schlagzeilen. Wie sehr er hinter dem Programm seiner Partei stand, bewies Glistrup auch in der Praxis: Mehrmals wurde er zu Haft- und Geldstrafen verurteilt. Die »kleineren« Strafen bekam er wegen rassistischer Äußerungen aufgebrummt, wegen Steuerhinterziehung saß er eineinhalb Jahre im Knast. Glistrups Partei versank schließlich im Chaos und löste sich selbst auf. Seine damalige innerparteiliche Gegenspielerin Pia Kjærsgaard setzte ihren Aufstieg aber fort und wurde Frontfrau der von ihr mitbegründeten Dänischen Volkspartei, die im Wesentlichen die Ziele der Fortschrittspartei weiter verfolgte, mit dem einzigen

Unterschied, dass jetzt an der Parteispitze eine sympathisch wirkende Frau stand und kein am Rand des Wahnsinns stehender Exzentriker wie Glistrup.

Zwischen 2001 und 2011 war die rechtspopulistische Dänische Volkspartei eine zuverlässige Stütze der Mitte-rechts-Minderheitsregierung aus rechtsliberaler Venstre und den Konservativen. Radikale Sprüche über den Islam als »faschistische Ideologie« und Horrorgeschichten über Ausländer, die das dänische Sozialsystem ausnutzen, trieben der Volkspartei die Wähler zu. Und auch die europafeindlichen Sprüche der Rechtspopulisten kamen im traditionell europakritischen Dänemark gut an. 13,9 Prozent erreichte die Volkspartei bei der Parlamentswahl 2007, bei den Wahlen 2011 lagen die Rechten mit 12,3 Prozent nur unwesentlich darunter.

Unter dem »Druck« der Rechtspopulisten »wanderten« die Konservativen nach rechts. Sehr zwingen musste man deren Abgeordnete sicher nicht, einer Verschärfung des Einwanderungsrechts zuzustimmen. Aber ohne den Einfluss der Dänischen Volkspartei wäre dem Land vermutlich zumindest der zweifelhafte Ruf erspart geblieben, das schärfste Asyl- und Ausländerrecht in Europa zu haben. Mancher erinnert sich sicher noch daran, dass die Dänen im Sommer 2011 sogar die Kontrollen an der deutsch-dänischen Grenze wieder einführen wollten. Da dies das EU-Recht gebrochen hätte, behalf man sich damit, dass man zwar keine Polizisten an der Grenze aufstellte, der Zoll aber in Grenznähe verstärkt Kontrollen durchführte. Offiziell war man dabei zwar auf der Jagd nach Schmugglern, jedem aber war klar, dass durch die Maßnahme »illegale Einwanderer« abgehalten werden sollten. Lange dauerte der Spuk nicht, denn nach den Wahlen im September 2011 übernahm eine Mitte-links-Regierung unter der Führung der Sozialdemokratin Helle Thorning-Schmidt, und die beendete die Kontrollen sofort.

Ein Rechtspopulist bestimmt die Ausländerpolitik in Norwegen

Auch in Norwegen begann der Siegeszug der Rechtspopulisten als Anti-Steuer-Partei. Gegründet wurde die Partei 1973 von Anders Lange – und der nannte sie auch gleich nach sich selbst und packte dazu noch das ganze Parteiprogramm in den Namen. So hieß die Partei am Anfang: »Anders Langes Partei für die deutliche Reduzierung von Steuern, Abgaben und staatlichen Eingriffen«. Lange, der bereits ein Jahr, nachdem er die Partei ins Leben gerufen hatte, starb, war eine schillernde Persönlichkeit. Ursprünglich Anhänger von Hitler und Mussolini, kämpfte er nach dem deutschen Einmarsch in Norwegen im Widerstand. Später dann war er Bauer, Vorsitzender des norwegischen Hundezüchtervereins sowie Herausgeber der *Hundeavisen,* der Hundezeitung. Obwohl Hunde im Allgemeinen als unpolitisch gelten, verwandelte er das Blatt innerhalb kürzester Zeit in ein politisches Organ mit stark antikommunistischer Tendenz.

Angeblich soll Langes Partei damals auch vom südafrikanischen Apartheitsregime finanziert worden sein. Indizien dafür gab es. Beweise aber keine – verwunderlich wäre es jedoch nicht gewesen, denn Anders Lange war bekannt für seine rassistischen Äußerungen und seine Sympathie für das südafrikanische Regime. Nach Langes Tod wurde die Partei umbenannt und erhielt ihren heutigen Namen: Fortschrittspartei.

Im Laufe der 1980er Jahren wanderte die Partei immer weiter nach rechts, aus einer Protestpartei, die vor allem gegen Steuern und staatliche Bevormundung opponierte, wurde eine fremdenfeindliche, rechtspopulistische Partei. Geschickt schürte man Ängste, dass das kleine Norwegen bald von Ausländern, vor allem von Moslems, überschwemmt werden würde.

Der damalige Parteivorsitzende Carl I. Hagen, eine Art norwegischer Haider, verstand es, mit Charisma und Rednertalent breite Bevölkerungsschichten zu faszinieren. 1987 führte er die

Partei zum ersten großen Wahlerfolg – mit Hilfe eines gefälschten Briefes. Damals zitierte Hagen in seinen Wahlreden aus einem Brief, den er angeblich von einem radikalen islamischen Einwanderer bekommen hatte. Der Briefschreiber ließ sich darin – wieder angeblich – ausführlich darüber aus, dass Norwegen bald in islamischer Hand sein werde und Kirchen durch Moscheen ersetzt würden. Obwohl sich der Brief schnell und noch lange vor dem Wahltermin als Fälschung herausstellte, hatte sich die antiislamische Stimmung schon in den Köpfen festgesetzt. Hagens Partei fuhr bei den Regionalwahlen einen großen Wahlerfolg ein – zwölf Prozent aller Norweger wählten die Rechten, die damit ihren Stimmenanteil verdreifachten.

Doch das war erst der Anfang. Bei den zwei Jahre später stattfindenden Parlamentswahlen kamen sie auf 13 Prozent der Stimmen, bei den Wahlen 2001 auf fast 15 Prozent. Damit war die damalige Mitte-rechts-Minderheitsregierung von Kjell Magne Bondevik auf ihre Unterstützung angewiesen. Als quasi Regierungspartei wurde Hagens Truppe hoffähig. 2005 zog die Fortschrittspartei dann als zweitstärkste Partei ins Parlament ein. Diese Position konnte sie vier Jahre später mit 22,9 Prozent, dem höchsten Stimmenanteil, den sie je bei Reichstagswahlen gewonnen hatte, bestätigen.

Bei der storting-Wahl 2013 verloren die Rechtspopulisten zwar deutlich an Stimmen und kamen »nur« noch auf 16,3 Prozent. Erstmals seit Jahren mussten sie auch ihren Platz als zweitgrößte Partei des Landes abgeben. Da aber die konservative Partei – Høyre – stark dazugewann und kein Problem in der Zusammenarbeit mit den Rechtspopulisten sah, ist die Fortschrittspartei seit Herbst 2013 Teil der norwegischen Regierung. Sie stellt sieben von 18 Ministern, darunter auch die für Finanzen und Justiz. Brisant ist das deswegen, weil in den Verantwortungsbereich des Letztgenannten auch die Ausländer- und Flüchtlingspolitik fällt.

Rechtspopulistische Clowns in Schweden

In den 1990er Jahren schafften zwei Multimillionäre mit ihrer Partei Ny Demokrati mit 6,7 Prozent den Einzug in den schwedischen Reichstag. Wie es sich für Populisten der Rechten gehört, waren auch ihre zwei Hauptprogrammpunkte Steuersenkung und eine verschärfte Einwanderungspolitik. Wirkliche Akzente konnte die Partei aber nicht setzen. Dazu war sie zu chaotisch organisiert und die Theorien, die sie verbreiteten, waren selbst für rechte Parteigänger zu abwegig. Die beiden zudem intellektuell schlicht überforderten Gründer sorgten ungewollt bei fast jedem ihrer Interviews für Lacher oder ungläubiges Kopfschütteln. Schnell versank die Ny Demokrati, deren Parteiemblem durchaus passend zum Verhalten ihrer Gründer ein Clown war, wieder in der Versenkung.

Anders als in Dänemark, Norwegen und auch Finnland waren die Rechten bisher relativ schwach in Schweden. Die 1988 gegründeten Schwedendemokraten, Sverigedemokraterna, zogen erstmals nach der Wahl 2010 mit 20 Abgeordneten – bei einem Stimmenanteil von 5,7 Prozent – in den Reichstag ein. Allerdings sagen Demoskopen den Rechten für die Wahlen im Herbst 2014 einen Stimmenzuwachs auf bis zu 10 Prozent voraus – damit wären die Schwedendemokraten dann die drittstärkste Partei im Land.

Die Parteispitze hat Kreide gefressen und betont die »traditionellen wertkonservativen Ideen«, kommt aber gleichzeitig kaum hinterher, sich von rassistischen Äußerungen ihre Parteimitglieder und lokalen Funktionäre zu distanzieren. Verbindungen zur Neonaziszene werden zwar dementiert, können der Partei aber immer wieder nachgewiesen werden. Und dass einer ihrer lokalen Funktionäre in Naziuniform an Bücherverbrennungen teilgenommen hat, ist für die Rechten offenbar kein Problem.

Das Programm der Schwedendemokraten ähnelt dem der »Schwesterparteien« in den Nachbarländern – Steuersenkungen, eine Verschärfung des Asylrechts, eine generelle Beschränkung der Einwanderung und eine Anti-EU-Haltung sind die wichtigsten Punkte aus ihrem Parteiprogramm. Der junge Parteivorsitzende Jimmie Åkesson wird nicht müde zu betonen, dass der Islam keinen Platz in der schwedischen Gesellschaft habe und die größte Bedrohung für Schweden seit dem Zweiten Weltkrieg sei.

Sind das die wahren Finnen?

Bei den Reichstagswahlen im April 2011 waren sie die großen Gewinner. Die Partei der »Wahren Finnen«, der Perussuomalaiset, gewann 19 Prozent der Stimmen. Bis dahin hatten die Rechtspopulisten einen Spitzenwert von vier Prozent bei landesweiten Wahlen erzielt, meist waren sie sogar deutlich unter diesem Wert geblieben.

Mit dem Ergebnis vom Herbst 2011 waren sie plötzlich die drittstärkste Kraft im Land – und das auch nur sehr knapp hinter den Konservativen und den Sozialdemokraten.

Parteichef Timo Soini fordert ein Verbot gleichgeschlechtlicher Ehen. Auch Abtreibung und Sex vor der Ehe sind für ihn Werke des Teufels. Er will die Finnmark zurück, das Land soll die EU-Hilfszahlungen für Griechenland einstellen und am besten gleich ganz aus der Europäischen Union austreten. Er selbst bezeichnet diese Ansichten gern verharmlosend als »traditionalistisch«.

Heute gehört Finnland zu den reichsten Ländern der Union. Soini und die seinen haben offenbar vergessen, dass Finnland selbst in einer schweren Wirtschaftskrise steckte, als das Land 1995 der EU beitrat – und dass der Aufschwung damals auch dank der EU kam.

Klar spielen die Rechtspopulisten auch in Finnland die Ausländerkarte, fordern eine Verschärfung des Asylrechts und warnen vor einer »schleichenden Islamisierung des Landes«.

Dass das speziell in Finnland geradezu lächerlich ist, merkt man schnell, wenn man durchs Land reist. Gerade mal drei Prozent der im Land lebenden Menschen haben, wie es politisch korrekt heißt, einen wie auch immer gearteten »Migrationshintergrund«. Aber allein die Tatsache, dass kaum Ausländer in einem Land leben, schützt offenbar nicht vor Ausländerfeindlichkeit – das ist ja auch in mancher deutschen Region so.

Wenig trösten kann es da, dass die »Wahren Finnen« eigentlich »Dumme Finnen« heißen müssten, denn laut Wähleruntersuchungen geben vor allem Männer ohne oder mit schlechter Schulbildung den Rechten ihre Stimme.

Bei denen kommt es dann auch gut an, wenn eine lokale Parteigröße sagt, man solle »Schwule, Lesben und Somalier auf die schwedischsprachigen (aber zu Finnland gehörenden) Ålandinseln verfrachten«. Besser kann ein finnischer Rechter seine Wähler gar nicht motivieren. Denn mit der Aussage spricht er nicht nur die homophobe und ausländerfeindliche Klientel an, sondern auch alle, die die Schweden nicht mögen. Und das sind in Finnland gar nicht so wenige.

Island kommt in diesem Kapitel nicht vor – und darauf können die Isländer stolz sein. Rechtspopulistische oder gar rechtsradikale Parteien gibt es in ihrem Land nicht.

Mit Baseballschlägern und Springerstiefeln

»Obwohl Schweden im Vergleich zu anderen EU-Ländern viele Flüchtlinge aufnimmt, gestaltet sich die Migrationspolitik derzeit restriktiv und weist einen militarisierten Charakter auf.«
Dr. Tobias Hübinette (*1971), Dozent an der Södertörn Universität Stockholm

Politische Gewalt von rechts ist in den meisten Staaten Nordeuropas ein nahezu unbekanntes Phänomen. Eine dänische Neonaziszene ist kaum existent, und auch in Norwegen bekennen sich nur wenige – trotz oder vielleicht sogar wegen der schrecklichen Mordtaten von Anders Breivik – zu rechtsradikalem Gedankengut. Hajo Funke, Rechtsextremismusforscher an der Freien Universität Berlin, beschreibt die norwegische Neonaziszene als »relativ schwach ausgeprägt« und wenig gewaltbereit. Der Vorsitzende der schwedischen antirassistischen Stiftung Expo, Daniel Poohl, spricht in der *Süddeutschen Zeitung* von einer »sehr, sehr, sehr kleinen norwegischen« Neonazibewegung, die »inkompetent und statisch« sei. Auch in Finnland sind gewalttätige Übergriffe Rechtsradikaler bisher noch seltene Einzelfälle. Vermutlich graben die Rechtspopulisten im Norden, die dort ja beachtliche Wahlerfolge feiern, den Radikalen das Wasser ab. Wer seine ausländerfeindlichen Ideen durch eine ins Parlament gewählte legale Partei vertreten sieht, hat offenbar wenig Motivation, seine Ansichten mit Gewalt durchzusetzen.

Das könnte umgekehrt auch erklären, warum in Schweden – dort, wo die legalen Rechtspopulisten bisher am schwächsten sind – gewaltbereite Neonazis eine beängstigend große Rolle spielen. Besonders das südschwedische Malmö, mit 315 000 Einwohnern Schwedens drittgrößte Stadt, hat sich zu einer Hochburg der extremen Rechten entwickelt. Dort prügeln die Nazis immer wieder auf ausländisch aussehende Menschen, Lesben, Schwule und Juden ein. Aber auch in anderen schwedischen Großstädten nimmt die Zahl der Übergriffe zu.

Eigentlich gibt es gar nicht so viele Neonazis in Schweden. Experten gehen von 600 gewaltbereiten Rechtsradikalen aus. Die aber ziehen eine blutige Spur hinter sich her. Bei einigen rechtsradikalen Gewaltexzessen der jüngeren und jüngsten Vergangenheit kamen bereits mehrere Menschen ums Leben. Und die Aufklärungsrate bei Verbrechen der Rechten lässt zu wünschen übrig. Das musste Justizministerin Beatrice Ask von der konservativen Moderata samlingspartiet in einem Interview des Schwedischen Rundfunks zugeben. Nimmt die Polizei dann doch einmal einen rechten Straftäter fest, sind die von den Gerichten ausgesprochenen Freiheitsstrafen mitunter absurd kurz – bzw. die Strafen an sich sind absurd. So wurden zum Beispiel vor einigen Jahren 30 besonders aggressive Neonazis dazu verurteilt, für einige Wochen an der Ausbildung einer Eliteeinheit des schwedischen Militärs teilzunehmen. Der Gedanke hinter der Strafe war, dass sich die Rechten dort »austoben« und weniger aggressiv in den Alltag zurückkehren sollten. In Wahrheit erhielten sie eine kostenlose Waffenausbildung. Einige schwedische Neonazis brüsteten sich damit, in der Ukraine im Frühjahr 2014 an der Seite der rechtsradikalen Swoboda-Partei gekämpft zu haben. Auf Twitter berichtet einer der »Ukrainefreiwilligen«, wie man nachts in Kiew »Antifaschisten« jage, die »mit Blut bezahlen müssen«.

Die antirassistische Stiftung Expo zeigt sich über die Entwicklung besorgt und spricht 2013 in ihrem alljährlich erscheinenden Intoleranz-Bericht von der »umfassendsten Mobilisierung der nazistischen Bewegung seit Ende des Zweiten Weltkriegs«.

Geben mit vollen Händen: nordeuropäische Entwicklungspolitik

»Im Großen und Ganzen schätzen die EU-Bürger die Wichtigkeit der Entwicklungshilfe als sehr hoch ein: Ein Anteil von 85 % der EU-Bürger ist davon überzeugt, dass es wichtig (36 %) bzw. eher wichtig (49 %) ist, den Menschen in den Entwicklungsländern zu helfen.«
Aus: *Eurobarometer 375/2011: Die Welt verändern. Die Europäer und die Zukunft der Entwicklungshilfe*

Wieder eine Rangliste, die die nordischen Länder anführen. Berechnet man die Höhe der Entwicklungshilfe im Verhältnis zum Bruttonationaleinkommen, BNE, dann liegen Norwegen und Schweden ganz vorn. 1,07 bzw. 1,02 Prozent davon verwenden sie für die Hilfe der ärmsten Länder.

Bereits 2001 hatten die Vereinten Nationen in ihren Millenniumszielen postuliert, dass bis 2015 alle europäischen Länder mindestens 0,7 Prozent ihres BNE für Entwicklungshilfe ausgeben sollten. Das BNE ist das im Inland erzielte Einkommen aus Erwerbstätigkeit und Vermögensbesitz. Es gilt als zentraler Einkommensindikator einer Volkswirtschaft und als Grundlage für die Berechnung der Entwicklungshilfe.

14 Jahre sind fürwahr ein lange Zeitspanne – besonders, wenn man bedenkt, dass die UNO-Generalversammlung schon viel früher, nämlich 1970, die Industrienationen aufgerufen hatte, 0,7 Prozent ihres BNE für Entwicklungshilfe bereitzustellen. Trotzdem haben nur wenige Länder bisher, 2014, also ein Jahr bevor das »Versprechen« eingelöst werden soll, dieses Ziel erreicht. Dänemark gehört dazu. 0,86 Prozent des BNE verwendet das Land aktuell für Entwicklungshilfe. Um das zu erreichen, mussten sich die Dänen gar nicht anstrengen, denn schon seit 1975 erfüllen sie Jahr für Jahr diese Quote. Allerdings ist der Anteil rückläufig. In den 1990er Jahren war Dänemark mit einem Beitrag von 1,5 Prozent des BNE sogar das weltweit führende Geberland, und selbst 2000 gab Deutschlands kleines Nachbarland im Norden immer noch ein Prozent des BNE für Entwicklungshilfe aus. Mit der Regierungsübernahme der konservativ-liberalen Koalition unter Ministerpräsident Anders Fogh Rasmussen begann man – auch unter dem Druck der rechtspopulistischen Dansk Folkeparti, auf deren Stimmen die Minderheitsregierung angewiesen war – die Entwicklungshilfe schrittweise zu kürzen.

Der erste Staat, der von dänischer Entwicklungshilfe profitierte, war übrigens Deutschland. Nach dem Zweiten Weltkrieg schickte das Nachbarland Unterstützung für die dänische Minderheit in Schleswig-Holstein. Von den Deutschen wurde die Hilfe aber gar nicht gern gesehen. Da damals noch nicht geklärt war, wo genau die Nachkriegsgrenze zwischen Deutschland und seinem nördlichen Nachbarland verlaufen sollte, hatte man Angst, dass mit den sogenannten Speckdänen ein

Grenzkampf geführt werden sollte. Deswegen leitete Dänemark seine Hilfsleistungen ans Rote Kreuz um, das dann seinerseits damit die Dänen in Schleswig-Holstein versorgte. So waren die Lieferungen aus Kopenhagen keine direkte »dänische« Hilfe mehr. Ab Frühjahr 1947 bekamen auch deutschsprachige Kinder in Schleswig-Holstein im Rahmen dieses Programms Essenspakete. Das Misstrauen, dass die Dänen arme Deutsche durch finanzielle Verlockungen sozusagen zum »Übertritt ins Dänentum« überreden wollten, aber blieb. Noch 1951 meldete der Spiegel besorgt: »Konkurrenzunfähig sind die deutschen Schulen auch darin, daß sie nicht – wie die dänischen Minderheitenschulen – jedes Kind einmal im Jahr für vier bis sechs Wochen kostenlos nach Dänemark schicken. Die Kinder kommen durchweg neu eingekleidet zurück.«

Finnland hat das Millenniumsziel mit 0,53 Prozent des BNE noch nicht erreicht, liegt damit aber immer noch deutlich vor Deutschland. Hierzulande liegt die entsprechende Quote bei 0,38 Prozent, Tendenz sinkend. Deutschland brüstet sich zwar gern damit, dass es in absoluten Zahlen der Topzahler unter den 23 europäischen Geberländern ist, die im Entwicklungshilfeausschuss der OECD zusammengeschlossen sind. Prozentual gesehen rangiert die Bundesrepublik jedoch gerade mal auf dem zwölften Platz der 23 Staaten.

Während der Wirtschaftskrise im ersten Jahrzehnt des neuen Jahrtausends wurde in Deutschland – aber nicht nur dort – zuerst an den Hilfsleistungen für die Armen gespart, und damit wiederholte sich die Geschichte. In Finnland hatte man nämlich bereits 1991, kurz vor Ausbruch der dortigen Krise, bereits ein Prozent des BNE für Entwicklungshilfe ausgegeben. In den folgenden Jahren wurde die Höhe der Hilfszahlungen drastisch reduziert, und seitdem haben diese das damalige Niveau nicht mehr erreicht. »Wir tun unser Bestes, um sicherzustellen, dass Finnland sein Ziel erreicht«, so die Grünen-Politikerin Heidi Hautala, die bis 2013 Entwicklungshilfeministerin ihres Landes war. Wahr gemacht haben die

Finnen ihr Versprechen aber bisher nicht, und auch sie werden das Millenniumsziel vermutlich verfehlen.

Dass auch kleine Länder ihren Beitrag leisten können, beweist Luxemburg, das ein Prozent seines BNE für Entwicklungshilfe bereithält. Das könnte sich Island zum Vorbild nehmen, denn dort ist man mit 0,27 Prozent des BNE das knausrigste Geberland des Nordens. Nachdem das Land in den letzten Jahren eine tiefe Wirtschaftskrise durchschritten hat, scheint die isländische Sparsamkeit verständlich. Allerdings waren die Isländer auch in den Zeiten, als sich der Inselstaat als Boomland im Atlantik feiern ließ, kaum großzügiger.

Mama hat die Hosen an: Gleichberechtigung im Norden

»Ich erinnere mich, dass mir an dem Tag, als ich Schweden besucht habe, der Bildungsminister um sechzehn Uhr erklärte, er würde jetzt gehen und sein Kind aus der Kita abholen. Da kann ich nur sagen: Chapeau! Ist ja auch prima, so ein Papa.«
Die damalige Familienministerin Ursula von der Leyen 2011 im *Spiegel*

Das ist doch mal eine Tabelle: 1. Island, 2. Finnland, 3. Norwegen, 4. Schweden und dann auf Rang 8 Dänemark. Sie lesen hier aber nicht die Ergebnisliste irgendeiner Sportveranstaltung, sondern das Ranking der Länder, in denen die Gleichberechtigung zwischen Mann und Frau am weitesten fortgeschritten ist. Erstellt hat die Rangliste das Weltwirtschaftsforum, das sie im Global Gender Gap Report publiziert. Hier abgedruckt ist die Liste von 2013. Doch es ist kein großer Unterschied, welches Jahr man hernimmt. Die nordischen Länder stehen ohnehin immer oben, und Island nimmt schon das fünfte Jahr in Folge den Spitzenrang ein. Sie wollen wissen, wo Deutschland in dieser Rangliste liegt? Rang 14 ist das aktuelle Ergebnis.

Die starke Stellung der Frau in den nordischen Ländern hat, das behaupten jedenfalls viele Wissenschaftler, historische Gründe. In den bäuerlichen Gesellschaften mussten die Frauen schon immer arbeiten, um das Überleben der Familie zu sichern – und zwar dieselben Tätigkeiten wie die Männer. Eine Trennung der Arbeitswelten nach Geschlecht gab es nicht. Bei der Arbeit waren die Nordlichter also schon immer »gleichberechtigt«.

Manche Wissenschaftler führen für ihre Argumentation sogar noch »Beweise« aus weiter zurückliegenden Jahrhunderten an. Schon zu Wikingerzeiten »standen die Frauen ihren Mann«, sagen sie. Denn während er mit dem Schwert in der Hand in aller Welt plündernd unterwegs war, hatte sie zuhause die Zügel in der Hand und kam als Herrin des Hofs auch ohne einen Mann an ihrer Seite aus. Ich selbst habe meine Zweifel an dieser Theorie, denn mir fallen ohne langes Überlegen sehr viele Bauernnationen ein, in denen Frauen nur wenig zu sagen haben, und auch die Tatsache, dass der Mann zur See fuhr, hat nicht in allen Ländern zur Gleichberechtigung zwischen den Geschlechtern gesorgt.

Außerdem gab es auch im Norden durchaus Phasen, in denen »Frau« ebenso rechtlos war wie in Mittel- und Südeuropa. Man erinnere sich nur an Ibsens Drama *Nora oder Ein Puppenheim,* uraufgeführt 1879, in dem die Protagonistin Nora eine Unterschrift fälschen muss, um an Geld zu kommen, weil es ihr – als Frau – per Gesetz verboten war, ein eigenes Vermögen zu besitzen. Die Geschichte geht so: Nora und Torvald Helmer sind schon einige Jahre verheiratet. Kurz nach der Eheschließung wird der Mann krank, und sein Leben kann nur durch eine teure Kur im Süden gerettet werden. Torvald glaubt, dass Noras Vater die teure Reise bezahlt habe. In Wahrheit hat aber Nora von Rechtsanwalt Krogstad Geld geliehen. Weil Frauen damals keine Geldgeschäfte machen durften, sollte ihr Vater den Schuldschein als Bürge unterschreiben. Der aber lag auf dem Sterbebett, und Nora fälschte die Unterschrift ihres Vaters, um die lebensrettende Reise für ihren Mann finanzieren zu können. Jahre später arbeitet Rechtsanwalt Krogstad in der Bank, in der Torvald Helmer sein Chef ist. Der will ihm kündigen, weil er eine Unterschrift gefälscht hat. Krogstad erkennt nun, dass Nora ihrerseits die Unterschrift auf dem Schuldschein gefälscht haben muss, da zu dem Zeitpunkt, als dieser ausgestellt wurde, Noras Vater schon tot war. Krogstad sieht das als Chance und erpresst Nora – sie soll ihren Mann davon überzeugen, dass er Krogstad nicht feuert. Als Torvald nicht auf Noras Bitten eingeht, schreibt ihm Krogstad einen Brief, in dem er Noras Urkundenfälschung offenbart. Torvald reagiert erbost, beschimpft Nora, sie habe sein Leben zerstört, und sagt ihr, dass er ihr nie werde verzeihen können. Dass sie ihm dadurch, dass sie die Reise in den Süden finanziert hat, das Leben gerettet hat, kann oder will er nicht anerkennen. Torvald will aber um jeden Preis einen Skandal vermeiden und sich deswegen nicht trennen. Nora soll im Hause bleiben und nach außen so tun, als sei nichts geschehen. Inzwischen hat Krogstad ein schlechtes Gewissen bekommen und gibt den Schuldschein mit der gefälschten Unterschrift zurück. Torvald wirft ihn ins Feuer, vergibt Nora und glaubt nun, alles könne so weitergehen wie zuvor. Aber Nora hat erkannt, dass Torvald sie nie ernst genommen hat: »Unser Heim war nichts anderes als eine Spielstube. Zu Hause, bei Papa, wurde ich wie eine kleine Puppe behandelt, hier wie eine große.« Nora verlässt ihren Mann und die Kinder und tritt ab mit den Worten: »Ich muss herauskriegen, wer recht hat, die Gesellschaft oder ich.«

Das Drama des »Frauenverstehers« Henrik Ibsen war für seine Zeit revolutionär – eine Frau, die ihren Mann verlässt, war damals mehr als nur ein Skandal. So etwas war dem Theaterpublikum kaum zuzumuten. Als das Stück im Dezember 1879 in Kopenhagen uraufgeführt wurde und auch später bei der deutschen Erstaufführung in Hamburg, musste der Schluss abgemildert werden. In diesen Aufführungen blieb Nora bei Torvald – der Kinder wegen.

Im Jahre 1880 hob man in Dänemark das patriarchale Ehegüterrecht auf, 1885 in Finnland, und 1888 erhielten dann auch die Frauen in Norwegen das Recht, innerhalb der Ehe eigenes Geld zu besitzen. Schweden gewährte schon ab 1874 »der Ehefrau das Recht der freien Verfügung über das, was sie durch persönliche Arbeit erwirbt«. Und der Mann durfte fortan auch nicht mehr allein über die Familienangelegenheiten bestimmen.

Das ist selbstverständlich, finden Sie? In Deutschland erhielten die Frauen dasselbe Recht erst 1958! Und bis 1977 mussten hierzulande Frauen ihre Ehemänner um Erlaubnis fragen, wenn sie einen Beruf ausüben wollten.

Milch und Brot nur für Frauen

Männer müssen draußen bleiben! Was bei vielen Frauencafés, Frauenhotels und Frauenläden heutzutage normal ist, galt 1905 noch als revolutionär. Immerhin sprechen wir über eine Zeit, als schwedischen Frauen noch nicht einmal das Wahlrecht hatten. Sämtliche Geschäfte waren damals im Besitz des vermeintlich starken Geschlechts. Zumindest so lange, bis Anna Whitlock kam: Sie gründete eine Genossenschaft für Frauen, einen Lebensmittelladen auf dem Stockholmer Stureplan – von Frauen betrieben und nur für Frauen gemacht.

Anna Whitlock kam aus bürgerlichem Hause, und der Kampf für die Rechte der Frau hatte in ihrer Familie Tradition. Schon ihre Mutter Sophie und die Schwester Ellen waren in der Suffragettenbewegung aktiv. Der liberale Vater – ein gut situierter Großhändler – stand dem Ganzen wohlwollend gegenüber.

Warum gründete Anna Whitlock aber gerade eine Genossenschaft für Lebensmittel? Nahrungsmittel waren damals meist von extrem schlechter Qualität. Milch wurde in der Regel gepantscht, Getreide gestreckt, Bier verwässert. Die Folge:

Immer häufiger starben Kleinkinder und Babys aus armen Arbeiterfamilien, weil ihre kleinen Körper die mit verschmutztem Wasser versetzte Milch nicht vertrugen. Whitlock, die in jenen Tagen eine Schule in Stockholm leitete, bekam das Leid der Kinder hautnah mit – und beschloss, daran etwas zu ändern. Im November 1905 wurde die erste Filiale von Svenska Hem eröffnet. Im »Schwedischen Heim« gab es qualitativ hochwertigere Lebensmittel zu recht günstigen Preisen. Und weil Anna Whitlock überzeugt war, dass sich kein Mann freiwillig in die zweite Reihe stellen lassen würde, sollten die Frauen ganz unter sich bleiben. Doch die Männer der Stadt mischten sich sehr wohl ein. Und zwar massiv. Der Schwedische Händlerverband rief seine Mitglieder zum Totalboykott des Frauenladens auf: Von Stund an lieferten seine Mitglieder nichts mehr an Svenska Hem. Die Frauen versuchten daraufhin, ihre Waren direkt vom Bauern zu beziehen. Sie reisten kreuz und quer durchs Land, um an Lebensmittel zu kommen. Vergebens: Niemand wollte mit ihnen handeln. Auch im Ausland erging es den Frauen des »Schwedischen Heims« nicht besser. Auch in Hamburg und Amsterdam wurden sie von den Händlern boykottiert.

Doch Whitlock gab nicht auf und schickte ihre Einkäufer weiter durch Europa. Diese wurden schließlich in London fündig, wo sie Tee, Plätzchen und Marmelade kaufen konnten – sowie in der Schweiz und Italien, von wo sie Käse und Olivenöl bezogen. Nach und nach gelang es den Stockholmer Frauen, ein weitverzweigtes Händlernetz aufzubauen. Letztendlich verhalf der Boykott dem Laden sogar zum Erfolg: Da die Eigentümerinnen europaweit einkauften, konnten sie Waren anbieten, die Kunden andernorts vergeblich suchten.

Bald schon konnte Svenska Hem vier weitere Genossenschaftsläden eröffnen. Auch was die Versorgung der eigenen Angestellten angeht, waren die Frauen den Männern voraus: Wer für Svenska Hem arbeitete, dessen Lohn wurde regelmäßig erhöht, was damals alles andere als selbstverständlich war.

Auch im Krankheitsfall waren die Verkäuferinnen versichert – ein sozialer Schutz, der im übrigen Schweden erst in den 1930er Jahren eingeführt wurde.

Dennoch währte der Erfolg von Svenska Hem nur kurz. Während des Ersten Weltkriegs erfasste eine schwere Wirtschaftskrise das Land, obwohl Schweden selbst nicht am Krieg beteiligt war. Auch die Umsätze von Svenska Hem gingen zurück. Die Genossenschaftsläden waren als eigenständige Unternehmen bald nicht mehr überlebensfähig. Um in der Not Synergieeffekte zu nutzen, schlossen sich die Damen um Anna Whitlock mit einer anderen, erheblich kleineren Genossenschaft zusammen: der Konsumentenvereinigung Stockholm, die unter dem Namen Coop-Konsum bis heute besteht.

Bei der Konsumentenvereinigung Stockholm hatten jedoch die Männer das Sagen. Und obwohl ihre Vereinigung viel kleiner war, übernahmen sie bald die Führung in dem Zusammenschluss. Nach nur wenigen Jahren wurde nicht ein einziger Laden mehr, der einst zu Svenska Hem gehört hatte, von einer Frau geführt. Anna Whitlock hatte recht behalten: Männer können nicht in der zweiten Reihe stehen.

Erst gegen die Trinker, dann ins Parlament

Im politischen Leben waren die Frauen im Norden schon relativ früh gleichberechtigt – allen voran wieder einmal die Finninnen. Als erstes Land in Europa gewährte das autonome Großherzogtum Finnland 1906 Frauen das aktive und passive Wahlrecht auf nationaler Ebene.

Innenpolitische Unruhen in Russland und der zeitgleich in Finnland ausgerufene Generalstreik zwangen den Zaren zu Zugeständnissen. Damit zumindest am Rand des Reiches, in Finnland, wieder Ruhe einkehrte, zeigte sich Nikolaus II. großzügig und gestand dort seinen Untertanen ein Parlament auf der Grundlage des allgemeinen und gleichen Wahlrechts zu, bei dem jeder finnische Staatsbürger, der das 24. Lebensjahr vollendet hatte, unabhängig von Geschlecht, Stand, Vermögen oder Stellung wählen durfte. In Finnland bekamen die Frauen also nicht erst Jahre nach den Männern das Wahlrecht zugestanden, sondern zeitgleich mit ihnen.

Noch früher durften die Norwegerinnen wählen gehen. Allerdings nicht bei Parlamentswahlen, sondern nur bei einer Abstimmung über das Verbot des Alkoholverkaufs. 1895 konnten sie auf ausdrücklichen Wunsch der Behörden ihre Stimme abgeben. Das geschah aber nicht deswegen, weil die Norweger ihrer Zeit voraus gewesen wären. Die Obrigkeit benutzte die Frauen nur als Stimmvieh für die gute Sache. Man wollte nämlich den Verkauf von Alkohol verbieten, und da Frauen in dieser Frage als vernünftiger galten, sollten sie mitwählen. 1901 durften alle Frauen dann bei lokalen Wahlen und ab 1907 die reicheren Damen auch bei Parlamentswahlen abstimmen. Da es von denen aber nur wenige gab, bestand das Frauenwahlrecht eigentlich nur auf dem Papier. 1911 zog mit Anna Rogstad die erste Frau ins norwegische Parlament ein. Das sorgte für so viel Aufmerksamkeit in der Öffentlichkeit, dass an dem Tag, an dem sie das erste Mal im storting auftrat, nicht nur die Zuschauergalerie voll besetzt war, sondern auch vor dem Parlament Hunderte Schaulustige warteten.

Das allgemeine Stimmrecht erhielten die Norwegerinnen dann 1913. Zwei Jahre später durften die Däninnen (und damit auch die Isländerinnen) ihre Stimme abgeben. 1921 erhielten dann die Schwedinnen als Letzte im Norden das Wahlrecht.

Damals saßen in Finnland schon ein paar Jahre lang Frauen als Abgeordnete im Parlament. 1907 konnten sich 19 Frauen einen Sitz im finnischen Reichstag sichern – damit waren bereits zehn Prozent der Parlamentarier weiblich. Zu den ersten Abgeordneten gehörte auch die Haushaltshilfe und Fabrikarbeiterin Miina Sillanpää. Sie schrieb 1926 ein zweites Mal Geschichte, als sie als erste Frau ein Ministeramt bekleidete. Heute wetteifert Finnland mit seinen nordischen Nachbarn

Schweden regelmäßig darum, wer die meisten Parlamentarierinnen hat. Gegenwärtig bringt es Schweden auf einen Frauenanteil von 44,7 Prozent – das reicht, um sogar weltweit die Nummer eins zu sein. Allerdings wurde Schweden als einziges nordeuropäisches Land noch nie von einer Frau regiert.

Vigdis, Gro und »Tardscha«

Als die Isländerin Vigdís Finnbogadóttir 1980 als parteilose Kandidatin ins Amt der Präsidentin gewählt wurde, war sie das erste demokratisch gewählte weibliche Staatsoberhaupt weltweit. 16 Jahre blieb die ehemalige Lehrerin, Reiseführerin und Theaterleiterin im Amt und avancierte in dieser Zeit zur bekanntesten Isländerin neben der Sängerin Björk. Mit Witz und Charme ausgestattet, wurde Vigdís auch international schnell zum Liebling der Medien. Bei einer landesweiten Umfrage 2005 wählte man sie zur bedeutendsten lebenden politischen Persönlichkeit Islands. Kurze Zeit später, in Jahren, die alles andere als einfach waren, wurden die Regierungsgeschäfte von weiblicher Hand gelenkt. Als Ministerpräsidentin führte die Sozialdemokratin Jóhanna Sigurðardóttir das Land von 2009 bis 2013 durch die Bankenkrise und aus ihr heraus.

In Norwegen wurde 1981 Gro Harlem Brundtland das erste Mal (damals nur für ein paar Monate) Ministerpräsidentin, ein paar Jahre später war Brundtland dann wieder dran – und diesmal für länger. Ihre zweite Amtszeit gilt als Durchbruch für die politische Gleichberechtigung der Frau in Norwegen – acht der 18 Ministerposten besetzte sie damals mit Frauen. Das änderte sich auch in den folgenden Kabinetten nicht, und seither gehörten jeder norwegischen Regierung mindestens 40 Prozent Frauen an. Auch heute sitzt in Norwegen eine Frau im Chefsessel. Erna Solberg von der konservativen Høyre ist seit 2013 Ministerpräsidentin, auch bei ihrem Koalitionspartner, der rechtspopulistischen Fortschrittspartei, steht mit Siv

Jensen eine Frau an der Spitze. In der Regierung hat sie das Amt der Finanzministerin inne. Ansonsten legen die Rechten aber nicht so viel Wert auf Gleichberechtigung. Als einzige Partei lehnen sie die Frauenquote ab und haben außer ihrer Chefin nur wenig weibliches Personal an Bord.

Die Finnen wählten Tarja Halonen im Jahr 2000 zu ihrer Präsidentin. Die Dame an der Spitze des Staates wurde damals von den Medien wegen ihrer Frisur verspottet – was einem Mann nicht so schnell passiert. Allerdings kann eine schlecht sitzende Frisur auch helfen, einen Wahlkampf zu gewinnen: Der US-amerikanische Late-Night-Talker und Comedian Conan O'Brian hatte damals bei sich und vor allem bei seiner Frisur ein gewisse Ähnlichkeit mit Tarja Halonen und deren Haarpracht ausgemacht. Der Komiker machte das zum Running Gag in seiner Show. Als er feststellte, dass man in Finnland seine Show auch sehen konnte, trieb er das Ganze auf die Spitze: Er drehte nun auf Finnisch absurde Wahlwerbespots für Tarja – oder »Tardscha«, wie er ihren Vornamen aussprach – Halonen, die auch im finnischen Fernsehen ausgestrahlt wurden. Zudem produzierte der US-Talker eine Sondersendung über Finnland und seine Präsidentin. Ob O'Brians Wahlkampf für Halonen Einfluss auf deren Sieg hatte, haben Wahlforscher nie untersucht. Da deren Stimmenvorsprung vor ihrem Konkurrenten 2006, als es um ihre Wiederwahl ging, relativ knapp war, könnte es durchaus sein, dass die finnische Präsidentin die zweite Amtszeit einem amerikanischen Komiker verdankt.

Nicht so viel Erfolg hatten die beiden bisherigen finnischen Ministerpräsidentinnen. Anneli Jäätteenmäki findet sich zwar als erste Frau in diesem Amt in den Geschichtsbüchern wieder, allerdings bekleidete sie das Amt im Frühsommer 2003 nur für zwei Monate. Danach musste sie unter dem Vorwurf, sie hätte den politischen Gegner ausspioniert, zurücktreten. Genau ein Jahr und einen Tag, nämlich vom 22. Juni 2010 bis zum 22. Juni 2011, war Mari Kiviniemi – als Nachfolgerin von Matti Vanhanen, der offiziell aus gesundheitlichen Gründen, faktisch aber wegen eines Finanzskandals zurückgetreten war – finnische Ministerpräsidentin. Wegen schlechter Umfragewerte trat sie bei den Reichstagswahlen 2011 nicht mehr als Spitzenkandidatin ihrer Konservativen Zentrumspartei an.

Seit 2011 können sich auch die Dänen in die Liste der Länder einreihen, die von einer Frau regiert werden. Helle Thorning-Schmidt ist dort seitdem Ministerpräsidentin, am 12. April 2005 war sie schon ein andermal »Erste« – nämlich die erste Frau, die den Vorsitz der dänischen Sozialdemokraten übernahm. Einen kleinen Rekord hält auch die Finnin Elisabeth Rehn. Sie wurde nämlich im Juni 1990 zur ersten Verteidigungsministerin weltweit ernannt. Panzer und Schlachtschiffe, Abfangjäger und Maschinengewehre, Entbehrungen im Feld und Erbsensuppe aus der Gulaschkanone – das waren bis dato männliche Domänen. Und man konnte sich schwerlich vorstellen, dass eine Frau mit den harten Kerls im Feld zurechtkommen würde. Autoritätsprobleme war ein Schlagwort, das man hierzulande in diesem Zusammenhang oft hörte. Frau Rehn jedenfalls hat das ausgezeichnet hingekriegt, und seit 2013 traut man ja auch in Deutschland einer Frau das Verteidigungsministerium zu. Mancher strenge Geschichtsprofessor mag jetzt einwenden, die erste Verteidigungsministerin der Welt sei Indira Gandhi gewesen. Und strenggenommen stimmt das auch. Sie kam allerdings unter Umständen zu dem Amt, die eher skurril und undemokratisch waren. Als indische Premierministerin rief sie 1975, aus Gründen, die bis heute niemand versteht, den Ausnahmezustand aus und übernahm bei dieser Gelegenheit im Handstreich eine Handvoll Ministerien – so unter anderem auch das Verteidigungsministerium.

In Mittel- und Südeuropa war die Rolle der Frauen lange Zeit auf eine als Hausfrau und Mutter beschränkt. Frauen hatten freundliche Gastgeberinnen, charmantes Gegenüber für die gepflegte Konversation und nach Möglichkeit auch noch gutaussehend zu sein. Das Geld verdiente der Mann, und deswegen stand jeder, »der die Füße unter seinem Tisch hatte«, auch unter seinem Kommando. Wenn Frauen in Deutschland in der Zeit nach dem Zweiten Weltkrieg überhaupt einen Beruf ergriffen, dann in der Regel einen, bei dem sie den Männern zuarbeiteten – etwa als Sekretärin oder im Sozialbereich. Derart in Deutschland sozialisiert, war ich völlig unvorbereitet auf das, was ich Mitte der 1970er Jahre in Finnland zu sehen bekam: Damals fuhr ich als 16-Jähriger mit dem Interrail-Ticket in den Norden. In Helsinki erblickte ich sie dann: die erste Busfahrerin meines Lebens. Noch nie zuvor hatte ich eine Frau am Steuer eines Reisebusses gesehen. In Finnland aber war das normal. Wie vieles andere: Die Frauen steuerten nicht nur Busse, sie lenkten auch Lastwagen und Kräne. Nach deutschem Verständnis sind das bis heute typische Männerberufe.

Frauen in den Lastwagen, Männer zum Naseputzen?

Doch ist das schon Gleichberechtigung, wenn eine Frau einen Zehntonner steuert und ein Mann als Kindergärtner den Kleinen die Nase und den Popo putzt? Ist es nicht wichtiger, dass der Grundsatz »gleicher Lohn für gleiche Arbeit« umgesetzt wird? Und da verdienen Frauen selbst in Norwegen – dort, wo der Einkommensunterschied am geringsten ist – im Schnitt nur 85 Prozent von dem, was Männer nach Hause bringen. Der Grund ist einfach: Frauen arbeiten vor allem in schlechter bezahlten Berufen. Bei der Berufswahl gibt es nach wie vor deutliche Unterschiede – Jungs entscheiden sich in Norwegen für typische Männerberufe und Mädchen für Frauenberufe. Mehr als 60 Prozent des Verkaufspersonals sind nach wie vor weiblich, über 80 Prozent der Reinigungsarbeiten und der Bürojobs werden von Frauen erledigt. Pflegeberufe sind ebenfalls eine weibliche Domäne. Anders als in Finnland sind Busfahrerinnen in Norwegen eine Ausnahme. Deswegen forderte Inga Marte Thorkildsen, die ehemalige Ministerin für Kinder, Familie und Gleichstellung: »Ganz wichtig ist es beispielsweise, Jugendliche zu nicht traditioneller Berufswahl zu ermuntern.« So sollten beispielsweise Jungen, die in der Oberstufe soziale Fächer wählen, und Mädchen, die technische Kurse belegen, mit Stipendien belohnt werden. Bedeutet diese Umerziehung automatisch Gleichberechtigung oder geht hier der Staat nur den für ihn kostengünstigsten Weg? Den einfachsten Weg, Frauenarbeit gerecht zu entlohnen, schlägt auch in Norwegen niemand ein. Man bräuchte nur die Löhne in typischen Frauenberufen anzuheben – das hätte dann auch gleich den Nebeneffekt, dass sich mehr Männer für diese Berufe interessieren würden.

Mehr Geld für Krankenschwestern, Kindergärtnerinnen oder Sekretärinnen – das will aber keine Regierung. Für diese Berufe ist nämlich der Staat der Hauptarbeitgeber, und wie jeder Chef spart auch der gern Lohnkosten ein.

In Finnland versucht man jetzt einen anderen Weg. Ob Mann und Frau gleichen Lohn für gleiche Arbeit bekommen, lässt sich ja nur dann feststellen, wenn die Gehälter offenliegen. Wie bei uns spricht aber auch in Finnland niemand über die Höhe seines Gehalts. In den meisten Unternehmen sind das immer noch die am besten gehüteten Geheimnisse. 2015 soll das vorbei sein. Ab dann werden die Arbeitgeber dazu verpflichtet, die Fälle offenzulegen, in denen die Gehälter von Frauen geringer als die der Männer sind, obwohl sie die gleiche Arbeit leisten.

Mit der Frauenquote will Norwegen dafür sorgen, dass die Gleichberechtigung langsam auch in die Chefetagen einzieht. Obwohl junge Frauen häufig besser ausgebildet sind als gleichaltrige Männer, sind es meist doch die, die Karriere machen. Irgendwann stoßen die Frauen gegen die »gläserne Decke«, an der scheinbar kein weiterer Karriereschritt mehr möglich ist. Noch 1994 waren beispielsweise unter den Direktoren der 200 größten norwegischen Firmen exakt »null« Frauen. Um das zu ändern, versuchte es der Staat zunächst mit Appellen, doch als das nichts nützte, schwang man schließlich doch die Gesetzeskeule. Am 1. Januar 2006 trat ein Gesetz in Kraft, das allen börsennotierten Unternehmen eine Frauenquote von 40 Prozent verordnete. Bereits zwei Jahre vorher war eine entsprechende Regelung für Ausschussvertreter in staatlichen Unternehmen in Kraft getreten.

Frauenquoten in allen Bereichen und auf allen Managementebenen kennen die anderen nordischen Länder nicht, und selbst in Norwegen bleibt noch einiges zu tun. Das jedenfalls legt die Statistik nahe, laut der 2009 nur ein Drittel der leitenden Angestellten und Spitzenmanager Frauen waren. Vermutlich deshalb ist man auch im Königshaus für die Quote.

In einem Interview mit der Tageszeitung Die Welt sagte Kronprinzessin Mette-Marit 2012: »Ich bin auch für eine Frauenquote. Studien belegen ja, dass es Unternehmen besser geht, wenn Frauen mit in den Führungsgremien sitzen.« Bei so viel royaler Unterstützung sollte es ja klappen mit der Gleichberechtigung. Auch im norwegischen Königshaus ist die Gleichberechtigung übrigens inzwischen angekommen – vor einigen Jahren wurde das Thronfolgegesetz geändert, so dass jetzt immer der bzw. die Erstgeborene den Thron besteigt, egal ob Mann oder Frau. Die Schweden hatten ihr Thronfolgegesetz schon 1980, nach der Geburt von Prinzessin Viktoria, entsprechend geändert.

Frauen im Büro statt am Herd

Das Thema Gleichberechtigung ist schwer fassbar und bietet sich deswegen für Diskussionen und Interpretationen an. Die Frauenerwerbsquote wird von vielen als Kriterium herangezogen, um den Stand der Gleichberechtigung zu beschreiben. Auf den ersten Blick leuchtet das ein, denn wer arbeitet, verdient Geld und bestimmt damit selbst über sein Leben. Umgekehrt: Eine Frau ohne eigenes Einkommen ist von ihrem Mann abhängig wie die arme Nora aus Ibsens Puppenheim-Drama. So weit, so einfach. Hier die Zahlen:

In Island liegt die Frauenerwerbsquote bei gut 82, in Norwegen bei fast 80, in Schweden bei 78, in Dänemark bei 76 und in Finnland bei 73 Prozent. Gleich dahinter folgt Deutschland, wo fast 72 Prozent aller Frauen arbeiten. Während in Nordeuropa Frauen schon lange Zeit ganz selbstverständlich einer Erwerbstätigkeit nachgehen, stieg in fast allen anderen europäischen Ländern die Frauenarbeitsquote besonders in den Krisenjahren zu Beginn des neuen Jahrtausends an. Dies gilt auch und besonders für Deutschland. Allerdings, und das ist der Haken an der Sache, handelt es sich dabei meist um ungelernte Teilzeitjobs. Die Frauen müssen mitverdienen, müssen irgendeinen Job annehmen, damit ihre Familien über die Runden kommen. Ob putzen gehen und Teilzeit an der Aldikasse arbeiten wirklich ein Schritt in Richtung Gleichberechtigung ist, mag jeder selbst beurteilen. Weil man in Nordeuropa Deutschland für eine Art Entwicklungsland in Sachen Gleichberechtigung der Geschlechter hält, spielte das Thema auch eine riesige Rolle, als man in Norwegen, Schweden und Finnland Anfang der 1990er Jahre überlegte, ob man der EU betreten solle. Damals war eines der Hauptargumente der Europa-Gegner, dass man sich von Ländern wie Deutschland die Errungenschaften der Gleichberechtigung nicht kaputtmachen lassen wolle.

Zum Ende dieses Kapitels hier noch ein schlechter Witz. Er kostete Esko Kiesi, den Spitzenmanager bei Audi Finnland, den Job. In einem Interview 2009 mit der finnischen Frauenzeitschrift Anna frotzelte er: »Das Aussehen eines Autos hängt stark von den Rädern und der Aufhängung ab. Bei einer Frau sind es die Schuhe.« Indem er dann noch eine Mindestabsatzlänge von sieben Zentimetern empfahl, redete er sich um seinen Job. Der nachgeschobene Rettungsversuch, es habe sich doch nur um einen Witz gehandelt, half ihm nicht mehr: Wo es um die Gleichberechtigung der Geschlechter geht, sind Finnen – und natürlich gerade auch die Finninnen – relativ humorlos.

Das Ombud in Norwegen

Eigentlich muss man sich nicht wundern, dass es in Norwegen mit der Gleichstellung der Geschlechter so gut klappt. Denn wie in allen skandinavischen Staaten wacht auch hier ein Ombudsmann darüber, dass Mann und Frau gleiche Möglichkeiten haben. Doch halt – ein Ombudsmann? Ombudsmänner sind eigentlich eine schwedische Erfindung, dort gibt es sie schon seit 1809 als direkte Ansprechpartner für die Bürger (und Bürgerinnen!). Fühlt man sich beispielsweise als Verbraucher übervorteilt, schreibt man einen bösen Brief an den Verbraucherombudsmann, wird einem in der Presse übel mitgespielt, tritt der Presseombudsmann auf den Plan und so weiter und so weiter. Der Ombudsmann ist eine sehr erfolgreiche Institution und hat zur Bürgernähe der skandinavischen Demokratien beigetragen.

Aber ein Ombudsmann für Gleichstellungsfragen? Bevor man 1978 eine solche Position einführte, stritt man um die politisch korrekte Bezeichnung. Dass jemand, der die Endung -mann im Titel trug, unmöglich für die Gleichberechtigung eintreten konnte, wurde schnell klar. Es wurde diskutiert und beraten, und schließlich wurde das Ombud (sächlich!) geboren.

Pisaland ist abgebrannt: das Bildungssystem

»Das ist bitter für Schweden.«
Kommentar des schwedischen Bildungsministers Jan Björklund zum Absturz seines Landes in der Pisastudie 2012

Was ist los mit den einstigen nordischen Pisakönigen? Als man 2003 weltweit den Lern- und Wissenstand 15-jähriger Schüler maß, führte Finnland die Rangliste an. Und auch Schweden gehörte zu den Ländern der Spitzengruppe. Lehrer und Bildungspolitiker aus aller Welt pilgerten in die beiden Länder, um sich von den dortigen Erfolgsrezepten inspirieren zu lassen. Damit die Reisegruppen mit den bildungshungrigen Gästen koordiniert werden können, schuf das Finnische Zentralinstitut für Unterrichtswesen sogar eine eigene Stelle. 120 Gruppen wollten im Schnitt pro Jahr einen genaueren Blick auf das finnische Bildungswunder werfen – insgesamt mehr als 1000 Bildungstouristen begaben sich auf Besichtigungsrunden durch finnische Schulen. Die Nachfrage nach solchen Touren dürfte nach Veröffentlichung der neuen Studie im Jahr 2012 rapide nachgelassen haben. Sowohl Schweden als auch Finnland gehörten zu den großen Verlierern des Schülertests. Jetzt führen sie einzig die Rangliste an, in der aufgelistet wird, wer sich im vergangenen Jahrzehnt am meisten verschlechtert hat. Gut, Finnland hat seinen Abstieg von einem so hohen Niveau begonnen, dass das Land in der aktuellen Rangliste immer noch vor Deutschland liegt. Ansonsten stehen die nordischen Länder aber allesamt hinter Deutschland. Absteiger Schweden rangiert inzwischen sogar hinter dem notorischen Pisaschwächling USA.

Als Anna Ekström, die Generaldirektorin der schwedischen Schulbehörde, am 3. Dezember 2013 um 11 Uhr vor die Presse trat, machte sie ein betretenes Gesicht. Sie hatte ja auch schlechte Nachrichten zu verkünden: »Wir präsentieren heute eine Pisastudie, die ein richtig dunkles Bild zeichnet von den Kenntnissen in den Bereichen Mathematik, Naturwissenschaften und Leseverstehen.«

Seit der ersten Pisastudie im Jahr 2000 werden die Leistungen der schwedischen Schüler kontinuierlich schwächer und liegen inzwischen deutlich unter dem OECD-Durchschnitt. Mehr noch: In keinem der untersuchten 63 Länder haben sich die Schulleistungen in den zwölf Jahren so negativ entwickelt wie in Schweden.

Doch woran liegt es, dass dort die Schüler immer leistungsschwächer werden? Theorien gibt es viele, die meisten Wissenschaftler haben aber in der Dezentralisierung des Schulsystems den Schuldigen ausgemacht. Seit 1992 dürfen Schüler ihre Schule frei wählen und private Träger Schulen eröffnen und mit denen auch – für viele Schweden bis heute eine absurde Vorstellung – gewinnorientiert arbeiten. Die Schulen, egal ob öffentlich oder privat, erhalten seitdem vom Staat für jeden Schüler ein »Kopfprämie«. Am meisten verdient also der, der viele Schüler hat, für die aber möglichst wenig Geld ausgibt. Ähnliche Modelle wendet man sonst eher in der Geflügelzucht oder der Rindermast an.

Der Staat auf jeden Fall wollte dadurch Geld sparen und einen Wettbewerb um die Schüler entfachen. Das passierte auch – nur wurde der auf andere Weise ausgetragen, als es sich die Damen und Herren im Bildungsministerium vorgestellt hatten. Da es nicht mehr um den Erfolg der Ausbildung, sondern um die Höhe des Gewinns ging, sparten manche Schulen an der Qualität der Lehrer. Inzwischen hat jeder vierte Gymnasiallehrer und jeder sechste Gesamtschullehrer (Klasse 1 bis 9) Schwedens keinen pädagogischen Abschluss.

Die Schüler aber kamen trotzdem, weil man sie mit einer »sehr wohlwollenden« Notengebung lockte. Das Recht der freien Schulwahl führte aber nicht nur dazu, dass schlechte, aber »großzügig benotende« Privatschulen Zulauf hatten, auch bei den öffentlichen Schulen gab es Veränderungen. In sozialen Brennpunkten wanderten die ehrgeizigen Schüler ab, zurück blieben die, deren Eltern die Ausbildung ihrer Kinder schlichtweg egal war. Und damit wurden die zu den Opfern der Bildungsreform, denen man durch die Möglichkeit der freien Schulwahl eigentlich helfen wollte. Auch Kinder aus armen Wohngegenden hatten die Chance bekommen sollen, Schulen in wohlhabenden Vierteln zu besuchen. Dass die Regierung mit dieser Intention gescheitert war, bestätigte eine Studie der Universität Stockholm, die untersucht hatte, wie weit Oberstufenschüler in Schweden zur Schule pendeln. Die weitesten Wege für eine gute Schule nehmen demnach Kinder auf sich, deren Eltern hochgebildet, berufstätig und in Schweden geboren sind.

Nach der Schulreform 1992 ging langsam die Bildungsschere auf. Das Niveau von einigen wenigen Schulen wurde immer besser, in vielen anderen aber schlechter. Gerade in Schweden war man immer besonders stolz darauf gewesen, dass die Lernergebnisse relativ gleichmäßig verteilt waren – es also keinen großen Unterschied zwischen besten und schlechtesten Schülern gab.

Auch dass die Schulreform von 1992 erst im Laufe des ersten Jahrzehnts des neuen Jahrtausends ihre negativen Auswirkungen zeigt, scheint den Experten logisch. Schulreformen wirken ja stets zeitversetzt, sagen sie.

Die deutschen Bildungsreisenden, die nach den schwedischen Pisaerfolgen der Jahre 2000 und 2003 nach Schweden kamen, informierten sich dort also über ein Schulsystem, das nicht für den aktuellen Erfolg, sondern im Gegenteil, für die kommenden schlechten Leistungen verantwortlich war. Das Erfolgssystem wiederum war bereits acht Jahre vor dem ersten Pisatest abgeschafft worden, zeigte damals aber letztmalig seine positiven Resultate.

Der liberale Bildungsminister Jan Björklund will auf die negativen Pisadaten mit mehr Leistungskontrollen reagieren, er will ab der sechsten Klasse Noten (bis jetzt wird ab Klasse 8 benotet) und nationale Zwischenprüfungen einführen. Zumindest Letzteres scheint sinnvoll, denn bisher konnte jede Schule ihren eigenen Lehrplan erstellen, was die Leistungsunterschiede zwischen den Schulen noch verstärkt hat. Auch die Zeiten des selbstbestimmten Lernens gehen, wenn Björklund seinen Willen bekommt, langsam zu Ende. Der Bildungsminister will langfristig den Frontalunterricht zurück. Viele von Björklunds Forderungen sind umstritten, zumindest mit der, die Schulen wieder zu verstaatlichen, trifft er aber auf breite Zustimmung.

Weniger besorgt hat man in Finnland auf die Leistungsdelle

reagiert, die die neueste Pisastudie anzeigt. Schließlich zählen die finnischen Schüler immer noch zu den besten Europas. Da sich die Ergebnisse vor allem im Fach Mathematik verschlechtert hatten, versucht man es in Finnland erst mal mit einer ganz praktischen Interpretation. Der Leistungsrückgang habe laut Bildungsministerium nichts mit der Qualität des Unterrichts zu tun, sondern damit, dass mathematisches Wissen im Alltag immer weniger benötigt wird. Das Handy wird zum Taschenrechner, und an der Ladenkasse legt man einfach die Kreditkarte auf den Tisch, anstatt Bargeld zusammenzuzählen. So kann man es auch sehen – zumindest wenn man außer Acht lässt, dass es in allen anderen Ländern, die an der Studie teilnehmen, auch Handys mit Rechnerfunktion gibt und man nicht nur in Finnland mit Kreditkarte bezahlen kann.

Von der Ausstattung norwegischer Schulen können Schüler und Lehrer in Deutschland nur träumen – sowohl was die technische Infrastruktur als auch was das Personal angeht. Netbooks ersetzen schon seit einiger Zeit Schulhefte. Prüfungen werden am Computer und nicht mehr auf Papier geschrieben. Und die Klassen sind wesentlich kleiner als bei uns. Dr. Tobias Werler, Professor für Didaktik im norwegischen Volda und an der Universität Leipzig, der sich in seiner Studie *Nation, Gemeinschaft, Bildung* intensiv mit dem Schulsystem in Skandinavien beschäftigt hat, schreibt: »Selbst wenn man in Norwegen eine ganz normale Schule oder auch Universität besucht, es quellen einem die Augen über. … Statt nach Leistung zu selektieren, richtet sich Bildung darauf, in die Schule und in die Gesellschaft zu integrieren.«

Integration versus Selektion, Einheitsschule versus Elitebildung – so stehen sich das norwegische und das deutsche Schulsystem gegenüber. Norwegen investiert weit mehr Ressourcen in den Bereich Bildung und Schulen als die meisten vergleichbaren Länder. Laut Werler könnten wir von Norwegen lernen, »dass Bildung einen Wert hat und kein Kostenfaktor ist«.

Eigentlich machen die Norweger also alles richtig. Und

trotzdem lassen die Ergebnisse zu wünschen übrig. Zumindest dann, wenn man die Pisastudie zur Grundlage nimmt. Da haben sich norwegische Schüler in den letzten Jahren ständig verschlechtert und liegen in den meisten Kategorien hinter den deutschen Schülern.

Der Bildungsforscher Helge Ole Bergesen von der Universität Stavanger glaubt, dass sich die Prioritäten in norwegischen Schulen verschoben hätten, Lernen nicht mehr wichtig sei und es nur noch darum gehe, dass sich die Schüler wohlfühlen.

Wiebke ist zwar keine Bildungsexpertin, als deutsche Austauschschülerin hat sie das norwegische Schulsystem aber hautnah erlebt. In ihrem Blog schreibt sie: »Schule an sich ähnelt der deutschen Schule, außer dass es hier absolut keine Disziplin gibt […] es kommt mehr darauf an, dass man sich in einer vertrauten Art mit den Lehrern unterhält und (sich mit ihnen) versteht.«

Vielleicht rührt der mangelnde Ehrgeiz der norwegischen Schüler auch einfach daher, dass in dem reichen Land, in dem Vollbeschäftigung herrscht, ohnehin jeder eine Arbeitsstelle bekommt. Egal, ob er sich anstrengt oder nicht. Der Bildungsexperte Svein Sjöberg von der Universität in Oslo sieht das jedenfalls so. Er sagt: »Norwegische Jugendliche können sich gemütlich zurücklehnen. Wir sind einfach ein wenig zu reich.«

Sjöberg zweifelt aber auch den Aussagewert der Pisastudie an. Er glaubt, dass die Ergebnisse von den unterschiedlichen Einstellungen der Schüler zu Unterricht und Leistung geprägt seien. Im Norden würden die Jugendlichen kaum an die Ehre der Nation denken, wenn sie an der Studie teilnähmen, während Schüler in Ostasien zu den Klängen der Nationalhymne in den Prüfungsraum einmarschierten. Da die Teilnahme an Pisa keine Konsequenzen habe, sei daher vor allem die fehlende Motivation daran schuld, dass europäische Länder im Vergleich zu China, Singapur, Hongkong, Korea und Japan schlechter abschnitten.

Nordisch trinken: das Verhältnis zum Alkohol

»Bezüglich der einfachen Lebenshaltung dürfte sich der Isländer wenig unterscheiden von seinen nordmännischen Vorfahren, mit denen er auch die Vorliebe für einen starken Trunk teilt.«
Die Völker der Erde, Leipzig um 1890

Ein Buch über Nordeuropa muss ein Kapitel über Alkohol enthalten. Diese Aussage mag Widerspruch wecken und mir den Vorwurf einbringen, ich pflegte Vorurteile. Um dem zumindest ein wenig entgegenzuwirken, erwähne ich es lieber gleich hier am Anfang: Die Nordeuropäer trinken im europäischen Vergleich wenig Alkohol, ja sehr wenig sogar. Iren bechern da bedeutend mehr, Tschechen und Belgier auch, Italiener und Franzosen und wir Deutsche sowieso. Kaum ein Land, in dem so moderat getrunken wird wie in Norwegen, Schweden, Finnland und Island. Aber vielleicht ist genau das das Problem der Leute aus dem Norden. Ein paar Gläser Rotwein beim Abendessen, wie es der Franzose für normal hält, ein Bier zum Schnitzel, wie es der Österreicher und der Deutsche gern mögen, oder ein Guinness im Pub, wie es der Ire zum lustigen Lied trinkt, all das kommt dem Nordmann sonderbar, ja verwerflich vor. Das Konzept, regelmäßig – aber in Maßen! – Alkohol zu trinken, weil er einem schmeckt, kennt man im Norden nicht. Der Schritt zum Alkoholismus scheint den Nordmännern von da nicht mehr weit.

Weil man in Nordeuropa so selten Alkohol trinkt, soll der Stoff, wenn man denn die Flasche ansetzt, auch seine volle Wirkung entfalten. Dann will man betrunken werden. »Ein halber Rausch ist Geldverschwendung«, lautet ein finnischer Spruch, und nach dieser Devise trinkt man im ganzen Norden. Im ganzen Norden? Nein, nicht in dem kleinen Königreich an der Grenze zu Deutschland, dort hat man eine andere Trinkkultur. Und weil die Dänen – aus unserer Sicht zumindest – so gar nichts Spektakuläres bieten, was ihren Umgang mit Alkohol angeht, handle ich sie hier gleich am Anfang des Kapitels ab. Bier, Aquavit und gern mal einen Gammel Dansk – die Dänen trinken, weil es ihnen schmeckt und nicht weil sie betrunken werden wollen. Das ist der größte Unterschied zu den anderen Nordeuropäern. Sie vergöttern Alkohol nicht, und sie verteufeln ihn nicht. Sie trinken ihn. Aber sie saufen ihn nicht. Seit ein paar Jahren geht es sogar richtig streng zu in Dänemark – wer Getränke mit mehr als 16,5 Prozent Alkohol kaufen will, muss über 18 Jahre alt sein. Damit sind die Dänen mit Deutschland gleichgezogen. Auch hierzulande ist Schnaps erst mit der Volljährigkeit erlaubt.

Teurer als hierzulande ist der Alkohol hinter der dänischen Grenze aber schon – Grund dafür ist die hohe Alkoholsteuer. Deswegen fahren immer mehr Dänen zum Einkaufen in den nächstbesten deutschen Supermarkt und füllen sich den Kofferraum vor allem mit Alkohol und Limonade. Als sich Dänemarks Einzelhändler über den Shoppingtourismus ihrer Landsleute und entsprechende Umsatzeinbußen lautstark beschwerten, beschloss die Regierung Mitte 2014 eine Senkung der Abgaben auf zuckerhaltige Getränke. Denn die waren schuld an den hohen Limopreisen. Auch die Alkoholsteuer hat Dänemark gesenkt, wenn auch in weit geringerem Maß. Touristen, die mit dem Auto in Dänemark unterwegs sind, sollten sich nicht täuschen lassen: Die entspannte Haltung, was den Alkoholgenuss angeht, spiegelt sich nicht wider, wenn es darum geht, das Fahren unter Alkoholeinfluss zu bestrafen. Wer mit mehr als 0,5 Promille erwischt wird, für den wird es in aller Regel teuer. Die Dänen berechnen nämlich die Höhe der Geldstrafe anhand des Einkommens des Verkehrssünders. Wer schon mal ausrechnen will, was ihn eine Alkoholfahrt im Nachbarland kosten würde, kann dies mit der folgenden Formel tun: Das Nettomonatseinkommen multipliziert mit der Promillezahl ergibt die Höhe der Strafe. Ab einer Promillezahl von 1,2 ist der Lappen dann weg. Nicht für sechs Monate wie hierzulande, sondern für satte drei Jahre.

Trinken, bis der Arzt kommt

»Wenn du während der Woche Alkohol trinkst, bekommst du ein schlechtes Gewissen. Wenn du am Wochenende keinen Alkohol trinkst, bekommst du ein schlechtes Gewissen.« So beschreibt Matthias Kamann, ein junger Deutscher, der nach Schweden gezogen ist, auf seiner Internetseite das schwedische Trinkverhalten. »Typisch schwedisch« nennt er seine Seite und hat damit die Sache ganz gut getroffen. Was er hier benennt, ist aber nicht nur typisch für Schweden, sondern für den ganzen Norden (mit Ausnahme Dänemarks eben), und deswegen passt hier eine Geschichte, die ich so oder ähnlich während der Jahre, in denen ich in Helsinki gelebt habe, Dutzende Male erlebt habe. Sie handelt von der wundersamen Verwandlung finnischer Männer am Freitagabend.

Die ganze Woche führt Jyrki ein vorbildliches Leben. Montagmittag hat er sich zu seinem Lachssteak ein Glas Milch bestellt. Mich mit meinem kleinen Bier hat er kritisch beäugt. Wahrscheinlich hat er sich sogar Sorgen um mich gemacht und befürchtet, ich sei auf dem Weg zum Alkoholiker. Schließlich war es erst kurz vor ein Uhr mittags, und vor mir stand ein Bier der Klasse III. Fast fünf gefährliche Alkoholprozent und davon gleich 0,3 Liter. Und das jeden Tag! Auch Dienstag, Mittwoch, Donnerstag und Freitag dasselbe Bild: Der Kollege aus Deutschland trinkt schon zu Mittag ein Bier. Vermutlich hat Jyrki das zu Hause besorgt seiner Frau erzählt. Die war sicherlich froh, keinen Ehemann wie mich zu haben.

Und dann wird es Freitagabend, und Jyrki macht sich auf den Weg in Richtung seiner Stammkneipe. Auf dem Weg dorthin verwandelt sich der brave Mann von einem milchtrinkenden Dr. Jekyll in den wodkakippenden Mr. Hyde.

An diesem Abend treffe ich Jyrki wieder. Irgendwo in einer Bar. Die Bar braucht nicht mit Namen benannt zu werden, denn der Jyrki in dieser Geschichte ist eine fiktive Person. Während der Jahre, in denen ich in Finnland gelebt habe, habe ich aber viele Jyrkis getroffen – sie hießen Markku, Petteri, Jorma oder Pauli, Antti, Mauno, Harri und ja, auch Jyrki. Doch es ist nicht die Geschichte eines Einzelnen, die hier erzählt wird. Es ist die Geschichte vieler Männer, die sich so immer wieder freitags in unzähligen finnischen Kneipen abspielt.

Schon gegen zehn hat Jyrki seine übliche Schweigsamkeit verloren. Jetzt erzählt er jedem, der es hören will – und auch all denen, die es nicht hören wollen – von seinen Eheproblemen und davon, wie traurig das Leben generell sei. Die Dramatik der Situation unterstreicht er mit ein paar Schimpfworten. Gegen Mitternacht hat Jyrki neue Freunde gefunden, mit denen er Arm in Arm irgendwo in der Ecke sitzt und lallend über alles Schlechte auf der Welt philosophiert. Wieder zwei Stunden später werden die neuen Freunde dann torkelnd die Kneipe verlassen und vermutlich bald in Streit geraten. Viele Finnen werden im Endstadium ihres Rausches – kurz bevor sie ins Koma fallen – aggressiv. Die vier Stufen des Rausches verlaufen nämlich wie folgt: Nüchtern und damit schweigsam, dann eine kurze Phase, in der der finnische Trinker auf uns Deutsche geradezu normal wirkt, die aber schnell in große Melancholie und tiefen Weltschmerz übergeht. Und dann folgen – ein paar Biere später – Wut und Aggression. Fremde sind davon aber nicht betroffen. Das wäre auch schon rein praktisch nicht möglich, weil in diesem Stadium keiner mehr große Distanzen zurücklegen kann und so nur noch der ebenso betrunkene Saufkumpan als Streitpartner in Frage kommt. Auf den schlägt man dann gern mal ein oder zückt sein Messer für einen kleinen Hieb in Richtung seines Kontrahenten.

Jetzt ist es wieder mal Zeit für eine kleine Zwischenbemerkung: Nein, natürlich ist es nicht so, dass sich halb Finnland am Freitagabend gegenseitig totsticht. Und ohnehin ist es nicht so, dass sich freitagabends alle Finnen die Kante geben. Weil das Thema Alkohol dort eine eindeutige Positionierung verlangt, leben in Finnland auch mehr überzeugte Antialkoholiker als bei uns.

Doch wieder zurück zu Jyrki und seinem Saufkumpan: Es kommt immer wieder vor, dass ein Betrunkener am Morgen neben einer Leiche aufwacht und sich wundert, warum er selbst ein blutiges Messer in der Hand hält.

Das Gesagte lässt sich auch statistisch belegen. Eine Studie des UNO-Büros zur Bekämpfung von Drogen und Kriminalität aus dem Jahre 2013 hat nämlich ergeben, dass in Finnland (und auch in Schweden) die Hälfte der Täter betrunken waren, als sie einen Mord begingen.

Ausländer, die die oben beschriebene Verwandlung beobachten, werden sich besorgt fragen, was plötzlich mit dem sonst so braven Jyrki passiert. Die Antwort: nichts. Überhaupt nichts. Es ist Freitagabend, und Jyrkis Geschichte beschreibt ein völlig normales finnisches Phänomen. Tausende von Durchschnittsfinnen versuchen dann aus der Enge ihrer Welt auszubrechen, versuchen ihr Gefühlsgefängnis mit Hilfe von Alkohol zu verlassen.

Der Journalist Juha Päätalo schreibt dazu über seine Landsleute: »Freitags kann es schon mal vorkommen, dass der Finne dann mit freundlicher Unterstützung des Alkohols redet. Und dann beginnt die emotionale Explosion.«

Roman Schatz, ein deutscher Journalist und Entertainer, der seit fast drei Jahrzehnten in Finnland lebt und es dort zum Status des bekanntesten Ausländers gebracht hat, sagt zum Unterschied zwischen deutscher und finnischer Trinkkultur: »Der Deutsche trinkt ein paar Bier, der Finne säuft bis zum Umfallen – dabei will er sich mit dir anfreunden.« Und in einem seiner Bücher schreibt er: »In Finnland geht es nicht darum, die Kontrolle selbst in betrunkenem Zustand zu behalten, sondern darum, sie endlich einmal zu verlieren.«

Der Rausch (auf) der Ostsee

Berüchtigt sind auch die Wochenendausflüge nach Estland mit dem Schiff. Die Finnen, die dann Richtung Tallinn fahren, sind weniger an der bezaubernden Altstadt interessiert als vielmehr an den niedrigen Bier- und Schnapspreisen. Sie sorgen dort zwar dafür, dass die Wirte gut verdienen, aber wenn sie dann laut grölend durch die engen Gassen ziehen, machen sie sich nicht wirklich beliebt. Deutschlands Ballermänner können sich von den finnischen Tallinnfahrern noch einiges abschauen.

Bei finnischen und schwedischen Trinkern gefragt sind auch die Fährüberfahrten von Helsinki nach Stockholm. Die Menschenschlange, die sich am Freitagabend in Richtung Schwedenfähren wälzt, gehört zum Stadtbild von Helsinki. In Schweden ist der Alkohol zwar ebenso teuer, aber da die Fähren auf ihrem Weg dorthin die Zollgrenzen verlassen, sind Schnaps, Sekt, Bier und Wein auf dem Schiff dann steuerfrei und daher billig. Für die Fährgesellschaften trifft es sich da perfekt, dass Schweden und Finnland eine ähnliche Alkoholpolitik verfolgen. So gehen jeden Freitagabend auf der einen Seite der Ostsee die trinkwilligen Finnen an Bord und auf der anderen alle Schweden, die Lust auf ein paar Drinks zu viel haben. Während der Fährüberfahrt betrinkt man sich dann nach Herzenslust, torkelt ein paar Stunden zur Ausnüchterung durch den Zielhafen – und fährt dann zum zweiten Teil des Trinkgelages zurück. Das hat zu einem völlig neuen Preiskonzept bei den Fährgesellschaften geführt. Weil die wissen, dass der Alkoholverkauf die größte Einnahmequelle ist, lockt man die Trinker auch schon mal mit Ticketpreisen von einem Euro auf die Fähren nach Stockholm – und umgekehrt für zehn Kronen aufs Trinkschiff Richtung Helsinki. So können Touristen indirekt von der nordischen Alkoholpolitik profitieren. Die günstigen Ticketpreise gelten natürlich auch für Wenigtrinker aus Mitteleuropa, die so zu einem preisgünstigen Ostseeausflug kommen.

Auch die Trinktouren der Nordeuropäer in Alkohol-Billigländer sind legendär. In den Ski-Ressorts der Alpen kennt man sie, die betrunkenen Schweden, Norweger und Finnen, die die Kosten für den Skiurlaub locker an einem Abend an der Bar wieder reinsaufen. Denn so viel wie sie – legt man die Preise in ihrem Heimatland zugrunde – durch exzessiven Alkoholkonsum sparen können, kann der Urlaub gar nicht kosten.

Der Alkohol wird weggesperrt

Aber woher kommt es nun, dieses sonderbare Trinkverhalten? Weil Alkohol Teufelszeug ist, hat ihn die finnische Regierung weggesperrt. Von 1919 bis 1932 war der Verkauf ganz verboten. Und seitdem kann man ihn nur in den staatlichen Monopolgeschäften kaufen, die den vielsagenden Namen ALKO tragen. Bier bekommt man inzwischen auch im Lebensmittelgeschäft. Aber auch da gibt es nur die mittelstarke Ausgabe. Denn selbst Starkbier über 4,8 Prozent hält der Gesetzgeber für den freien Verkauf für zu gefährlich.

Noch bis weit in die 1990er Jahre hinein war ALKO kein normales Geschäft, das kundenfreundlich zu sein hatte. Im Gegenteil. Schlechter Kundenservice gehörte mit zum Konzept. Samstag war geschlossen, die Preise waren exorbitant hoch, und den Alkohol musste man wie Medizin in einer Apotheke im Vorfeld bestellen. Hinzu kam, dass nicht jeder Ort überhaupt ein ALKO-Geschäft hatte. Das Ziel von ALKO war, möglichst wenig Alkohol zu verkaufen. Das hat sich inzwischen geändert: Der Staat braucht heute die Einnahmen aus der Alkoholsteuer dringend.

Aber es muss auch wirklich wild zugegangen sein im Norden in früheren Jahrhunderten. Erik Pontoppidan, dänischer Schriftsteller und Prediger, schrieb beispielsweise 1757 in seiner Naturgeschichte Norwegens: »Wenn ein Bauer mit seiner Familie zu einer Hochzeit eingeladen war, nahm seine Frau normalerweise das Leichentuch für ihren Mann mit, denn bei diesen Gelegenheiten ging man meist erst dann auseinander, wenn man ganz trunken von berauschenden Getränken war, was böse Raufereien zur Folge hatte, die nicht selten mit einem Mord zu Ende gingen.«

Damals war der Rausch der Normalzustand vieler Männer. Die Kirche versuchte dagegen anzubeten und schickte ihre Prediger durchs Land, doch die scheiterten meist bei dem Versuch, die (Alkohol)Sünder zu bekehren. Gehör aber fanden sie oft bei den geplagten Ehefrauen der Säufer. Die waren zunächst auch die treibenden Kräfte bei der Gründung der »Nüchternheitsverbände«. Und auch der Staat sah irgendwann ein, dass es so nicht weitergehen konnte. Mit der Alkoholaufklärung und Gesundheitsvorsorge war es noch nicht weit her, deshalb reagierte die Obrigkeit mit Verboten. In Norwegen nutzte man den Ersten Weltkrieg und die damit verbundene schwierige Versorgungslage als Argument, um den Alkoholverkauf zu verbieten. Nach Kriegsende fiel der offizielle, aber vorgeschobene Grund für das Verbot weg. Im Oktober 1919 rief die Regierung die Wähler an die Urnen und ließ sie über die »gesetzliche Verankerung für das dauerhafte Verbot von Herstellung, Einfuhr und Umsatz von Spirituosen und starkem Wein« abstimmen. Und wirklich: Eine klare Mehrheit stimmte wie gewünscht für das Schnaps- und Weinverbot.

Völlig unerwartet löste das Alkoholverbot eine außenpolitische Krise mit Frankreich, Spanien und Portugal aus. Die drei Länder waren zugleich die wichtigsten Lieferanten für Wein und Spirituosen und die bedeutendsten Abnehmer von norwegischem Fisch. Durch die Prohibition fiel für sie ein großer Absatzmarkt weg. Den Weinlieferländern war die norwegische Alkoholpolitik eigentlich egal, sie waren nur daran interessiert, ihre Weine loszuwerden. Sie verlangten deswegen, dass Norwegen weiterhin genauso viel Wein kaufen müsse wie vor dem Krieg. Als die norwegische Regierung zunächst nicht reagierte, belegten sie norwegische Fischimporte mit riesigen Einfuhrzöllen. Die norwegische Fischerei kam in der Folge fast völlig zum Erliegen, die Fischer verloren einen Großteil ihrer Einnahmen, und das Land rutschte in eine Wirtschaftskrise.

Schließlich musste die Regierung in Oslo nachgeben und importierte riesige Mengen hochprozentigen Alkohols zur »medizinischen Anwendung«. Das wiederum führte dazu, dass die Schnapsärzte – die brennevinsdoktorer – die eigentlichen Gewinner der Prohibition waren, denn viele Ärzte verdienten sich durch das Ausstellen von Rezepten für Alkohol eine goldene Nase. Einige brennevinsdoktorer schrieben jährlich über 10 000 Rezepte aus. Der Rekord lag bei einem dafür verurteilten Arzt, der in einem einzigen Jahr exakt 48 657 Patienten Alkohol als Medikament verschrieben hatte.

1922 hob die norwegische Regierung das Verkaufsverbot für Wein wieder auf. Allerdings wollte der Staat trotzdem die Kontrolle über den Handel mit dem Teufelszeug behalten und gründete deshalb eine staatliche Monopolgesellschaft, die den Verkauf von Wein kontrollierte. Das vinmonopol, zu Deutsch Weinmonopol, wurde ins Leben gerufen. Heutzutage kann man in den Läden neben Wein auch Schnaps, Likör und Sekt kaufen – der Name vinmonopol ist aber geblieben.

Oft ist es auch heute gar nicht so einfach, in Norwegen an Alkohol zu kommen, selbst wenn man bereit wäre, die horrenden Preise zu bezahlen. Ich erinnere mich an einen Skiurlaub, den ich vor einigen Jahren mit Freunden in der Hovden verbrachte. Wir hatten uns ein Ferienhaus gemietet und wollten zwei Wochen lang Skilaufen. Die erste Woche war feuchter und fröhlicher als erwartet, und auch unsere Alkoholvorräte gingen schneller als geplant zu Ende. Wenn das in einem deutschen oder österreichischen Ferienort passiert, geht man in den Supermarkt um die Ecke und holt Nachschub. In Norwegen ist das nicht so einfach. Hovden ist zwar keine Großstadt, doch immerhin der wichtigste Ferienort im Setesdal. Ein Vinmonopolgeschäft gibt es dort trotzdem nicht. So entwickelte sich der Einkauf von drei Flaschen Wein zu einem Tagesausflug. Mit dem Auto ging es die Passstraße hinauf auf die Hochebene der Hardangervidda und dann auf der anderen Seite wieder hinab nach Haugesund – insgesamt waren wir drei Stunden unterwegs. Immerhin, in Haugesund, einer 35 000Einwohner zählenden Stadt, kamen wir zu unserem Wein. Denn dort gibt es ein Vinmonopolgeschäft. Das Erste, was wir sahen, als wir den Laden betraten, waren große Plakate, auf denen die Kunden über die Gefahren des Alkohols aufgeklärt wurden. Falls wir sie übersehen hätten, wäre das nicht weiter schlimm gewesen, denn der freundliche Verkäufer packte uns nach dem Einkauf noch eine Broschüre selbigen Inhalts in die – neutralweiße – Einkaufstüte.

Kein Bier ins Glas

Wie in Norwegen war auch in Island der Fisch indirekt daran Schuld, dass die Prohibition nur eine paar Jahre dauerte.

In Island saß man seit 1915 auf dem alkoholischen Trockenen. Lange blieb das absolute Alkoholverbot nicht in Kraft, denn wie im Fall Norwegens passte es auch den Weinlieferanten Islands aus dem Süden gar nicht, dass die Nordmänner plötzlich zu trinken aufhörten. Die Spanier boykottierten die Einfuhr von isländischem Fisch, und weil der damals fast das einzige Exportgut war, gaben die Isländer schnell nach und ließen den Weinimport und -verkauf wieder zu. Das fanden dic Schnapstrinker auf die Dauer ungerecht, auch sie wollten straffrei schlucken können. In einer Volksbefragung 1935 wurde die Prohibition abgeschafft, und es durfte wieder hemmungslos gebechert werden. Fast. Denn Bier, das alkoholische Getränk mit den wenigsten Alkoholprozenten, blieb kurioserweise verboten. Das war ein Zugeständnis an die Abstinenzlerbewegung, die Bier deswegen für so gefährlich hielt, weil es billiger ist als Schnaps und Wein und deswegen für jedermann verfügbar. Die perfekte Einstiegsdroge also.

Die Jahrzehnte zogen ins Land, und das Bierverbot … blieb. Erst zum 1. März 1989 wurde es aufgehoben. Bis heute darf man Alkoholika allerdings nur in Läden der staatlichen Alkoholladenkette vínbúðin – zu Deutsch Weinladen – kaufen.

WOW air, die Billigairline, die gern auch junge Leute nach Island fliegt, gibt auf ihrer Webseite Tipps zum Thema Alkohol, unter anderem heißt es da: »Obwohl die Dinge sich in den letzten Jahren immens geändert haben, ist immer noch etwas von der eigenartigen isländischen Einstellung zu Alkohol zu spüren, die einerseits zum legendären Partymachen an Wochenenden anhält, andererseits zu der Annahme führt, dass, wer etwas unter der Woche trinkt, ein Alkoholiker sein muss. Aber wie wir schon sagten, das ändert sich, und wenn Ihr Euch zum Mittagessen ein Glas Chardonnay bestellt, ist es unwahrscheinlich, dass Ihr noch vorwurfsvolle Blicke und Getuschel ernten werdet.« Immerhin.

Mit dem Bratt-Buch und Attila gegen Alkoholmissbrauch

In Schweden lief die Geschichte ganz ähnlich wie in Norwegen und Island, deshalb beschränke ich mich hier darauf, die kleinen Unterschiede zu beschreiben. 1922 führte man eine Volksabstimmung über ein generelles Alkoholverbot durch. Doch eine knappe Mehrheit stimmte in Schweden – anders als in den übrigen nordischen Ländern – gegen die Prohibition. Um den Alkoholverkauf trotzdem zu erschweren, musste jeder Schwede von da ein Alkoholbuch führen, in das er penibel eintrug, wie viel Alkohol er kaufte. Die erlaubte Menge war unterschiedlich groß, je nachdem, ob man reich oder arm, Mann oder Frau war. Arbeiter und ledige Frauen durften am wenigsten, angesehene Geschäftsleute, Fabrikbesitzer und sonstige Stützen der Gesellschaft am meisten kaufen. Erst 1955 wurde das nach seinem Erfinder benannte Bratt-Buch abgeschafft.

Bis heute darf man auch in Schweden Alkohol nur beim staatlichen Monopolisten – systembolaget – kaufen. Die meisten Schweden sagen dazu kurz *systemet,* wohl weil der volle Name in alkoholisiertem Zustand so schwer auszusprechen ist.

Seit private Alkoholimporte aus der EU in unbegrenzter Menge erlaubt sind, gehen die Umsätze bei allen Systemetläden im Land zurück. Mit einer Ausnahme. Der Laden in Strömstad meldet immer wieder neue Rekordverkaufszahlen. Der Grund hierfür ist einfach: Strömstad liegt nur wenige Kilometer von der norwegischen Grenze entfernt – und dort ist der Alkohol noch teurer.

Um den Alkoholmissbrauch einzudämmen, kämpft systembolaget auch mit ungewöhnlichen Mitteln. Ein Werbefilm im Internet zeigt Attila beim Saufgelage. Wenn der grausame Hunne mal nicht seine Gegner niedergemetzelt hat, hat er gern mal einen gebechert. Dass das gefährlicher ist als Kriege zu führen, lernt man aus dem Werbefilm: Gestorben ist Attila nämlich nicht an einem Pfeil in der Brust, sondern weil er sich bei einem Trinkgelage schlimm verschluckte und erstickte. Im Jahre 453 war das. Ob der tragische Säufertod des Hunnen den heutigen Schweden die Lust am Trinken verdirbt?

Trinken vor dem Trinken

Typisch nordisch ist die Tradition des Vorspiels. Das Wort Vorspiel haben die Skandinavier aus der deutschen Sprache übernommen. Aber es hat – und das wird jetzt manchen enttäuschen – eine etwas andere Bedeutung als bei uns.

Vorspiel ist eine Folge der hohen schwedischen und norwegischen Alkoholpreise und bedeutet nichts anderes, als dass man sich, bevor man einen trinken geht, schon mal betrinkt. Dazu treffen sich die Kneipengänger bei einem der ihren zu Hause und kippen sich ein paar Schnäpse hinter die Binde. Jedem Skandinavier erscheint ein solches Verhalten logisch.

Denn: Wenn man angetrunken in die Kneipe kommt, wird der Rausch später billiger. Allerdings gilt es hier, die Balance zu halten – wer zu viel trinkt und beschwipst wirkt, wird gar nicht erst in die Bar gelassen. Da passen im Norden die Türsteher auf, die dort vor fast jedem Lokal Wache halten.

Betrunken in den Selbstmord

Die deutsch-dänische Theater- und Filmregisseurin Karen Littauer hat mit den Kindern von Qaanaaq an einem Theaterprojekt gearbeitet. Nach dessen Abschluss sagte sie: »Das war das Schlimmste, was ich je gesehen habe. Die Kinder sind sich selbst überlassen, während die Eltern betrunken durch die Stadt torkeln.« Der mit gut 600 Einwohnern größte Ort in Nordgrönland ist zwar ein besonderer Brennpunkt, doch ähnliche Probleme hat man überall im Land.

Bis in die Mitte des vorigen Jahrhunderts hinein lebten die Grönländer als Jäger in einer Gesellschaft, die sich an der Natur orientierte. Dann zog die Zivilisation ein, und mit ihr kam auch der Alkohol in das Land, in dem man bis dahin nur selbstgebrautes Bier kannte. Fast über Nacht begann das ganze Land zu trinken. Für die einen stand der Alkohol für die moderne Zeit und war deswegen verlockend und attraktiv, den anderen half er scheinbar über den Verlust des alten Lebensstils hinweg und darüber, dass die neue Gesellschaft keine Jäger mehr brauchte. Aus Arbeitslosigkeit wurde Perspektivlosigkeit, und dazu gesellte sich Langeweile. Und gegen das alles »half« der Alkohol. Die staatliche nykterhetskommission – die Kommission für Alkoholfreiheit – stellte bereits 1971 fest, dass 37 Prozent aller Familien mit großen Alkoholproblemen zu kämpfen hätten. Daran hat sich bis heute nichts geändert. Im Gegenteil: Das Trinkverhalten der Grönländer ist noch wesentlich extremer als in den nordischen Ländern. Besonders am Wochenende und an Feiertagen wird viel getrunken. Ob es schmeckt, ist dabei egal, das einzige Ziel ist es, betrunken zu werden. Die Folgen des Alkoholmissbrauchs rütteln an den Festen der Gesellschaft: Jedes dritte Mädchen wird vergewaltigt, bevor es 15 Jahre alt ist – meist von einem betrunkenen Angehörigen. Jeder zehnte Junge erreicht seinen 25. Geburtstag nicht. Die Selbstmordrate ist extrem hoch – vor allem bei Kindern und Jugendlichen. Mord und Totschlag im Alkoholrausch sind weit verbreitet. »Haben Sie schon einmal versucht, hungrige und verwahrloste Kinder zu unterrichten?«, zitiert *Geo*-Autorin Katja Senjor einen dänischen Lehrer, der in Ostgrönland Englisch, Physik und Mathematik unterrichtet.

Die Sami: Die bunten Trachten bleiben im Schrank

»Man hat nicht gehört, dass die Lappen irgendwoher gekommen sein sollen. Der Lappe ist überall in Lappland Einwohner gewesen, und als die Lappen sich hier an der Meeresküste aufgehalten haben, da sind da keine anderen Bewohner gewesen, [...] die Lappen wussten nicht, dass es andere Menschen gab als sie.«
Der Same Johan Turi schreibt im Jahre 1908 in seinem Buch *Erzählung vom Leben der Lappen* über die Herkunft seines Volkes. Turis Buch gilt als erstes literarisches Werk in der Sprache der Sami.

Für viele Touristen sind die Sami der Grund für die Reise in den Norden. Sie wollen das vermeintlich letzte »Naturvolk« Europas kennenlernen. Die Sami stellt man sich als erdverbundene Menschen vor, die bei Wind und Wetter in ihren bunten Trachten hinter ihren Rentierherden herziehen. In der Realität sind nur noch etwas mehr als zehn Prozent von ihnen Rentierzüchter. Aber auch die haben aufgehört, im Rentierschlitten mit ihren Herden umherzuwandern. Sie rasen längst auf Motorschlitten hinter ihren Tieren her und wohnen schon lange nicht mehr im Lappenzelt, sondern im Reihenhaus mit Farbfernseher und Internet. Die überwiegende Mehrheit der

Sami geht ganz normalen Berufen nach. Auch bei ihnen kommt der Papa am Abend vom Büro nach Hause, und die Mama arbeitet als Lehrerin oder im Krankenhaus. Ihre Postkarten-Trachten haben die Rentierzüchter inzwischen abgelegt. Sie holen sie nur noch an großen Feiertagen aus dem Kleiderschrank heraus – oder eben, um für Touristen Fotomodell zu spielen. Die bunten Farben des Kittels – die Sami nennen ihn *kolt* – sehen aber nicht nur auf den Bildern gut aus, sie haben auch eine Bedeutung: Blau, die Farbe, die in den meisten Trachten vorherrscht, symbolisiert den Himmel, Gelb steht für die Sonne, Rot für das Feuer und Grün für die Erde.

Eigentlich überrascht es, dass die Sami so sehr das Bild des Nordens (mit)prägen, denn ihr Anteil an der Gesamtbevölkerung ist verschwindend gering. Nur circa 90 000 bis 140 000 Sami leben in Nordeuropa – die meisten von ihnen, zwischen 60 000 und 100 000, in Norwegen, etwa 15 000 in Schweden, 10 000 in Finnland und 2000 in Russland. Dass die Zahlen mit dem Zusatz »circa« angegeben werden müssen, hat einen Grund. Die Definition, wer Same ist und wer nicht, ist schwierig. Über Jahrhunderte hinweg wurden die Sami diskriminiert und durften ihre eigenen Sprachen – Plural deswegen, weil es eine einheitliche samische Sprache nicht gibt – nicht sprechen. Um keine beruflichen oder gesellschaftlichen Nachteile zu haben, sind viele Sami in der norwegischen, schwedischen oder finnischen Gesellschaft »untergetaucht«, haben ihre Kultur aufgegeben und nicht länger Samisch gesprochen. Das hat unter anderem zur Folge, dass heute lediglich 24 000 Menschen Samisch sprechen – allein 17 000 davon Nordsamisch. Viele samische Sprachen sind inzwischen ausgestorben. Immerhin: Heute ist Samisch in Finnland, Norwegen und Schweden eine offiziell anerkannte Minderheitensprache.

Die Frage, woher die Sami eigentlich kamen, ist bis zum heutigen Tag nicht geklärt. In der einschlägigen Literatur werden gleich mehrere Theorien angeboten. Schon im 17. Jahrhundert hatte man die Hypothese entwickelt, dass die Sami bereits kurz nach der Eiszeit, also etwa 10 000 – 7000 v. Chr., aus Asien nach Nordeuropa kamen – und damit die ersten Menschen waren, die diesen Teil der Welt besiedelten. Dort lebten sie dann über Jahrtausende weitgehend isoliert und wurden schließlich nach Ankunft anderer Völker von diesen allmählich in Richtung Norden zurückgedrängt. Obwohl die Theorie, wie die Sami Nordeuropa besiedelten, schon einige Jahrhunderte auf dem Buckel hat, besitzt sie auch noch heute die meisten Anhänger. Eine bessere Erklärung für die Herkunft der Sami ist bisher niemandem eingefallen. Immerhin: Alte Keramikscherben, die deutliche Hinweise auf die samische Kultur zeigen, lassen sich auf die Zeit um 1500 v. Chr. zurückdatieren. Aus dieser Zeit wurden auch Fanggruben entdeckt, mit denen die Menschen damals Elche und Rentiere fingen.

Erstmals erwähnt wurden die Sami in den Aufzeichnungen des römischen Geschichtsschreibers Tacitus (55 –116 n. Chr.). Der beschrieb in seiner Schrift *De origine et situ Germanorum* ein Volk mit dem Namen fenni. Aufgrund der Beschreibung ist aber klar, dass damit nicht die Finnen, sondern die Sami gemeint sein mussten. Erste regelmäßige Kontakte zu Wikingern sind für das 9. Jahrhundert belegt. Zwar trieben die beiden Völker miteinander Handel, doch in alten Chroniken wird auch beschrieben, dass es zu heftigen Streitigkeiten kam. Dabei parierten die Sami die Kraft und waffentechnische Überlegenheit der Wikinger oft mit List und Hinterhalt – was ihnen schon bald den Ruf einbrachte, ein Volk von Zauberern und Hexern zu sein, ein Ruf, der ihnen bis in die Neuzeit hinein erhalten blieb.

Der schwedische Naturforscher Carl von Linné (1707 – 1778) sorgte zwischenzeitlich für eine Imageverbesserung der Sami. 1732 unternahm er eine Lapplandreise und schilderte in seinem Buch *Lappländische Reise* die Ureinwohner Lapplands als Naturvolk, das ein Opfer der Unterdrückung durch die Zivilisation geworden war.

Lange Zeit machten sich vor allem Pelzhändler auf den

strapaziösen Weg nach Norden. Im Laufe des Mittelalters entwickelten sich zu diesem Zweck richtiggehende Handelsgesellschaften. Etwas später entdeckten auch die jeweiligen Herrscher der dänisch-norwegischen bzw. schwedisch-finnischen Königreiche die Sami als neue Untertanen und (weit wichtiger) Steuerzahler. Da sich keine der königlichen Herrschaften die Einnahmequelle im Norden nehmen lassen wollte, konnte man sich lange nicht über die Grenzziehung einigen. Viele Sami wurden während dieser Zeit von beiden Königen mit Steuern belegt. Erst 1751, als man endlich eine Grenze festlegte, hörte die Doppelbesteuerung auf. Im 16. und 17. Jahrhundert wanderten immer mehr Siedler vom Süden her in das Gebiet der Sami ein. Zunächst vertrug man sich gut, und beide Volksgruppen profitierten jeweils vom Wissen der anderen. Allmählich aber wurde der Zustrom der Neusiedler so stark, dass kein Platz mehr blieb für die Sami und diese immer weiter Richtung Norden zurückgedrängt wurden. Der Same Johan Turi schreibt dazu 1908 in seinem Buch *Erzählung vom Leben der Lappen:* »Aber als die Menschen sich vermehrten, kamen wieder die dunkel gekleideten Menschen (damit meint Turi die neu zugezogenen Bauern) dahin, wohin die Lappen zuerst geflüchtet waren, und machten ihre Wohnungen gerade da, wo sich die Lappen aufhielten, weil sie sahen, dass da schöne Wiesen waren, wo die Rentiere gedüngt hatten, da wo die Lappen seit vielen Menschenaltern gelebt hatten; und sie jagten die Lappen weg von ihren Wohnplätzen.«

Bemerkenswert ist, dass die Sami nie versuchten, die nachrückenden Bauern mit Waffengewalt zu stoppen, sondern immer weiter zurückwichen.

Mit den Siedlern kamen auch die Missionare, und denen war der Schamanenglaube der Sami suspekt. Eine Welt, in der überall Geister lauerten und mächtige Naturkräfte wirkten, mit denen man durch einen Schamanen in Verbindung treten kann, machte den Christen Angst und musste bekämpft werden. So wurden die Naturreligion der Sami im 18. Jahrhundert verboten und die Zaubertrommeln, mit deren Hilfe sich die Schamanen in Ekstase versetzen konnten, verbrannt. Viele Schamanen wurden getötet. Trotzdem praktizierten die Sami ihren Glauben heimlich weiter. Der Theologe, Hochschullehrer und Skandinavist Friedrich Wilhelm von Schubert beschrieb dies in seinem Buch mit dem etwas umständlichen Titel *Reise durch Schweden, Norwegen, Lappland, Finnland und Ingermannland in den Jahren 1817, 1818 und 1820* wie folgt: »Auch nachdem das Christenthum unter den Lappen bekannt geworden war, dauerte noch lange, neben demselben, das Heidenthum fort; selbst als schon christliche Kirchen in Lappland gegründet waren, erhielten sich heidnische Gebräuche und Meinungen. Nur sehr allmählig gelang es, diese zu tilgen.«

Erfolgreich waren die Bekehrungsversuche erst zu Beginn des 19. Jahrhunderts, als die Erweckungsbewegung des schwedischen Pfarrers Lars Levi Læstadius in Lappland Fuß fasste. Was die Sami für die neue Religion einnahm, waren die ekstatischen Elemente im Rahmen des Gottesdienstes, die an die Trance der Schamanen erinnerten. Læstadius, dessen Mutter eine Sami war, predigte die christliche Lehre bibelgetreu. Seine pietistische Lehre war extrem fortschrittsfeindlich und bot so – ungewollt zwar – den Sami gewissen Schutz vor den Veränderungen, die mit den finnischen und schwedischen Zuwanderern kamen. Noch heute hat der Læstadianismus unter den Sami viele Anhänger.

Mitte des 19. Jahrhunderts gewann der Sozialdarwinismus auch in Norwegen und Schweden immer mehr Anhänger. Diese Evolutionstheorie versuchte, die menschliche Entwicklung, analog der von Charles Darwin aufgestellten Auslese- und Anpassungstheorien für Pflanzen und Tiere, zu erklären und teilte dementsprechend Menschen in weiterentwickelte und primitive Rassen ein. Die Sami oder Lappen, wie sie damals verächtlich genannt wurden, galten als »Primitive«, und ihre Kultur wurde als nicht überlebenswert eingestuft. Meyers Konversationslexikon von 1890 schrieb über sie: »Ihre geistige

Begabung ist nicht groß, doch können wenigstens in Norwegen viele von ihnen lesen und schreiben.«

»Zu ihrem eigenen Besten« verbot man ihnen den Gebrauch ihrer Sprache. Die samischen Traditionen sollten in Vergessenheit geraten. In Norwegen wurde damals ein Gesetz erlassen, nach dem es untersagt war, Land an jemanden zu verkaufen, der die norwegische Sprache nicht beherrschte. Die Sami wurden zu Fremden im eigenen Land! In den neu für sie eingerichteten staatlichen Schulen lernten sie nichts über die eigene Kultur und viel zu wenig über die Welt der Schweden, Norweger oder Finnen, um mit denen konkurrieren zu können. In Schweden führte das staatlich-schwedische Institut für Rassenbiologie 1922 sogar eine »Lappenuntersuchung« durch, die belegen sollte, dass Rassenvermischungen zum Verderb der Gesellschaft führen würden.

Erst allmählich formte sich Widerstand gegen die Unterdrückung. Im Februar 1917 kamen in Trondheim erstmals Sami aus Norwegen, Schweden und Finnland zusammen, um über ihre Anliegen zu beraten. Doch die Menschen lebten weit verstreut über ein riesiges Gebiet, daher war die Zusammenarbeit zwischen den einzelnen Gruppen schwierig.

Erst nach dem Zweiten Weltkrieg änderte sich die Politik der nordischen Regierung allmählich. Die Diskriminierung hörte auf, die samische Kultur konnte sich aber trotzdem nicht entwickeln. Die damaligen sozialdemokratischen Regierungen wollten einen einheitlichen Wohlfahrtsstaat schaffen, in dem alle gleich sind. Kulturelle Besonderheiten – wie etwa die samische Kultur – wurden deswegen nicht gefördert.

Kurz nach Kriegsende gründete sich in Norwegen der erste Interessenverband der Sami, der Verband der Rentierzüchter. Aus genannten Gründen war das aber offiziell keine samische Vereinigung, sondern eine Art Gewerkschaft der Rentierzüchter. 1950 entstand in Schweden der Svenska Samernas Riksförbund, 1956 bildete sich dann der Nordische Samirat, ein Kooperationsorgan aller Sami in den nordischen Ländern. Die

Organisation verfügte über keinerlei legislative Befugnisse, war aber trotzdem ein entscheidender Meilenstein in Richtung politischer Anerkennung der Rechte der Sami. Erstmals arbeiteten Sami aus allen nordischen Ländern grenzübergreifend und dauerhaft zusammen.

Seit den 1960er Jahren erkennen alle nordischen Regierungen das Recht der Sami an, ihre eigene Kultur aufrechtzuerhalten, 1975 schließlich wurde ein eigenes Finnisches Samiparlament ins Leben gerufen. Das hat allerdings nur beratenden Charakter. Nach wie vor wird über die Belange der Sami im Reichstag in Helsinki entschieden. Allerdings beugt sich der meist dem Votum des Samiparlaments. Zumindest dann, wenn man in Helsinki keine eigenen Interessen verfolgt – so wie das in der Frage des Grundbesitzes, und damit im Zusammenhang stehend der Waldnutzung in Lappland, der Fall ist.

Ähnliche nationale Samiparlamente bestehen auch in Schweden und Norwegen.

Dort wurde 1989 in Karasjok das erste Samiparlament eröffnet. Wie groß der Respekt war, den man den Sami inzwischen entgegenbrachte, zeigte sich auch darin, dass König Olav V. das Parlament persönlich einweihte. Das Sámediggi entscheidet über »samische Angelegenheiten«. Auch seine Beschlüsse haben allerdings nur beratenden Charakter. In der Regel aber übernimmt die Regierung in Oslo die Entscheidungen des Samiparlaments.

Wie gesagt, arbeiten nur gut zehn Prozent aller Sami noch im Hauptberuf als Rentierzüchter. Aber jeder hat Freunde oder Verwandte, die Rentierzüchter sind. Außerdem ist das Rentier ein wesentlicher Bestandteil der samischen Kultur. Vor diesem Hintergrund kann man sich vorstellen, welchen verheerenden Einfluss die Atomkatastrophe im ukrainischen Tschernobyl im Frühjahr 1986 auf das Leben der Sami in Norwegen hatte. Der Wind transportierte die radioaktive Wolke auch in die entlegenen Gebiete Nordeuropas. Die Rentiere nahmen die Strahlung über Flechten auf. Als man im Herbst

1986 erstmals nach dem Atomgau Tiere schlachtete, musste über ein Viertel des Fleisches vernichtet werden. Die Strahlung machte es für den menschlichen Verzehr gefährlich. Allein in Schweden mussten 188 000 Rentiere gekeult werden.

Dabei hatten die norwegische und die schwedische Regierung bereits »ihr Möglichstes« getan, um eine Massenvernichtung des Fleisches zu verhindern – sie hatten den zulässigen Grenzwert für radioaktive Strahlung bei Rentierfleisch einfach deutlich erhöht!

Nachsatz: Vor 20 oder 30 Jahren hätte ich, um Wortwiederholungen zu vermeiden, in diesem Text munter zwischen den Begriffen »Same« und »Lappe« hin- und herwechseln können. Heute würde ich mich damit als ignorant und politisch völlig unkorrekt outen. »Lappe« gilt inzwischen als Schimpfwort und Beleidigung. Zu sehr erinnert das Wort an den Begriff für einen Kleiderfetzen. Zu sehr weckt es die Assoziation an einen nur halb zivilisierten Menschen, der nur in Fetzen gehüllt durch die Wildnis streift. Dabei kommt der Begriff »Lappe« ursprünglich durchaus aus der samischen Sprache und beschreibt dort in einigen Dialekten die Tätigkeit eines Rentierhirten.

Geschichte

Im folgenden Kapitel biete ich keinen Überblick über die Geschichte der einzelnen nordischen Länder – um diesen Anspruch zu erfüllen, wäre ein mehrbändiges Werk notwendig. Ich habe vielmehr Epochen herausgegriffen, in denen sich die Wege der nordischen Länder kreuzten oder sie für Jahre, Jahrzehnte oder gar Jahrhunderte dieselbe Wegstrecke zurücklegten. Und ich habe mein Augenmerk auf Zeiten gelegt, in denen die nordischen Staaten zwar eigenständig agierten aber doch ähnliche Entwicklungen durchmachten bzw. gemeinsame Interessen vertraten.

Mit dem Schwert um die Welt: die Wikinger

»Am Abend soll man den Tag loben,
das Schwert, wenn's erprobt ist,
das Mädchen, wenn's geehelicht ist,
das Eis, wenn man hinübergekommen,
das Bier, wenn's getrunken ist.«
Aus: *Die Weisheit der Wikinger,* aus dem Altisländischen
von Arnulf Krause

Historiker lieben exakte Daten, deshalb mögen sie es, wenn sie den Beginn und das Ende einer Epoche genau benennen können. So als hätte es sie vorher nie gegeben und so als wären sie danach von einem Tag auf den anderen verschwunden, werden Beginn und Ende der Wikingerzeit an zwei Daten festgemacht. Bezeichnenderweise fängt die Wikingerzeit offiziell mit einem Gemetzel an. Startpfiff war der 8. Juni 793, als Krieger aus dem Norden ein Kloster auf der nordenglischen Nordseeinsel Lindisfarne überfielen, alle Mönche ermordeten und den Klosterschatz raubten. Alkuin, englischer Gelehrter und wichtigster Berater Karls des Großen, notierte über den Überfall der Wikinger: »Niemals zuvor brach ein solches Entsetzen über Britannien herein.« Aber auch das Ende der Wikinger macht man an einem blutigen Datum fest: An der Niederlage von König Harald dem Strengen (Harald Hardråde) am 25. September 1066 in der Schlacht bei Stamford Bridge in England, bei der er auch selbst ums Leben kam. Die Schlacht verlor Harald Hardråde übrigens gegen einen anderen Harald – Harald II. Doch zum Zeitpunkt seines Sieges waren auch dessen Stunden schon gezählt. Nur drei Wochen später wurde sein geschwächtes Heer in der berühmten Schlacht von Hastings von Wilhelm dem Eroberer vernichtet. Auch Harald II. fiel im Kampf.

Ganz so einfach ist es nun aber doch nicht. Schon vor der Eroberung von Lindisfarne gab es Wikinger – nur taucht hier erstmals der Name »Wikinger« in den Annalen auf. Und auch nach der Niederlage in der Schlacht von Stamford Bridge legten sich nicht alle Wikinger zu Hause in Dänemark, Schweden und Norwegen auf den Boden, um zu sterben. Das Ende der Wikinger stellt sich wesentlich profaner dar. Auf Eroberungsfahrten zu gehen war bei den Wikingern ein Beruf wie jeder andere – wie Schmied oder Bauer. Nachwuchssorgen hatte man lange Zeit keine. Denn der väterliche Bauernhof wurde stets nur an einen Sohn vererbt – alle übrigen Jungs mussten sich also eine andere Arbeit suchen. Eine Zeitlang konnte man als Plünderer ganz ordentlich verdienen. Reiche Schätze waren garantiert. Und auch den einen oder anderen Sklaven – den man für Geld weiterverkaufen konnte – brachte man von den Beutezügen mit nach Hause.

Allmählich aber wurden die Gegner stärker, die Städte zunehmend besser befestigt – und damit kaum noch einnehmbar. Plündern wurde immer anstrengender und gefährlicher – und es lohnte sich weniger. Deshalb blieben die jungen Leute lieber zu Hause und suchten sich an Land einen anderen Broterwerb, arbeiteten vielleicht als Waffenschmied, Händler oder Scherenschleifer. Die Wikinger verschwanden also nicht deswegen aus der Geschichte, weil sie besiegt wurden, sondern weil sie schlichtweg keine Lust mehr auf ihren »Job« als Eroberer hatten.

Ibn Fadlan, ein arabischer Handelsreisender, traf im Jahre 912 an der Wolga auf schwedische Wikinger. In seinem Reisebericht beschwerte er sich über deren mangelnde Körperhygiene und darüber, dass sie unflätig schnäuzten und ständig auf den Boden spuckten. Dabei konnte der Araber doch froh sein, dass ihm nichts Schlimmeres passierte. In anderen zeitgenössischen Quellen kann man nachlesen, dass die Wikingerkrieger die Schädeldecken der Getöteten als Trinkgefäße benutzten.

Die Wikinger waren aber nicht nur Krieger und Plünderer, sondern auch große Entdecker – vielleicht die größten ihrer Zeit. Kurz nach der Jahrtausendwende landete Leif Erikson, ein Sohn des Grönlandentdeckers Erik des Roten, zusammen mit seinen Mannen an der Küste Neufundlands. Angeblich hatte der Papa selbst die Entdeckungsfahrt leiten wollen, war dann aber auf dem Weg zum Ablegeplatz vom Pferd gefallen und hatte sich verletzt. Deshalb musste er dem Sohnemann das Kommando über die Boote überlassen. Schon 1890 kann man in dem in Leipzig erschienenen Nachschlagewerk *Die Völker der Erde* nachlesen: »Island und Grönland wurden schon früh von norwegischen Helden besiedelt, selbst den Boden Nordamerikas betrat ein halbes Jahrhundert vor Columbus der Fuß eines Wikingers«.

Trotzdem dauerte es bis in die 1960er Jahre hinein, bis der norwegische Archäologe Helge Ingstad Überreste einer Wikingersiedlung in Kanada entdeckte und so schlüssig nachwies, dass Leif und die seinen schon lange vor Columbus in Amerika gelandet waren.

Auch wenn in diesem Kapitel von den Wikingern die Rede ist, die Wikinger gab es eigentlich gar nicht. Die Menschen im Norden sprachen damals zwar eine einheitliche Sprache, aber ein Wikingerreich existierte in dem Sinne nicht. In Dänemark, Schweden und Norwegen lebte damals ein Haufen oft auch untereinander zerstrittener Stämme. Und die schlugen sich gegenseitig mit der gleichen Begeisterung die Köpfe ein wie ihren Feinden in fremden Ländern. Immerhin waren die Ziele der Plünderfahrten ordentlich aufgeteilt. Die Kollegen aus Dänemark spezialisierten sich auf Eroberungszüge in Frankreich und im südlichen England. Die schwedischen Wikinger fuhren mit ihren Langbooten die russischen Flüsse hinunter und drangen bis nach Nowgorod und Kiew und weiter durchs Schwarze Meer bis nach Konstantinopel, dem heutigen Istanbul, vor.

Als Wikinger fühlen sich die Nordeuropäer auch heute noch ein bisschen. Deswegen halten sich auch die meisten von ihnen für kernige Naturburschen und wilde Draufgänger. Als Fans bei Fußballspielen maskieren sie sich gern mit dem »typischen« Wikingerhelm mit Hörnern. Doch genau die Kopfbedeckung, die alle Menschen mit den Wikingern in Verbindung bringen, haben diese nie getragen. Den Hörnerhelm hat in Wirklichkeit Richard Wagner erfunden. Der setzte ihn wegen des optischen Effekts als Bühnenrequisit beim *Ring der Nibelungen* ein.

Die Kalmarer Union: Streiten unter einer gemeinsamen Krone

Eine durchgehende gemeinsame nordische Geschichte gibt es nicht. Viele Jahrhunderte lebte man nebeneinander her – mal als gute, mal als schlechtere Nachbarn. Manchmal zog man sogar gegeneinander in den Krieg, bekämpfte sich bis aufs Blut. Von 1397 bis 1523 waren die nordischen Königreiche jedoch in der Kalmarer Union erstmals zusammengeschlossen und wurden während dieser Zeit von einem gemeinsamen König regiert. So weit, so – sehr – theoretisch.

Anders als die nordischen Staaten heute kamen die Königreiche damals nicht als Partner zusammen, die Union wurde auch nicht im Interesse der Menschen ausgehandelt, sie war einfach die Festschreibung bereits bestehender Machtverhältnisse.

Angefangen hat die Vorgeschichte zur Gründung der Kalmarer Union eigentlich schon zu Beginn des 14. Jahrhunderts. Damals wurde Schweden von einem schwachen König regiert – König Birger. Der hatte als Zehnjähriger den Thron bestiegen, und für ihn übte ein Vormund die Regentschaft aus. Später, als Birger selbst die Regierungsgeschäfte übernommen hatte, war er hauptsächlich damit beschäftigt, seine Machtansprüche gegen seine Brüder, die Herzöge Erik und Waldemar, zu verteidigen. Dem Adel war's recht, denn solange die Brüder untereinander stritten, konnte er in aller Ruhe seine Machtposition festigen. Als Birger seine beiden Brüder gefangen nehmen ließ – und ein Ende des Streites »drohte« –, kam es zu einem Adelsaufstand. Birger wurde abgesetzt.

In dieser Zeit hatten die schwedischen Blaublütler offenbar gemerkt, dass es ihrer Macht förderlich war, wenn ein Kind auf dem schwedischen Thron saß. Deshalb trugen sie dem norwegischen Königssohn Magnus Eriksson die Königskrone an – der war zum Zeitpunkt seiner Wahl gerade einmal drei Jahre alt. Die Vormundschaftsregierung, die von Aristokraten geleitet wurde, ruinierte den Staat finanziell, und als Magnus II. endlich die Herrschaft übernahm, war Schweden bankrott und dem König fehlte schlicht das Geld, um den Adel in die Schranken weisen zu können. Auch damals kämpfte eine Armee nicht kostenlos.

Magnus II. war nun zwar ein König ohne große Macht – deswegen aber noch lange nicht einer ohne Land. Er hatte sogar zwei Länder – denn nicht nur in Schweden, auch in Norwegen saß er auf dem Thron. 1355 übergab er dort die Geschäfte an seinen Sohn Håkon VI., und der wiederum heiratete 1363 Margarethe I. von Dänemark, die Tochter des mächtigen Königs Waldemar IV. Margarethe war damals zwar erst zehn Jahre alt, für die Festigung der Bande zwischen den beiden Königreichen war das Alter der Braut jedoch egal.

Um die königlichen Verwandtschaftsverhältnisse aufzudröseln, ist an dieser Stelle vielleicht eine kleine Zusammenfassung angebracht. 1363 wurden Dänemark und Norwegen von einer Familie regiert. Margarethes Vater hatte in Dänemark das Sagen, ihr frisch angetrauter Ehemann in Norwegen und der Schwiegervater in Schweden. Dass es nicht schon an dieser Stelle zu einer nordischen Union kam, lag am schwedischen Adel. Der hatte sich nämlich schon so an die eigenen Privilegien gewöhnt, dass ihm die Vorstellung, der schwedische König könnte nun plötzlich »Verstärkung« von außen bekommen, gar nicht behagte. Schwupps wurde König Magnus II. gestürzt und Albrecht von Mecklenburg, der nach Magnus und Håkon an dritter Stelle der Thronfolge stand, die Krone angetragen.

Im dänisch-norwegischen Königshaus läuteten in den folgenden Jahren mehrmals die Todesglocken. 1375 starb Margarethes Vater Waldemar und 1380 ihr Gemahl Håkon. Da Thronfolger König Olav noch ein Kind war, übernahm seine Mutter in beiden Fällen die Vormundschaft und führte die Regierungsgeschäfte.

Albrecht dagegen brauchte nicht lange, um sich in Schweden unbeliebt zu machen, weil er dort eine Art »deutsche Mafia« etablierte und seinen Gefolgsleuten aus der Heimat die Besitztümer zuschanzte. Schließlich kam es zum Volksaufstand, Albrecht wurde durch ein dänisch-norwegisches Heer 1389 in der Schlacht bei Åsle besiegt, erst gefangen genommen und Jahre später in seine Heimat zurückgeschickt. Nun hob der schwedische Adel Margarethe auf den Königsthron – und machte den Weg frei für einen Bund der Nordischen Staaten.

Faktisch wurden 1397 in der Kalmarer Union nur die ohnehin bestehenden Verhältnisse festgeschrieben. Margarethe war ohnehin überall die Chefin und vereinigte die drei Königreiche unter sich. Logisch, dass unter der Dänin Margarethe auch Dänemark von Anfang an das Dreierbündnis dominierte. In Norwegen und vor allem in Schweden opponierten Teile des Adels und des Klerus immer wieder gegen den Zusammenschluss. Man erinnere sich zurück: In Schweden hatten die Adeligen ja noch wenige Jahre vor Unionsgründung Margarethes Schwiegervater Magnus II. aus dem Amt vertrieben. Während der meisten Zeit der Kalmarer Union wurde gezankt und gestritten, es wurden Intrigen geschmiedet und Aufstände angezettelt. Einmal hatten Schweden und Norwegen die Union zwischenzeitlich sogar aufgekündigt. Nur wenige Könige schafften es, alle drei Reiche unter sich zu vereinen. Mehrmals setzte man in Schweden und auch Norwegen sogar einen Gegenkönig ein, oder Reichsverweser führten dort das Land. Nie wieder war die Kalmarer Union so mächtig wie in den Anfangsjahren nach ihrer Gründung, als Margarethe die uneingeschränkte und unangefochtene Herrscherin war.

Passenderweise leitete eine Bluttat das Ende der Union ein. Christian II. war seit 1513 König von Dänemark und Norwegen. Der schwedische Adel kochte wieder einmal sein eigenes Süppchen und erkannte Christian nicht an. Nach einem ersten gescheiterten Versuch im Jahre 1518 gelang es dem Dänen aber zwei Jahre später, das schwache schwedische Heer zu schlagen und die schwedische Krone für sich zu sichern.

Nun schienen endlich neue Zeiten anzubrechen, denn der Sieger streckte scheinbar die Hand zur Versöhnung aus. Großzügig gewährte er allen Aufständischen Amnestie und lud sie zu einem dreitägigen Fest nach Stockholm ein. Am Abend des dritten Tages aber ließ der König alle schwedischen Adeligen zu sich rufen. Anstelle des friedlichen Umtrunks erwartete sie der Tod: Die Nichtsahnenden wurden festgenommen und in einem Schnellverfahren verurteilt. Bereits am nächsten Tag begann eine regelrechte Hinrichtungsorgie. Fast einhundert schwedische Adelige starben unter dem Fallbeil des Henkers. Noch lange zog der Gestank von Verwesung durch die engen Gassen von Stockholm. Die abgetrennten Köpfe rollten durch die steilen Straßen zum Meer hinab, die Körper ließ man zur Abschreckung liegen. Erst nach Tagen wurden sie weggeschafft und außerhalb der Stadt verbrannt. Die Toten aber – so sagt eine Legende – haben bis heute Stockholm nicht verlassen: Einer Sage zufolge treffen sich die Hingerichteten jedes Jahr am Tag ihres Todes auf dem Stortorg und ziehen dann als dichte Nebelschwaden durch die Gassen der Altstadt. Mit dem Gemetzel hatte jedoch Christian II. – der seit diesem Tag in Schweden nur noch Christian der Tyrann genannt wird – seinen eigenen Untergang eingeläutet. Ein neuer und noch gewaltigerer Aufstand begann, und drei Jahre nach den Hinrichtungen in Stockholm verlor Christian II. seinen Königstitel nicht nur in Schweden, sondern auch im heimischen Dänemark. Denn auch dort putschte der Adel gegen die Krone. Der König konnte zunächst fliehen, wurde dann aber gefangen genommen. 27 Jahre seines Lebens verbrachte der Monarch, an dessen Händen so viel Blut klebte, danach in Kerkerhaft.

Mit dem Sturz Christians fand auch die Kalmarer Union ihr Ende, in Schweden bestieg Gustav Wasa den Thron, der Mann, der den erfolgreichen Aufstand gegen den Dänenkönig angeführt hatte.

Großmächte des Nordens

Zweimal groß, zweimal klein und einmal ganz weit weg. So lassen sich die Machtverhältnisse im Norden in Kürze beschreiben, wie sie viele Jahrhunderte hinweg Gültigkeit hatten. Während Dänemark und Schweden über lange Zeit zu den Großen im europäischen Mächtespiel gehörten, waren Norwegen und mehr noch Finnland bis ins frühe 20. Jahrhundert hinein bloße Anhängsel ihrer mächtigen Nachbarn. Island war immer so weit weg, dass es mit den Ereignissen im Norden nur indirekt zu tun hatte – nämlich, weil es als Anhängsel von Dänemark auch von dessen Schicksal abhing.

Bevor ich mich den beiden Großen zuwende, möchte ich zu Beginn des Kapitels ein paar Worte zu Norwegen sagen – denn immerhin war das Land ja bis zum Jahr 1380 ein eigenständiges Königreich. Nachdem in jenem Jahr König Håkon VI. gestorben war, übernahm dessen Witwe, die dänische Königin Margarethe, auch die Herrschaft in Norwegen und führte das Land zunächst in eine Personalunion mit Dänemark und dann in die Kalmarer Union. Die Norweger spielten in diesem Bund der nordischen Königreiche keine große Rolle und bekamen immer dänische Könige als ihre Monarchen vorgesetzt. 1536 machten die Dänen dann die Sache konsequent und gliederten Norwegen in ihr Reich ein. Durch die Bindung an Dänemark wurde Norwegen immer wieder gegen seinen Willen in die Kriege auf dem europäischen Kontinent verstrickt. Und weil sich die Dänen auch die eine oder andere blutige Nase holten, verlor Norwegen im Laufe des 17. Jahrhunderts drei seiner Provinzen. Jämtland, Härjedalen und Bohuslän fielen an Schweden – und da sind sie heute noch. Ganz Norwegen wechselte dann 1814 zwangsweise die Seiten, denn als Napoleon im Oktober 1813 die Völkerschlacht bei Leipzig verlor, gehörte auch sein dänischer Verbündeter Friedrich VI. zu den Geschlagenen. Schweden hatte auf der Siegerseite gekämpft und forderte jetzt seine Kriegsbeute ein. Im Kieler Frieden musste Dänemark Norwegen an Schweden abtreten.

Die Geschichte des anderen Kleinen im Norden ist in diesem Zusammenhang schnell erzählt: Bis 1808 gehörte Finnland zu Schweden – die Schweden aber verloren ihren »Besitz« im Finnischen Krieg an den russischen Zaren, und in dessen Reich verblieb das Land bis zur Unabhängigkeit 1917.

So, nachdem die Kleinen hier zunächst etwas stiefmütterlich abgehandelt wurden – aber schließlich lautet die Überschrift dieses Kapitels ja auch »Großmächte des Nordens« – jetzt zu Dänemark. Aber auch das kommt in diesem Kapitel nur kurz vor – bzw. durchaus ausführlich immer wieder auf der Verliererseite, nämlich dann, wenn im Folgenden von den schwedischen Erfolgen berichtet wird. Von Dänemarks großer Zeit habe ich schon an anderer Stelle in diesem Buch erzählt – nämlich in dem vorangegangenen Kapitel über die Kalmarer Union. Damals, von 1397 bis 1523, waren nämlich die Dänen die eindeutigen Chefs im nordischen Ring.

Jetzt aber erst einmal zu Schweden. Nach Auflösung der Kalmarer Union übernahm dort Gustav Wasa das Ruder. Der Mann, der die Dänen vertrieben hatte, stärkte die Zentralmacht und stabilisierte das lange zerstrittene Land nach innen, setzte die Reformation durch, entmachtete die katholische Kirche und konsolidierte durch die Enteignung der Kirchengüter die Finanzen des Staates. Zur Erinnerung an den Tag, an dem Gustav Wasa zum König gewählt wurde – den 6. Juni 1523 –, feiert man in Schweden jedes Jahr den Nationalfeiertag. Gustav Wasa ist nach Meinung vieler Schweden einer ihrer großen Könige – in diesem Kapitel muss aber auch er sich mit nur wenigen Zeilen begnügen. Zur europäischen Großmacht hat Schweden nämlich ein anderer gemacht.

Die Periode, die man in Schweden ganz offiziell die Großmachtszeit nennt, begann 1611, als der damals erst 17 Jahre alte Gustav II. Adolf den Thron bestieg. Gustav Adolf wird vor allem als Kriegerkönig wahrgenommen, führte er doch umfassende Heeresreformen durch und marschierte fortan mit seinen Truppen auf den Schlachtfeldern in Europa von Sieg zu Sieg. Erfolgreiche Kriege gegen Dänemark, Russland und Polen ließen Schweden immer weiter wachsen. 1630 griff Gustav Adolf auf protestantischer Seite in den Dreißigjährigen Krieg ein und drängte die kaiserlichen Truppen zurück.

Das ist aber nur die eine Seite der Medaille und ignoriert die zahlreichen Reformen, die Gustav Adolf während der Regierungszeit durchgeführt hat, Reformen, die teilweise bis auf den heutigen Tag Einfluss auf den schwedischen Alltag haben.

Vor Gustav Adolf sprach in Schweden allein der König Recht, was er bestimmte, war Gesetz. Jetzt aber entstand mit dem Svea hovrätt ein Oberstes Gericht, das im Namen des Königs urteilte, ohne dass der König aber selbst entschied. Freilich beließ sich Gustav Adolf hier noch genügend Einflussmöglichkeiten und behielt das letzte Wort genau genommen doch wieder für sich. Trotzdem war die Einführung dieses Gerichts ein wegweisender Schritt in Richtung moderner Rechtsprechung. Auch was die Bildung seiner Untertanen anging, erwies sich Gustav Adolf als sehr weitblickend. Während es den früheren Monarchen weitgehend egal war, ob ihre Untertanen gebildet waren oder unwissend, vorausgesetzt, sie zogen für den König in den Krieg und bezahlten ihre Steuern, erkannte Gustav Adolf, dass Bürger mit Rechen- und Schreibkenntnissen dem Gemeinwesen nützen. Er begriff Bildung als staatlichen Auftrag, förderte die Universitäten und ließ überall im Land Schulen gründen. Als erster schwedischer König spielte bei ihm auch so etwas wie soziale Verantwortung eine Rolle. Überall im Land erbaute man auf seinen Befehl hin Armenhäuser. Umgekehrt aber war jedermann zu Arbeit verpflichtet. Die Maxime »fordern und fördern«, die sich Hartz-IV-Kanzler Gerhard Schröder auf die Fahnen geschrieben hatte, galt bei Gustav Adolf schon ein paar hundert Jahre früher.

Der schwedische Reichstag spiegelte damals die Gesellschaftsstruktur seiner Zeit wider. Was selbstverständlich klingt, war europaweit eine Besonderheit. Denn neben Adel, Klerus und Bürgertum waren in ihm auch die Bauern vertreten. Dass dem so war, lässt sich historisch damit erklären, dass mehr als ein Drittel des Grundbesitzes in der Hand freier Bauern war. Die stellten also durchaus eine ernstzunehmende Macht dar. Gustav Adolf erweiterte sofort nach seiner Thronbesteigung die Mitspracherechte des Reichstags und handelte damit politisch sehr weitsichtig. Der Reichstag durfte nun unter anderem immer dann mitbestimmen, wenn ein Krieg erklärt oder Frieden geschlossen werden sollte. Und auch für die Erhebung von Steuern war der Reichstag zuständig. Da Gustav Adolf in der Tat ständig Krieg führte und das entsprechend Geld kostete, bekamen die Schweden immer höhere Steuern aufgebrummt. Trotzdem stand das Volk hinter seinem König. Zum einen natürlich, weil der von Sieg zu Sieg eilte, dann aber auch, weil die Kriegserklärungen und Steuererhöhungen im Konsens zwischen Gustav Adolf und dem Reichstag beschlossen wurden.

Gustav Adolf baute sein Reich nicht allein auf Eroberungen auf, sondern sicherte es durch soziale Reformen ab und sorgte so im Inland für Ruhe. Ein Problem aber konnte auch der König nicht lösen. Es lebten einfach zu wenig Menschen in Schweden, um die Großmachtambitionen des Landes auf Dauer erfüllen zu können. Anfangs konnte Gustav Adolf das Problem noch teilweise dadurch in den Griff bekommen, dass er ausländische Fachkräfte ins Land holte. Vor allem Deutsche kamen in jener Zeit nach Schweden.

Als Gustav II. Adolf 1632 in der Schlacht bei Lützen fiel, lenkte zunächst Reichskanzler Axel Oxenstierna die Geschicke Schwedens. Durchaus erfolgreich – denn schon vor dem Tod des fast ständig abwesenden Königs hatte er mit diesem ausgezeichnet zusammengearbeitet. Auch als Gustav Adolfs Tochter Christina und dann Karl X. Gustav und Karl XI. den Thron bestiegen, setzte sich die Erfolgsserie auf dem Schlachtfeld zunächst weiter fort. Gotland, Jämtland, Härjedalen, Halland, Bremen-Verden, Wismar, Vorpommern, Bohuslän, Schonen, Blekinge, Teile des Baltikums und das Ingermanland waren die nächsten schwedischen Eroberungen. Doch obwohl die schwedischen Truppen zunächst weiterhin siegten, deutete sich die Wende zum Schlechten schon an. Das kleine Land konnte sich die vielen Krieg einfach nicht mehr leisten. Irgendwann mangelte es an Ausrüstung und an modernen Waffen. Manchmal zogen die Soldaten sogar hungrig in die Schlacht, weil das Geld für den Proviant fehlte. Um überhaupt weiterkämpfen zu können, musste man die königlichen Domänen verpfänden oder verkaufen. Schließlich wurde auch der Adel zur Kasse gebeten, der große Besitztümer an den König abtreten musste. 1682 übertrug der Reichstag die Gesetzgebung an den König und machte ihn dadurch zum Alleinherrscher. Grund dafür war, dass Bürger und Bauern die Eskapaden der vielen dem König untergeordneten Adeligen satt hatten und ihr Schicksal lieber in die Hand der Monarchen legten als sich den Launen von Fürsten und Herzögen auszuliefern.

Nach dem frühen Tod Karls XI. im Jahre 1697 bestieg der erst 15-jährige Karl XII. den Thron. Da Dänemark damals schon lange mit Schweden im Clinch lag, sah man in Kopenhagen die große Chance gekommen. Einen Knirps auf dem Königsthron würde man ja wohl übertölpeln können, dachte man dort. Doch da hatten sich die Dänen getäuscht, der junge König erwies sich als ausgebuffter Stratege und schmetterte die dänischen Angriffe ab. Nachdem sie sich allein eine blutige Nase geholt hatten, schmiedeten die Dänen eine Koalition mit Sachsen-Polen (der sächsische Kurfürst August der Starke war zu diesem Zeitpunkt in Personalunion König von Polen) und dem russischen Zaren und überfielen Schweden. Damit begann der Große Nordische Krieg, der bis 1721 dauern sollte. Doch wieder schien Schweden unbesiegbar. Dänemark streckte bereits im ersten Jahr des Krieges (1700) die Waffen, Sachsen-Polen schied 1706 aus dem Krieg aus. Wenn Karl nun Ruhe gegeben hätte, wäre Schweden vermutlich noch lange die vorherrschende Großmacht im Norden geblieben. Jetzt aber überschätzte der Schwedenkönig die Stärke seiner Armee und beging den Fehler, den nach ihm noch einige Eroberer machen sollten. Er marschierte mit seinen Truppen weit nach Russland hinein und musste dort der Weite des Landes und dem harten Winter Tribut zollen. Bevor es im Frühjahr 1709 zur Schlacht bei Poltawa kam, war die Hälfte seiner Armee bereits tot oder kampfunfähig. Die meisten Waffen waren nicht mehr zu gebrauchen.

So war es für die Truppen des Zaren relativ leicht, die Schweden vernichtend zu schlagen. Vielleicht wäre es jetzt immer noch nicht zu spät gewesen, Frieden zu schließen. Doch Karl dachte gar nicht daran. Als sich dann auch Dänemark und Sachsen wieder aus der Deckung wagten und erneut in den Krieg eintraten, hatte Schweden wirklich Probleme. Von da an waren Karls Armeen ständig auf dem Rückzug. Obwohl ihm seine Berater immer wieder zu Friedensverhandlungen rieten, zeigte sich der kriegsbesessene Schwedenkönig uneinsichtig und ließ seine Truppen von Niederlage zu Niederlage weitermarschieren. Das Land hungerte, selbst in der Hauptstadt Stockholm starben die Menschen auf offener Straße, kaum jemand unterstützte noch Karls Großmachtfantasien. Treffend beschrieb der französische Schriftsteller Voltaire Karl XII. in seiner Biografie: »Seine Festigkeit wurde zum Starrsinn, […]; seine Freigebigkeit ging in Verschwendung über und ruinierte Schweden; sein Mut steigerte sich zur Verwegenheit und wurde Ursache seines Todes; sein Gerechtigkeitssinn verleitete ihn bisweilen zur Grausamkeit, und in den letzten Jahren näherte sich die Art seiner Regierung der Tyrannei. Seine großen Eigenschaften, von denen eine einzige einen anderen Menschen hätte unsterblich machen können, gereichten seinem Lande zum Unglück.«

Erst als Karl XII. im Herbst 1718 während der Belagerung der Festung Frederikshald in Norwegen fiel, konnte Schweden den aussichtslos gewordenen Krieg endlich beenden. Nach der Niederlage im Großen Nordischen Krieg war es endgültig vorbei mit der Vormachtstellung Schwedens im Ostseeraum. Von da an war Russland die führende Macht im Norden und Osten Europas. Schweden lag am Boden, hatte im Krieg zehn Prozent seiner Bevölkerung eingebüßt, in der schwedischen Provinz Finnland war fast ein Viertel der Bevölkerung an den Folgen des Krieges gestorben.

Laufen und dichten für das Land

Es sind nicht immer die Politiker, die mit markigen Worten einem Staat ein »Wir-Gefühl« geben, und es sind nicht immer Panzer und Soldaten, die die Stärke einer Nation ausmachen. Und es sind auch nicht notwendigerweise die Fabrikbesitzer, die mit gefüllten Auftragsbüchern ein Land nach vorne bringen.

Manchmal schaffen es Sportler und Künstler, einem Land Selbstbewusstsein einzuimpfen. Vor nicht allzu langer Zeit – 2006 – hat man das ja auch bei der Fußball-WM gespürt, als sich Deutschland an sich selbst und am sympathischen und erfolgreichen Auftreten seiner Kicker berauschte und ein ganz neuer Patriotismus entstand – fernab vom dumpfen »Deutschland-Gebrülle« der Rechten.

Dass sportliche Leistungen durchaus Einfluss auf die Befindlichkeit eines Landes haben können, zeigte der finnische Langläufer Hannes Kolehmainen. Als er 1912 bei den Olympischen Spielen in Stockholm drei Goldmedaillen und eine Silberne errang, sprach man in Finnland davon, dass er das kleine Land »auf die Weltkarte gelaufen« habe. Mehr noch – der kleine Langläufer mit den O-Beinen gab Finnland, das damals ja noch zum russischen Zarenreich gehörte, Selbstbewusstsein im Kampf um seine Unabhängigkeit. Seine Medaillen waren die ersten Spitzenleistungen eines Finnen, die international wahrgenommen wurden. Ein Wermutstropfen für den überzeugten Patrioten war nur das Prozedere der Siegerehrung. Weil bei finnischen Siegen damals auch die russische Fahne gehisst wurde, sagte Kolehmainen, dass er in diesem Moment »beinahe gewünscht habe, nicht gewonnen zu haben«.

In den Jahrzehnten vor und nach der Wende zum 20. Jahrhundert erwachte in den Ländern des Nordens ein neues Nationalgefühl. Man besann sich auf seine Geschichte und suchte nach seinen Wurzeln. Das gilt insbesondere für Norwegen und Finnland, die beiden Länder, die damals immer noch um ihre Unabhängigkeit von Schweden bzw. Russland rangen.

In Schweden und Dänemark fand die nationalromantische Periode vor allem durch eine Bewegung »zurück zur Natur« ihren Ausdruck. Man wollte weg aus der Stadt, weg von der Steifheit des bürgerlichen Lebens und hinaus aufs Land, zu Einfachheit und echten Werten. In Schweden wurde die Provinz Dalarna zum Pilgerziel vieler Künstler. Dort hatte sich nach Meinung der Städter das ursprüngliche, unverfälschte bäuerliche Leben erhalten, und genau davon wollten sich die Maler und Dichter der damaligen Zeit inspirieren lassen.

Auch in Dänemark zog es die Künstler hinaus aufs Land – hier war man mit einem gewissen Sendungsbewusstsein unterwegs: Durch »Volkshochschulen« sollten die Bauern die Chance auf Bildung bekommen. Auch in Deutschland suchten die Maler damals die Inspiration fernab der Großstädte – unter anderem entstanden die Künstlerkolonien in Ahrenshoop und Worpswede.

Die Suche nach den eigenen Wurzeln fand auch in der Architektur ihre Umsetzung. In Norwegen nahm man verstärkt Anleihen bei der Ornamentik der altnordischen Kunst auf und ließ sich von der Bauweise der alten Stabkirchen inspirieren. Man gestaltete Fassaden mit reichlich Dekor: Ranken, Knoten und die Drachenschlange waren beliebte Zierelemente. Kaum eine Giebelspitze kam in jenen Jahren ohne den Drachenkopf als Schmuck aus, der dem speziell norwegischen Baustil seinen Namen gab. Der Drachenstil war aber schnell wieder out, als Norwegen 1905 die Union mit Schweden auflöste und selbstständig wurde. Der Drache auf dem Dach war nämlich nicht nur Schmuckstück, sondern auch Ausdruck der antiunionistischen Haltung. Nach der Unabhängigkeitserklärung gab es dann keinen Grund mehr, beim Hausbau seine politische Haltung zu zeigen und mittels Fassadendekor ein politisches Statement abzugeben.

Für uns heute ist es kaum vorstellbar, dass die Übersetzung einer alten Sage identifikationsstiftend für eine ganze Nation sein kann. Genau das aber bedeutete es, als die *Heimskringla,* die norwegische Königssage, Mitte des 19. Jahrhunderts aus dem Altnordischen übertragen wurde. Ähnlich wichtig für das Selbstverständnis des Landes waren auch die Märchensammlungen von Peter Christen Asbjørnsen und Jørgen Moe. Mit den Norske Folke-Eventyr bekamen die Menschen sozusagen ihre eigene Erzählgeschichte in gedruckter Form in die Hand.

In Finnland galt damals Karelien, die Provinz im Osten des Landes, als Wurzel allen Finnentums. Der Philologe, Arzt und Schriftsteller Elias Lönnrot hatte dort in den 1850er Jahren traditionelle Gedichte und Lieder zusammengetragen und zum Nationalepos *Kalevala* verbunden. Dessen Bedeutung für das finnische Nationalgefühl war und ist auch heute noch enorm. Damals litten die Finnen darunter, keine »eigene Geschichte« zu haben und keine großen historischen Helden vorweisen zu können. Das *Kalevala* schloss nun endlich diese Lücke und wurde von den Menschen damals als »historisches Zeugnis« über die Anfänge ihrer Nation betrachtet. Das Epos gab den Finnen plötzlich eine eigene Gründungsgeschichte.

In den meisten anderen Nationalepen sind Könige, Krieger und unbesiegbare Kämpfer die Helden. Nicht so in der *Kalevala*. Dort sind die Hauptgestalten drei Freunde: der alte Sänger Väinämöinen, der Schmied Ilmarinen oder der liederliche Tunichtgut und Weiberheld Lemminkäinen. Alle drei werben um Aino, die Tochter von Louhi, der Herrscherin des Nordlands. Lemminkäinen hat bei seinen Versuchen, das Herz Ainos zu erobern, wenig Glück: Nach einem Abstecher in die Unterwelt stirbt er sogar, wird aber schließlich von seiner Mutter wieder zum Leben erweckt. Nachdem der alte Väinämöinen von der Angebeteten brüsk zugewiesen wurde, hat der Schmied Ilmarinen freie Bahn. Als guter Handwerker fertigt er einen Sampo, einen Wunderkessel, an. Dieser versorgt seinen Besitzer mit Wohlstand, Fruchtbarkeit und übermenschlichen Kräften, und das gefällt Aino natürlich. Doch mit beider Hochzeit ist das Abenteuer noch nicht zu Ende. Im Gegenteil: Der Hirte Kullervo, der Bösewicht der Geschichte, stiehlt nicht nur die Braut, sondern auch den Wunderkessel. Bei der Verfolgungsjagd können die drei Freunde den Übeltäter zwar besiegen, doch während des Kampfes zerbricht der Sampo. Darüber wiederum sind die Herrscherin des Nordlands und ihre Tochter so wütend, dass sie Plagen in vielfältiger Art über das Land bringen. Väinämöinen macht sich jetzt zu neuen Heldentaten auf, überwindet alle Attacken und rettet schließlich die Welt. Doch ein Happy End ist dem heidnischen Kämpfer nicht vergönnt: Im letzten Verszyklus taucht nämlich in einer Anspielung auf die Bibel die Jungfrau Marjatta – Maria – auf. Sie wird von einer Preiselbeere schwanger. Der wütende Väinämöinen will das Kind töten, doch natürlich hat er gegen das göttliche Wesen keine Chance. Das Kind besiegt Väinämöinen und wird schließlich zum König Karelien – während der besiegte Schmied in einem kupfernen Boot ins Jenseits hinübergleitet.

Axeli Gallen-Kallela war der führende Maler der finnischen Nationalromantik. Er suchte bei vielen Reisen in den Osten des Landes Inspiration und wählte vor allem die »typisch finnische« Landschaft Kareliens und Szenen aus dem Nationalepos *Kalevala* als Motive. Sogar seinen Namen ließ der Maler ändern, um finnischer zu wirken. Denn eigentlich entstammte Gallén aus einer gutsituierten schwedischsprachigen Familie. Zunächst strich er daher das Akzentzeichen aus dem Gallén, das ihn als Finnlandschweden entlarvt hätte. Dann fügte er das finnische Kallela seinem Namen hinzu. Mit seiner Herkunft hatte Gallén dasselbe »Problem« wie viele andere Verfechter des Finnentums. Denn für das junge Land und die neue national geprägte Kunst konnten sich vor allem junge Männer aus der Bürgerschicht begeistern – und die sprachen in jenen Jahren eben vornehmlich Schwedisch. Auch Johan Ludvig Runeberg schrieb damals den Text der finnischen Nationalhymne, mangels anderer Sprachkenntnisse, auf Schwedisch.

Daran, dass in Finnland das Nationalgefühl besonders hoch wogte und die nationalromantische Bewegung besonders viele Anhänger hatte, waren die Russen schuld. Während Zar Alexander II. seinen finnischen Untertanen noch weitreichende Freiheiten gelassen hatte, zog sein Nachfolger Nikolaus II. die Zügel an, entzog beispielsweise dem finnischen Landtag das Recht, Gesetze zu erlassen, und zwang finnische Männer zum Militärdienst in der russischen Armee. Sein Plan war es, aus den Finnen Russen zu machen, deshalb setzte er dort auch einen russischen Generalgouverneur ein, der praktisch diktatorische Vollmachten hatte. Das alles forderte den finnischen Widerstand heraus und machte viele Finnen erst zu überzeugten Nationalisten. Nachdem er in seinem eigenen Land mit Unruhen zu kämpfen hatte, wollte Nikolaus zumindest in Finnland Ruhe haben und ruderte zurück. Viele Verbote wurden wieder aufgehoben, neue Privilegien gewährt. Aber da war es schon zu spät. Die Saat des Nationalismus war gesät, Finnland erlangte im Dezember 1917 seine Selbstständigkeit. Als dieses politische Ziel erreicht war, ebbte übrigens – wie in Norwegen auch – die Begeisterung für die Nationalromantik ab. Kunst, die vor nationaler Symbolik strotzte, die brauchte man nun hier wie dort nicht mehr.

Die braune Invasion: Nordeuropa im Zweiten Weltkrieg

Zwischen Neutralität und Widerstand: Dänemark

Am 9. April 1940 entschied sich das Schicksal Dänemarks und Norwegens im Zweiten Weltkrieg. An jenem Tag griffen Hitlers Truppen unter dem Decknamen »Weserübung« die beiden Länder an. Während Dänemark noch am selben Tag bedingungslos kapitulierte, entschied man sich in Norwegen für den Kampf.

Dass sich die Dänen der Übermacht des Naziheers ergaben, hat vielen Menschen das Leben gerettet, hatten doch die Deutschen gedroht, andernfalls noch am selben Tag Kopenhagen zu bombardieren. So blieb der dortigen Regierung nichts anderes übrig, als offiziell gegen die Verletzung der dänischen Neutralität zu protestieren und sich der Invasion weitgehend kampflos zu fügen. Weil die Nazis die Dänen als »germanisches Brudervolk« ansahen, verlief die Besatzung anders als im Osten Europas. Bis Herbst 1943 respektierten die Nazis – pro forma – alle dänischen Institutionen. Die Regierung unter Führung eines sozialdemokratischen Ministerpräsidenten und unter Ausschluss der dänischen Nazipartei blieb im Amt, und König Christian X., Staatsoberhaupt Dänemarks behielt sogar eine kleine Armee mit insgesamt 2200 Soldaten. Obwohl es das Nachbarland gerade besetzt hatte, betonte Nazideutschland, dass es die Neutralität Dänemarks anerkenne und den bewaffneten Schutz des Königreiches übernehme. Zynismus made in Berlin.

Offiziell befanden sich Deutschland und Dänemark nicht einmal im Krieg. Selbstverständlich mischten sich die Nazis trotz anderweitiger Versprechungen in die dänische Innenpolitik ein; die Presse wurde zensiert, und Kopenhagen konnte keine Entscheidungen treffen, ohne dass diese von Berlin abgenickt werden mussten. Dänemark wurde gezwungen, dem antikommunistischen Antikominternpakt beizutreten, im Sommer 1941 verhafteten die Nazis Hunderte dänischer Kommunisten und verschleppten sie in Konzentrationslager.

Trotz alledem behielt Dänemark bis Herbst 1943 so viele Freiheiten wie kein anderes von Deutschland besetztes Land. Durch geschicktes Taktieren konnte die Kopenhagener Regierung lange Zeit das Allerschlimmste verhindern. So gab es zunächst keine Verfolgung dänischer Juden, die Todesstrafe wurde gegen den ausdrücklichen Willen Berlins nicht eingeführt, und auch die »gewünschte« Währungs- und Zollunion verweigerte die Kopenhagener Regierung. Im März 1943 fand sogar eine »ganz normale« Wahl zum Folketing statt – die dänischen Nazis kamen dabei auf zwei Prozent der Stimmen.

Der Widerstand gegen die Besatzung nahm im Laufe der Jahre immer mehr zu. Sabotageakte häuften sich. Am 28. August 1943 forderten die Nazis deswegen die dänische Regierung ultimativ auf, ein Versammlungsverbot und eine Ausgangssperre zu erlassen. Alle Widerstandskämpfer sollten von Militärgerichten zum Tode verurteilt werden. Als die Regierung den Forderungen aus Berlin nicht nachgab, wurde sie am nächsten Tag aufgelöst. Die deutschen Besatzer übernahmen nun auch offiziell die Herrschaft in Dänemark, verhängten den Ausnahmezustand und lösten die kleine dänische Armee auf.

In der Nacht vom 1. auf den 2. Oktober 1943 hämmerte die Gestapo an die Türen. Doch die Wohnungen, an denen sie klopfte, waren leer. Ihre jüdischen Bewohner waren gewarnt worden und geflohen, hatten Unterschlupf gesucht und gefunden – bei Freunden und Fremden. In den nächsten Nächten machte sich eine Armada von Fischerbooten, Jachten und Ruderbooten auf in Richtung Westen, in die Freiheit nach Schweden. 7000 dänische Juden wurden so gerettet. Die schwedische Regierung hatte Berlin angeboten, den dänischen Juden Asyl zu gewähren. Die Nazis hatten entrüstet abgelehnt. Und jetzt kamen die dänischen Juden doch. Claus Bundgård Christensen, Lektor an der Universität Roskilde, glaubt: »Die geglückte Flucht der Juden nach Schweden ist das einzige Ereignis von weltgeschichtlicher Bedeutung, das in moderner Zeit in Dänemark stattfand.«

Die Färöerinseln, Island und Grönland gehörten damals auch zu Dänemark. Um einer Invasion durch die Nazis zuvorzukommen, besetzten britische Truppen unmittelbar nach deren Einmarsch im Mutterland die Färöer und Island. Grönland wurde von amerikanischen Truppen eingenommen.

Ein Verräter namens Quisling: Norwegen

Obwohl die norwegische Armee hoffnungslos unterlegen war, hielt sie den Angriffen der deutschen Truppen zwei Monate lang stand. König und Regierung flohen nach Großbritannien und organisierten von dort den Widerstand. Denn auch nach der offiziellen Kapitulation am 10. Juni 1940 hörte der Kampf gegen Hitlerdeutschland nicht auf. Zehntausende Norweger gingen in den Untergrund und schlossen sich der Widerstandsorganisation Milorg an. Die Nazis reagierten auf die Sabotageaktionen mit Standgerichten, Geiselerschießungen und Vergeltungsaktionen gegen ganze Ortschaften – mehr als 10 000 Norweger verloren während des Zweiten Weltkriegs ihr Leben. Doch auch mit ihrem Terror brachten die Nazis den Widerstand nicht zum Erliegen. Im Gegenteil: Je länger der Krieg dauerte, desto heftiger wurde er. Etwa 50 000 Norweger flohen zwischen 1940 und 1945 ins benachbarte Schweden, darunter auch der spätere deutsche Bundeskanzler Willy Brandt, der im norwegischen Widerstand aktiv war.

Vidkun Quisling war der Führer der Nasjonal Samling, der winzigen norwegischen Nazipartei. Bei den Parlamentswahlen 1933 feierte er seinen größten Wahlerfolg. Etwas mehr als zwei Prozent der Norweger stimmten damals für ihn und seine Truppe. Bei den folgenden Wahlen kam die Nasjonal Samling auf noch weniger Stimmen. Doch nach dem Einmarsch der Deutschen sah der unpopuläre Quisling seine Stunde gekommen und ernannte sich selbst zum Regierungschef. Die Norweger verachteten ihren Naziführer mindestens ebenso, wie sie die Deutschen verachteten. Da der Widerstand gegen Quisling immer stärker wurde, ersetzte ihn Hitler bereits nach wenigen Tagen durch den Reichskommissar Josef Terboven. Anfang 1942 wurde Quisling zwar als Strohmann erneut zum Ministerpräsidenten ernannt, die wahre Macht blieb aber bei der deutschen Militärführung.

Quisling war nicht der Einzige in Norwegen, der willig mit

den deutschen Besatzern zusammenarbeitete. Besonders die Industrie profitierte von den deutschen Großaufträgen, und einige führende Industriebosse stellten sich, vom wirtschaftlichen Gewinn angelockt, auf die Seite der deutschen Besatzer. Rund 6000 Norweger meldeten sich als Kriegsfreiwillige in die deutsche Armee, mehr als 4000 traten der Waffen-SS bei.

Nach dem Krieg mussten sich dann 50 000 Norweger vor eigens dafür eingerichteten Sondergerichtshöfen der Anklage stellen, mit dem Feind kollaboriert zu haben. Im Verhältnis zur Einwohnerzahl von damals knapp drei Millionen war das eine riesige Zahl. Zum Vergleich: Auf die aktuelle Einwohnerzahl Deutschlands hochgerechnet, würde das bedeuten, dass fast 1,4 Millionen Menschen vor Gericht gestellt würden.

Die meisten Beschuldigten kamen mit Geldstrafen davon, einige mussten ins Gefängnis, und gegen 30 führende Mitglieder der Nasjonal Samling wurde die Todesstrafe verhängt – 20 Todesurteile wurden tatsächlich vollstreckt. Darunter auch das gegen Vidkun Quisling, der am 24. Oktober 1945 erschossen wurde. *Quisling* ist heute übrigens ein reguläres Wort in der norwegischen, schwedischen und auch englischen Sprache. Es bedeutet: Verräter.

Zusammen mit den Nazis, aber nicht mit ihnen: Finnland

Im Gegensatz zu Dänemark und Norwegen kämpfte Finnland im Zweiten Weltkrieg nicht gegen Hitlerdeutschland, sondern an dessen Seite – allerdings, und das ist den Finnen wichtig, nicht als Verbündeter, sondern als »gleichzeitig kriegsführender Staat«. Was da der Unterschied ist? In dem einen Fall hat man die gleichen Kriegsziele und teilt die Ideologie, im anderen hat man nur »zufällig« den gleichen Gegner.

Dass Finnland letztendlich an der Seite Nazideutschlands kämpfte, war ironischerweise ein Resultat des deutsch-sowjetischen Nichtangriffspakts, des sogenannten Hitler-Stalin-Pakts. Bereits im August 1939 verteilten die beiden Diktatoren darin die Beute des kommenden Krieges. Nachdem Finnland bei diesem Deal der Sowjetunion zugesprochen worden war, forderte Moskau, Finnland solle Teile Kareliens abtreten. Damals lag die finnisch-sowjetische Grenze nur 30 Kilometer von Leningrad entfernt. Das war Stalin zu nah – er wollte zwischen der zweitgrößten Stadt des Landes und der Grenze einen größeren Sicherheitskorridor. Außerdem forderte er, dass ihm die Finnen eine Halbinsel im Südwesten des Landes verpachten sollten. Dort sollte ein Stützpunkt der Roten Armee entstehen, damit Stalins Soldaten einen eventuellen Angriff bereits weit vor der eigenen Landesgrenze parieren konnten. Die Finnen widersetzten sich schließlich den Forderungen, wohl auch, weil ihnen der eigene Geheimdienst meldete, die Rote Armee befände sich in einem schlechten, nicht kampffähigen Zustand. Finnland versuchte nun ein Verteidigungsbündnis mit Schweden zu schließen, was dieses jedoch ablehnte. Die Sowjets hatten aber von vornherein eine militärische Option ins Auge gefasst und ihre Armeen bereits in Stellung gebracht. Wie Hitler ein paar Wochen vorher bei seinem Überfall auf Polen inszenierten nun auch die Sowjets einen Grenzzwischenfall und behaupteten, die finnische Artillerie habe sowjetische Soldaten beschossen. Als die Regierung in Helsinki diese Vorwürfe zurückwies, brach die Sowjetunion die Beziehungen zu Finnland ab und kündigte den zwischen beiden Ländern bestehenden Nichtangriffspakt auf. Am 30. November 1939 überfielen sowjetische Truppen Finnland. Die schlecht ausgerüsteten finnischen Truppen leisteten der zahlenmäßig weit überlegenen Roten Armee energischen Widerstand. Weil es an regulären Waffen fehlte, griffen die Soldaten die feindlichen Panzer unter anderem mit improvisierten Flaschenbrandsätzen an – die sie in Anlehnung an den damaligen sowjetischen Außenminister »Molotowcocktails« nannten. Dieses Wurfgeschoss der Straßenkämpfer haben also finnische Soldaten erfunden. Als die

Militärführung mitbekam, welch gefährliche Waffe die selbstgebastelten Flaschenbrandsätze waren, ließ sie diese industriell von der staatseigenen Alkoholkontern ALKO herstellen.

Finnland stand in seinem Kampf gegen die Sowjetunion weitgehend allein da. Frankreich und Großbritannien kündigten zwar ihre Hilfe an, aber außer bescheidener finanzieller Unterstützung und (meist veraltetem) Kriegsmaterial kam von ihnen wenig. Schweden blieb offiziell neutral, erlaubte aber zumindest den Einsatz von 8000 Freiwilligen in der finnischen Armee und schickte Waffen und Ausrüstung.

Als im März 1940 Finnland und Moskau einen Friedensvertrag unterzeichneten, musste Finnland erhebliche Gebietsverluste akzeptieren. Doch letztendlich hatte man den Angriff der größten Streitmacht der Welt pariert. Wohl kein Ereignis in seiner Geschichte hat Finnland so geprägt wie der Winterkrieg, der *talvisota,* wie der Feldzug im finnischen Sprachgebrauch heißt. Noch heute schwillt die Brust eines jeden Finnen vor Stolz, sobald er von den Heldentaten seiner Vorfahren während des Winterkrieges erzählt.

Gut ein Jahr später, im Juni 1941, marschierten Hitlers Truppen in die Sowjetunion ein. Jetzt sah man in Finnland die Gelegenheit gekommen, an Deutschlands Seite die verlorenen Gebiete in Karelien zurückzuerobern. Streng genommen zog man, zumindest nach finnischer Lesart, aber gar nicht an der Seite der Deutschen in den Krieg – obwohl man mit Waffen aus deutscher Produktion kämpfte, Geld aus Berlin erhielt und seine Offensive im Süden des Landes zu dem Zeitpunkt begann, zu dem in Lappland der deutsche Vormarsch auf Murmansk startete. Dennoch legte und legt man in Finnland bis heute Wert auf die Feststellung, man sei kein Verbündeter der Nazis gewesen, sondern vielmehr ein »gleichzeitig kriegsführender Staat«. Mit dieser spitzfindigen Sprachregelung wollte man einen unmöglichen Spagat schaffen: einerseits Hitlers riesige Militärmaschinerie für die eigenen Zwecke nutzen, sich andererseits aber von Hitler distanzieren. Schnell hatten die

Finnen die zuvor im Winterkrieg verlorenen Gebiete zurückerobert und das erklärte Kriegsziel erreicht. Doch damit gaben sie sich nicht zufrieden. Nun, da man das Kriegsglück auf seiner Seite wähnte, träumte das kleine Land den Traum von einem großfinnischen Reich: Es besetzte Teile Südkareliens, die nie zu Finnland gehört hatten. Doch mit den Niederlagen Hitlers auf den Schlachtfeldern des Ostens änderte sich auch die militärische Lage im Norden. Der Gegenangriff rollte, und Finnland konnte dem Druck der Roten Armee nicht lange standhalten. Im September 1944 war die Lage so aussichtslos, dass Finnland einen Waffenstillstandsvertrag mit der Sowjetunion schloss, in dem Stalin die Bedingungen diktieren konnte. Neben großen Gebietsabtretungen, Reparationszahlungen und der Zwangsumsiedlung von 400 000 finnischstämmigen Menschen aus Ostkarelien wurde darin auch festgelegt, dass die finnische Armee die immer noch in Lappland stehenden deutschen Truppen vertreiben musste. Der ehemalige Verbündete – oder nach finnischer Lesart das »gleichzeitig kriegsführende Land« – wurde zum Feind. Finnland und Deutschland lieferten sich in Lappland schwere Kämpfe. Auf ihrem Rückzug hinterließen Hitlers Soldaten ein Feld der Verwüstung. Um den Vormarsch der finnischen Armee zu behindern, brannten sie jedes Gebäude nieder.

Lavieren und helfen: Schweden

Als einziges Land des Nordens schaffte es Schweden, nicht in den Zweiten Weltkrieg mit hineingezogen zu werden. Man versuchte zwar seinen nordischen Nachbarn zu helfen, achtete aber gleichzeitig darauf, Deutschland ja nicht zu sehr zu verärgern, um Hitler keinen Vorwand zu liefern, das Land anzugreifen. Ein Schlingerkurs zwischen Vorsicht und Egoismus auf der einen und Hilfsbereitschaft und Mut auf der anderen Seite war die Folge.

Als die Nazis die dänischen Juden 1943 in die Konzentrationslager abtransportieren lassen wollten, nahm Schweden die Flüchtigen auf, die sich in Booten über die Ostsee retteten. Norwegische Widerstandskämpfer flohen über die grüne Grenze ins sichere Schweden. Der schwedische Außenminister formulierte 1940 das Ziel seiner Regierung so: Man wolle »das Land aus dem Großmachtkrieg herauszuhalten,« um »so weit wie möglich gemeinsame nordische Interessen wahrzunehmen«. Die »gemeinsamen nordischen Interessen« spielten aber immer dann keine Rolle mehr, wenn die Nazis drohend den Zeigefinger hoben. Dann kuschte Schweden in der Regel. Auch wenn man im Handel mit Berlin gutes Geld verdienen konnte, war Moral nicht mehr das große Thema. Als die Norweger die Nachbarn um Hilfe gegen die deutschen Invasoren baten, ernteten die nur ein schwedisches Kopfschütteln. Mehr noch erlaubte die Stockholmer Regierung der Wehrmacht den Durchmarsch durch Nordschweden in Richtung Norwegen. Gern verkauften die Schweden auch ihr für die Rüstungsindustrie so wichtiges Eisenerz nach Deutschland, und Kugellager aus der Svenska Kugellagerfabriken in Göteborg sorgten dafür, dass die Panzer der Wehrmacht rollten und die Flugzeuge der Luftwaffe abhoben. Als die deutschen Fabriken im Bombenhagel der Alliierten in Flammen aufgingen, liefen die Geschäfte der Schweden sogar noch besser. Denn nun waren ihre Lieferungen noch wichtiger für die deutsche Militärmaschinerie. Zufrieden zog der schwedische Außenminister im Sommer 1944 vor dem Reichstag in Stockholm Bilanz. Er sagte: »Schwedens Lage muss nach fünf Jahren Krieg […] in der Tat als gut bezeichnet werden.«

Zu diesem Zeitpunkt brauchte man in Schweden schon lange keine Angst mehr vor der Wehrmacht zu haben. Seit Frühjahr 1943 war auch der Regierung in Stockholm klar, dass Hitler den Krieg verlieren würde. Was die Genehmigung von Durchmarschrechten und Ähnliches anging, zeigte man von da an auch mehr Rückgrat – gegen die Einnahmen aus dem

Handel mit Nazideutschland hatte man aber nichts. Erst in der Endphase des Krieges stellte Schweden auf ausdrücklichen Wunsch der Alliierten seine Exporte ins untergehende Dritte Reich ein.

Gemeinsam statt einsam

»Keine Frage: Um unsere Welt wäre es erheblich besser bestellt, wenn die Beziehungen zwischen Völkern so aussähen wie in Skandinavien.«
Gerhard Austrup, Ulrich Quack in ihrem Band *Norwegen* (Beck'sche Reihe) von 1989

Wie eng die Zusammenarbeit zwischen den nordischen Ländern ist, kann ich vom Fahrrad aus sehen. In meiner Heimatstadt Berlin radele ich fast täglich an den Nordischen Botschaften vorbei – einem Gemeinschaftsgebäude aller nordischen Länder, in dem deren Botschaftskanzleien untergebracht sind. Umschlossen wird das Bauwerk von einer 15 Meter hohen, fast 230 Meter langen türkisfarbenen Fassade – dem »Kupferband«, das die nordischen Gemeinsamkeiten symbolisiert. Dass sich fünf Länder entschließen, gemeinsam ein Botschaftsgebäude zu bauen, ist ungewöhnlich, dass das gerade in Berlin geschehen ist – in einer Stadt, in der das Wort Einheit einen besonderen Wert hat – verleiht dem Ganzen noch eine spezielle Symbolik.

Der Zweite Weltkrieg hatte die Nordeuropäer gelehrt, wie wichtig eine enge Zusammenarbeit ist. Sie hatten begriffen, dass sich ihre kleinen Länder sowohl wirtschaftlich als auch politisch nur dann auf der Weltbühne behaupten können, wenn sie eng kooperieren. Es zeigte sich aber ebenso schnell, dass die fünf nordischen Länder in der Frage der Landesverteidigung unterschiedliche Wege einschlagen wollten, was ebenfalls durch ihre verschiedenen Kriegserfahrungen begründet war. Deshalb scheiterte 1948 der erste Versuch der Kooperation. Zur geplanten Nordischen Verteidigungsunion kam es nie, u. a. deshalb, weil Schweden und Finnland ihre Neutralität nicht aufgeben wollten bzw. durften. Erfolgreicher verliefen die Verhandlungen zur Gründung eines gemeinsamen Nordischen Rates. Bereits 1952 trat das übernationale Organ zusammen, in dem Parlamentarier aus Norwegen, Schweden, Dänemark und Island vertreten waren. Nachdem man sich in Moskau die »Erlaubnis« der UdSSR eingeholt hatte, trat 1955 auch Finnland bei. Viel Macht hat der Nordische Rat zwar nicht, seine Beschlüsse haben nur beratenden Charakter. Trotzdem wurden bisher immerhin 60 Prozent seiner Entscheidungen von den nationalen Parlamenten umgesetzt. Wichtiger war aber zunächst die Symbolik – mit dem Nordischen Rat schuf man das erste Zusammenarbeitsorgan der nordischen Länder und bereitete damit den Weg für eine Vielzahl weiterer Kooperationen. Nur wenige Jahre später konnte dann jeder Nordeuropäer innerhalb der Region ohne Ausweispapiere reisen und in jedem beliebigen nordischen Land arbeiten. Wie schwer der Schritt hin zu einem gemeinsamen Arbeitsmarkt ist, das bekommt die Europäische Union heute, mehr als ein halbes Jahrhundert später, zu spüren.

1971 schließlich wurde der Nordische Ministerrat ins Leben gerufen. Und der ist ein wirkliches Beschlussorgan; einstimmig gefasste Beschlüsse des zweimonatlich tagenden Rates sind seither bindend für die Regierungen. Nichts geworden ist dagegen aus den Plänen, eine Art Nordische Wirtschaftsgemeinschaft (Nordek) analog zur EU zu schaffen. Das verwundert nicht, denn je enger die gesamteuropäische Zusammenarbeit wird, desto weniger wichtig werden regionale Kooperationen. Zwar gehören nur drei der fünf nordischen Länder der Union an. Die beiden anderen – Norwegen und Island – sind aber durch die EFTA, die Europäische Freihandelsassoziation, wirtschaftlich ebenfalls eng mit Brüssel und den EU-Mitgliedstaaten verbunden. Ein zusätzlicher nordischer Wirtschaftsraum würde da keinen Sinn mehr ergeben.

Manchem Nordeuropäer mag es aber heute leidtun, dass die Pläne zur Schaffung einer gemeinsamen Nordwährung nie in die Tat umgesetzt wurden. Neben dem kränkelnden Euro hätte eine pannordische Krone alle Chancen gehabt, zu einer Leitwährung aufzusteigen.

Immer schön friedlich bleiben

2015 feiert Schweden ein ganz besonderes Jubiläum. In diesem Jahr ist es genau 200 Jahre her, dass das Land das letzte Mal in einen Krieg verwickelt war. Im Krieg gegen Napoleon, in dem die Schweden unter anderem in der Völkerschlacht bei Leipzig mitgemetzelt haben, standen letztmals schwedische Truppen auf einem Schlachtfeld. Seit dem Wiener Kongress im Jahre 1815, bei dem nach den Napoleonischen Kriegen die Grenzen in Europa neu gezogen wurden, lebt Schweden offiziell im Frieden. Das letzte Mal an einer militärischen Aktion teilgenommen haben schwedische Soldaten sogar schon ein Jahr früher, als sie am 31. März 1814 als Teil der antinapoleonischen Koalitionstruppen – bestehend aus Österreich, Preußen, Russland und Schweden – in Paris einmarschierten. Außer der Schweiz kann kein Land in Europa auf eine ähnlich lange ununterbrochene Friedensperiode verweisen. Oberstes Ziel der nordischen Außenpolitik nach dem Zweiten Weltkrieg war es, den Frieden zu bewahren. Der Weg, den die Länder dabei einschlugen – bzw. einschlagen mussten – war aber unterschiedlich und geprägt durch die Erfahrungen ihrer Geschichte.

Finnland hatte es im Zweiten Weltkrieg mit Mühe und Not geschafft, seine Unabhängigkeit zu bewahren und nicht zu einem sowjetischen Vasallenstaat zu werden. Als es dann aber 1947 an die Friedensverhandlungen ging, hatten die Finnen schlechte Karten. Sie mussten Gebietsverluste im Osten und Norden des Landes hinnehmen, riesige Reparationszahlungen leisten und einen sowjetischen Stützpunkt auf ihrem Gebiet zulassen. 1948 nötigten die Sowjets ihrem Nachbarn dann noch den Finnisch-sowjetischen Vertrag über Freundschaft, Zusammenarbeit und gegenseitigen Beistand auf. Darin wurde die finnische Neutralität in Friedenszeiten festgeschrieben. Im Kriegsfall aber würde sofort der Freundschaftsvertrag in Kraft treten, nachdem Finnland der Sowjetunion beistehen musste. Oder umgekehrt. Und das war der Passus, der Stalin vermutlich noch besser gefiel – dass die Rote Armee den Finnen »beistehen« würde, falls die angegriffen würden. Was die Sowjets unter Freundschaft verstanden, mussten die DDR-Bürger 1953, die Ungarn 1956 und die Tschechen 1968 erfahren. Eine sowjetische Umarmung drohte den Freund in der Regel zu ersticken. Finnland erklärte sich nach dem Krieg also zu einem neutralen Land, außerhalb der NATO und jenseits des Warschauer Pakts. Der deutsche Politikwissenschaftler Richard Löwenthal prägte Mitte der 1960er Jahre dafür den – zunächst völlig wertfrei gemeinten – Ausdruck der Finnlandisierung. Zu Beginn der 1970er Jahre wurde Finnlandisierung zu einem Kampfbegriff der deutschen Konservativen. Vor allem Franz Josef Strauß, Walter Hallstein und der Journalist des ZDF-Magazins Gerhard Löwenthal verwendeten ihn gern und häufig, um die Abhängigkeit eines hilflosen Vasallenstaates von der Sowjetunion zu beschreiben. Damit wollten sie vor einer Neutralitätspolitik der Bundesrepublik warnen, die diese in Abhängigkeit der Sowjetunion brächte. Strauß & Co. beleidigten damit Finnland und bewiesen gleichzeitig, dass sie vom eigentlichen Wesen der finnischen Außenpolitik nichts verstanden hatten. Finnland hatte nämlich durchaus einen Grund, vorsichtig zu sein und diplomatisch geschickt vorzugehen. Während des Kalten Krieges war es keineswegs ausgeschlossen, dass die Sowjets in ihrem Vorhof ihre Interessen mit Gewalt durchsetzen würden. In solch einem Fall wäre den Finnen, da waren sie realistisch genug, mit Sicherheit niemand zu Hilfe gekommen – auch kein Strauß oder Hallstein. Der zweite finnische Nachkriegspräsident, Juha Kusti Paasikivi, beschrieb die Situation seines Landes durchaus realistisch: »Ich glaube, dass eine Politik der Gewalt für das Zusammenleben der Völker und Menschen nicht gut ist, aber eine Großmacht denkt anders, und das müssen wir leider als Realität hinnehmen.«

Ein Erfolgsmodell war die finnische Neutralitätspolitik allemal. Während bei vielen Nachbarn der Sowjetunion alle paar Jahre die Panzer der Roten Armee durch die Straßen rollten und diese Länder auf die Weisungen aus Moskau hören mussten, schaffte es das kleine Finnland tatsächlich, seine Eigenständigkeit zu bewahren. Und die Ironie der Geschichte ist: Die einst so mächtige Sowjetunion existiert heute nicht mehr, Finnland dank seiner klugen Nachkriegsaußenpolitik aber sehr wohl.

Seit 1995 ist Finnland EU-Mitglied, deshalb muss man das Land heute wohl eher als militärisch bündnisfrei denn als neutral beschreiben. Und selbst die Bündnisfreiheit wird von Kritikern hinterfragt, denn seit 1994 beteiligt sich Finnland an der »Partnership for Peace«, die auch eine militärische Zusammenarbeit mit der NATO umfasst.

Auch Schweden proklamierte nach dem Krieg seine strikte Neutralität. Die war allerdings von grundsätzlich anderer Natur als die ihres östlichen Nachbarlandes. Während die Neutralität der Finnen – festgeschrieben im Finnisch-sowjetischen Beistandspakt – im Kriegsfall geendet hätte, betonten die Schweden ihre Blockfreiheit und ihre Neutralität gerade für den Kriegsfall. Mit dem »Sichraushalten« hatten die Schweden im Zweiten Weltkrieg gute Erfahrungen gemacht und waren als einziges nordisches Land nicht in den Krieg verwickelt worden. Um einem Angriff durch Nazideutschland zu entgehen, hat Schweden damals seine Neutralität allerdings doch sehr strapaziert. Widerspruchslos erfüllte man eine ganze Reihe von Hitlers Forderungen – so gewährte man unter anderem der Wehrmacht den freien Durchmarsch durch Nordschweden und lieferte Erz für die deutschen Waffenschmieden. Umgekehrt griff Schweden auch nicht an der Seite seines finnischen Nachbarn ein, als der 1939 von der Sowjetunion überfallen wurde.

Nach dem Zweiten Weltkrieg zog man auch aus diesen Erfahrungen Konsequenzen: Man wollte nicht nur neutral sein, sondern auch unangreifbar. Schaut man sich das militärische Kräfteverhältnis der damaligen Zeit an, erscheint das schwedische Vorhaben je nach Sichtweise entweder als sehr ambitioniert oder als schlichtweg naiv. Wie dem auch sei: Schweden rüstete in der Nachkriegszeit massiv auf, baute eine der führenden Rüstungsindustrien auf und wurde zu einem der größten Waffenexporteure der Welt. Auf die Anzahl der Einwohner bezogen ist Schweden sogar das Land, das am meisten Geld mit dem tödlichen Exportgut verdient. Dabei macht man dann durchaus Abstriche bei den sonst so hohen moralischen Ansprüchen und verkauft seine Waffensysteme auch an Unrechtsregime wir die in Saudi-Arabien oder Bahrein. Die Maxime, den Frieden zu bewahren, die im Vordergrund schwedischer Außenpolitik steht, spielt dann keine Rolle mehr. Rolf Lindahl von der Friedensorganisation Svenska Freds- och Skiljedomsföreningen spricht in diesem Zusammenhang von »einer Heuchelei ohnegleichen« und sagt weiter: »Während sich Schweden einerseits weltweit als Verfechter der Menschenrechte profiliert, rüstet es andererseits brutale Regime mit Waffen aus.«

Schweden hat aber nicht nur Waffen exportiert, sondern auch seine Soldaten ins Ausland geschickt. Das Land engagierte sich in der Nachkriegszeit stark für die Vereinten Nationen und hat für deren Einsätze wiederholt Soldaten abgestellt. Wie Finnland, so beteiligt sich auch Schweden an dem von der NATO initiierten Programm »Partnership for Peace« und stellt Truppen für »Friedensmissionen« des westlichen Verteidigungsbündnisses zur Verfügung. Kritiker sehen darin eine Verletzung der schwedischen Politik der militärischen Bündnisfreiheit.

Nicht verwunderlich ist, dass sich mit Dänemark und Norwegen genau die beiden nordischen Länder für den Beitritt zum westlichen Verteidigungsbündnis NATO entschieden, die im Zweiten Weltkrieg von Deutschland besetzt wurden. Sie hatten damals die Erfahrung machen müssen, dass sie militärisch zu schwach waren, um sich gegen einen Angreifer verteidigen zu können. Nur mit starken Verbündeten könnten sie im »Kalten Krieg« bestehen, glaubten sie. Als sich nach dem Zweiten Weltkrieg die Idee einer nordischen Militärallianz wegen der finnischen und schwedischen Neutralität nicht verwirklichen ließ, wählten Dänemark und Norwegen den Weg in die NATO, zu deren Gründungsmitgliedern sie 1948 gehörten. Allerdings zählten die beiden Länder am Anfang ihrer Mitgliedschaft, zumindest aus amerikanischer Sicht, zu den eher problematischen Fällen. Die norwegische Regierung verweigerte in Friedenszeiten die Stationierung ausländischer Truppen und die Aufstellung nuklearer Sprengköpfe, und die Dänen ließen nur Schiffe in ihren Häfen ankern, die keine Atomwaffen an Bord hatten. Da Amerikaner und Briten generell keine Auskünfte geben, was die Bewaffnung ihrer Kriegsschiffe angeht, blieben dänische Häfen für sie verschlossen, und es kam zwischen den NATO-Mitgliedern mehrmals zu heftigen Wortwechseln.

Manchmal aber stellten sich die Regierungen auch bewusst dumm, um Konflikte zu vermeiden. So diente eine von den Amerikanern betriebene Radarstation im nordnorwegischen Vardø nach offizieller Auskunft der norwegischen Regierung zur Ortung von Weltraummüll. Warum man das unbedingt in unmittelbarer Nachbarschaft zur russischen Grenze machen muss, dürften sich nicht nur die Politiker in Oslo gefragt haben. Und deshalb waren sie sicher nicht überrascht, als die Amerikaner im Jahr 2000 zugeben mussten, dass sie von Vardø aus die Russen ausspionierten.

Norweger und Dänen sind aber nun schon lange Vorzeigemitglieder des Bündnisses. Da passt es ins Bild, dass die letzten beiden Generalsekretäre des Bündnisses aus nordischen Ländern kamen. Zum Nachfolger des Dänen Anders Fogh Rasmussen, der von August 2009 bis September 2014 amtierte, wurde der Norweger Jens Stoltenberg auserkoren. Beide Politiker waren, bevor sie den Posten des Generalsekretärs antraten, Ministerpräsidenten in ihren Heimatländern.

Auch Island gehörte 1949 zu den Gründungsmitgliedern der NATO – wobei hier die Motivation für den Beitritt eine andere war als bei Dänemark und Norwegen. Island verfügt über keine Armee und ist deswegen im Konfliktfall auf Partner zur Verteidigung seiner Grenzen angewiesen. Da das Land somit auch keine Soldaten für die NATO-Streitkräfte stellen konnte, leistete es seinen Beitrag zum gemeinsamen Verteidigungsbündnis dadurch, dass es sein Territorium für amerikanische Luftwaffenbasen zur Verfügung stellte. Während des Kalten Krieges waren die Amerikaner auf dem Stützpunkt in Keflavik ständig präsent. Das amerikanische Militär und seine Soldaten sorgten aber nicht nur für die Verteidigung des Landes, sondern waren auch ein wichtiger Wirtschaftsfaktor. Nach Ende des Kalten Kriegs verloren die Amerikaner ab 1991 zunehmend das Interesse an der Naval Air Station Keflavik. Aus finanziellen Gründen reduzierten sie im Laufe der Jahre ihre Aktivitäten und zogen 2006 gegen den ausdrücklichen Wunsch der isländischen Regierung aus Island ab. Um Präsenz zu zeigen, schickt die NATO seitdem von Zeit zu Zeit noch mal ein paar Flugzeuge auf Besuch vorbei.

Deutschland und der Norden

»Denn viele Jahre tyrannisierten die Deutschen das Land.«
Aus dem mittelalterlichen Diarium des schwedischen Klosters Vadstena

Das deutsch-dänische Verhältnis ist schon deswegen besonders, weil die Länder Nachbarn sind und in beiden eine beachtliche Minderheit der anderen Volksgruppe lebt. Spätestens wenn in Schleswig-Holstein Landtagswahlen stattfinden, wird dies auch Menschen weiter im Süden Deutschlands bewusst, denn dann wird am Abend auch das Wahlergebnis des Südschleswigschen Wählerverbands, SSW, verkündet – der Partei der dänischen Minderheit.

Nach der Landtagswahl 2005 war der SSW in die Schlagzeilen geraten, weil er sich bereit erklärt hatte, einer rot-grünen Minderheitsregierung unter der damaligen SPD-Ministerpräsidentin Heide Simonis die Mehrheit zu beschaffen, obwohl die CDU die stimmstärkste Partei geworden war. Die Rechten waren sauer, weil für die »Dänenpartei« die Fünf-Prozent-Sperrklausel nicht gilt und man daraus folgerte, der SSW müsse sich aus allen Politikfeldern heraushalten, die nicht unmittelbar mit den Minderheitsinteressen der Dänen zu tun haben. Damals ebbte die Diskussion aber schnell wieder ab, denn die Wiederwahl von Heide Simonis scheiterte ohnehin – ein Abgeordneter ihrer eigenen Partei hatte ihr die Unterstützung verweigert. Mit neuer Heftigkeit flammte die Diskussion über die Rechte des SSW dann aber nach der Landtagswahl 2012 wieder auf. Denn damals beteiligte sich der SSW erstmals an einer Landesregierung – zusammen mit der SPD und dem Bündnis 90/Die Grünen bildete man die sogenannte Dänenampel. Anke Spoorendonk, die damalige Spitzenkandidatin des SSW, übernahm das Ministerium für Justiz, Europa und Kultur. Das war für die CDU nun doch zu viel. Vertreter der Jungen Union zogen vor das Verfassungsgericht des Landes Schleswig-Holstein und argumentierten dort, dass der

SSW keine Partei der dänischen Minderheit mehr sei, sondern sich zu sämtlichen Themen äußere. Damit müsse er auch der Fünf-Prozent-Sperrklausel unterworfen werden.

Dies wiesen die Richter in ihrem Urteil vom 13. September 2013 zurück und führten weiter aus, dass es eine »Schutzpflicht« des Landes gebe, die per Verfassung geforderte politische Mitwirkung der dänischen Minderheit zu garantieren.

Schleswig – dänisch oder deutsch?

Deutsch-dänische Streitigkeiten waren in den früheren Jahrhunderten immer Herrschaftsfragen: Wem gehörte Schleswig und wem Holstein? Im 19. Jahrhundert führte man darum gleich zwei Kriege. Im Schleswig-Holsteinischen Krieg von 1848 bis 1851 wollte man die Loslösung der beiden damals zu Dänemark gehörenden Herzogtümer erreichen. Doch in der entscheidenden Schlacht bei Idstedt behielten die Dänen die Oberhand. 13 Jahre später sah die Sache dann anders aus – im Deutsch-Dänischen Krieg, in dem Preußen und Österreich vereint gegen das dänische Königreich kämpften, verloren die Dänen die Herzogtümer Schleswig und Holstein.

Nach dem Schleswig-Holsteinischen Krieg hatte Dänemark zwar die Hoheit über Holstein und Schleswig behalten, sich aber im Friedensvertrag verpflichtet, die Herzogtümer als »selbstständige Einheiten« zu betrachten und nicht in den dänischen Kernstaat mit einzubeziehen. Genau das aber war in der dänischen Novemberverfassung von 1863 geschehen, deren Rücknahme Preußen ultimativ gefordert hatte.

In der Schlacht bei den Düppeler Schanzen besiegte ein gemeinsames preußisch-österreichisches Heer die Truppen des dänischen Königs. Zunächst teilten sich die beiden Siegermächte die Herrschaft über Schleswig-Holstein. Bald schon stritten sich Kriegsgewinner um die Beute – und schon kam es zu einem neuen Krieg: dem Deutschen Krieg, in dessen Folge die Herzogtümer Schleswig und Holstein schließlich an Preußen fielen.

Nachdem Deutschland den Ersten Weltkrieg verloren hatte, sah Dänemark die Chance gekommen, Schleswig wieder zurückzubekommen. Allerdings nicht mit Waffengewalt, sondern durch eine Volksabstimmung, die auch im Versailler Vertrag festgelegt wurde. Die fand 1920 statt und ging sozusagen unentschieden aus. Während sich die Nordschleswiger für die Zugehörigkeit zu Dänemark entschieden, votierten die Südschleswiger für den Verbleib im Deutschen Reich. Die Grenze wurde entsprechend dem Abstimmungsergebnis verschoben, so dass das Gebiet nördlich von Flensburg wieder zu Dänemark gehörte. Die neue Grenze scherte Hitler wenig, als er seine Wehrmacht im April 1940 in Dänemark einmarschieren ließ. Die Jahre der Naziherrschaft, die an anderer Stelle dieses Buches beschrieben wurden, belasteten auch noch viele Jahre nach dem Kriegsende das deutsch-dänische Verhältnis.

Mit der Grenzverschiebung nach der Volksabstimmung von 1920 hatte man zwar dem Mehrheitswillen nachgegeben, aber gleichzeitig lebten auf beiden Seiten der Grenze auch große Minderheitsgruppen, und um deren Probleme hatte sich lange Zeit niemand gekümmert. Erst 1955 suchte und fand man eine Lösung. In den Bonn-Kopenhagener Erklärungen schrieben Politiker die Minderheitenrechte fest. Die junge Bundesrepublik sicherte darin auch die Aufhebung der Fünf-Prozent-Sperrklausel für den Südschleswigschen Wählerverband zu.

Kein Benzin in Narvik

»Das deutsch-norwegische Verhältnis ist sehr eng und freundschaftlich. Es basiert auf einer breiten Übereinstimmung zu vielen internationalen Fragen und äußert sich im gemeinsamen Vorgehen, z. B. in der Sicherheitspolitik oder auch der Umwelt- und Energiepolitik.«
Internetseite des Deutschen Auswärtigen Amtes, 2014

Als ich als Jugendlicher Ende der 1970er Jahre das erste Mal nach Nordnorwegen kam, bekam ich zu spüren, dass man als Deutscher nicht besonders beliebt ist. Die sonst so sprichwörtliche Freundlichkeit der Norweger machte in Narvik spröder Reserviertheit Platz. Freilich wurde ich überall korrekt bedient, aber die Extraportion Aufmerksamkeit blieb mir als Deutschem verwehrt. Die Brötchen landeten ohne das sonst übliche Lächeln der Bäckerin in der Tüte, und meine Fragen wurden nur sehr kurz und bündig beantwortet.

Von einer ähnlichen Erfahrung erzählt ein Deutscher in einem Internetforum, das sich mit der deutsch-norwegischen Geschichte befasst. Er schreibt, dass ihm, einem Studenten auf Norwegentour, 1971 an einer Tankstelle in Narvik sogar das Benzin verweigert wurde.

Speziell im Norden des Landes war man auch knapp drei Jahrzehnte nach Kriegsende immer noch schlecht auf Deutsche zu sprechen. Die leidvolle Besatzungszeit war noch zu präsent.

Als die Wehrmacht 1940 den Erzhafen Narvik eroberte, ging sie mit brutaler Härte vor und machte die ganze Stadt dem Erdboden gleich. Viele Menschen, die den deutschen Überfall miterlebt hatten, lebten in den 1970er Jahren noch – entsprechend kühl wurden deutsche Touristen behandelt. Da spielte es auch keine Rolle, wenn es sich bei »dem Deutschen« um einen 17-jährigen Rucksacktouristen handelte, der schon rein altersbedingt nicht beim deutschen Einmarsch 1940 hatte dabei sein können. »Die Gnade der späten Geburt« brachte damals noch keinen Bonuspunkt.

Auch auf politischer Ebene blieb das deutsch-norwegische Verhältnis nach dem Zweiten Weltkrieg lange Zeit angespannt. Man pflegte zwar eine gute nachbarschaftliche, aber keineswegs freundschaftliche Beziehung. Erst als 1969 Willy Brandt, der ja nach seiner Flucht aus Nazideutschland im norwegischen Exil die norwegische Staatsbürgerschaft angenommen hatte, zum Bundeskanzler gewählt wurde, verbesserte sich das Verhältnis beider Staaten allmählich.

Seit meiner ersten Reise nach Norwegen sind fast 40 Jahre vergangen. Wer als Deutscher heute in Narvik einkauft, wird freundlich bedient.

Wenn die Norweger schon damals, also in den 1970er Jahren, gewusst hätten, dass Horst Tappert, alias Stephan Derrick, Mitglied der Waffen-SS war, wäre der deutsche Schauspieler in Norwegen vielleicht niemals zum Star geworden. So aber avancierte Derrick zum berühmtesten Deutschen in Norwegen und erhielt 2002 zusammen mit der Schlagersängerin Wenche Myhre (deren Vornamen man im Übrigen nur im Deutschen mit »ck« schreibt) den Willy-Brandt-Preis. Mit dem werden Menschen ausgezeichnet, die sich besonders um die deutsch-norwegische Freundschaft verdient gemacht haben.

Die erste Fernsehsendung, die ich nach meinem Umzug nach Norwegen gesehen habe, war *Derrick*. Klar war es Zufall, dass es gerade ein Freitagabend war, als ich das erste Mal den »An-Knopf« der Fernbedienung drückte. »Guck mal, da läuft *Derrick*«, rief ich meiner Freundin zu, und die jubelte zurück: »Ist ja wie zu Hause.« Perfekt für Neunorweger wie uns war, dass *Derrick* im Original lief – mit norwegischen Untertiteln. Das ist – wie wir später feststellten – allerdings nichts Besonderes, denn in Norwegen werden alle Filme in der Originalversion gezeigt. Derrick war aber nicht nur der Liebling der deutschen Fernsehzuschauer, sondern auch der norwegischen. Zwischen dem Januar 1977 und dem März 1999 strahlte das staatliche norwegische Fernsehen, NRK, alle *Derrick*-Folgen aus. Mehr noch als in Deutschland war in Norwegen Freitagabend Derrickzeit. Fast das ganze Land saß dann vor dem Fernsehapparat.

Als ich mich ein paar Tage nach unserem Umzug zum Norwegisch-Sprachkurs anmeldete, war auch dort Derrick das erste Gesprächsthema. Als ich meinem Lehrer sagte, ich sei Deutscher, lautete dessen Antwort wie aus der Pistole geschossen: »Ich liebe Derrick.«

Tappert, bzw. Derrick, hat dafür gesorgt, dass sich das Deutschlandbild im Laufe der Jahre zum Besseren veränderte. Väterlich, gerecht und korrekt, so war er, der Derrick. Ruhig und immer souverän. Vielleicht auch streng, und mitunter kam er ein bisschen mit dem moralisch erhobenen Zeigefinger daher, aber eben doch so ganz anders als die Deutschen, die im Krieg gekommen waren und das Land besetzten. Als der Schauspieler am 13. Dezember 2008 starb, war das dem norwegischen Fernsehen eine Meldung in den Hauptnachrichten wert. Stilecht untermalt mit der *Derrick*-Titelmusik wurde sein Tod vermeldet. Die Liebe der Norweger zum deutschen Schauspieler und TV-Kommissar war aber nie einseitig. Tappert, begeisterter Angler, besaß ein Ferienhaus auf der nordnorwegischen Hamarøy, der Insel, auf der Literaturnobelpreisträger und Nazifreund Knut Hamsun seine Kindheit verbracht hatte. Auf Hamarøy verbrachte der Schauspieler jedes Jahr seinen Urlaub, sein Haus verkaufte er erst ein Jahr vor seinem Tod, als sich abzeichnete, dass er, schwer erkrankt, nie mehr in sein geliebtes Norwegen würde zurückkehren können.

Für Politiker, die sich von Berufs wegen für die Völkerverständigung einsetzen, mag es frustrierend sein. Aber es gilt: Horst Tappert hat für die deutsch-norwegische Freundschaft mehr getan als ein jeder von ihnen – Willy Brandt einmal ausgenommen, aber den betrachten die Norweger sowieso als einen der ihren.

Beliebtes Deutschland

Deutschland steht ja nur selten ganz oben auf der Beliebtheitsskala. Als arrogant und besserwisserisch sind wir vielerorts verschrien, als Pedanten und Nörgler. Und in manchen Ländern hat man, denkt man an »die Deutschen«, immer noch die Bilder von marschierenden Nazisoldaten im Kopf.

Nicht so in Finnland. Wer seinen Urlaub in einem Land verbringen will, in dem man Deutsche mag, für den kann das Reiseziel nur Finnland heißen. Hier sind *wir* wirklich beliebt. Ob es daran liegt, dass den schweigsamen Finnen mit dem am Weltschmerz leidenden Deutschen eine Wesensverwandtschaft verbindet?

Finnische Künstler zog es zu Inspirationszwecken schon früh in deutsche Lande, und da – man mag es ihnen nicht verdenken – vor allem nach Berlin.

Ab Mitte des 19. Jahrhunderts verbrachten fast alle wichtigen finnischen Künstler eine gewisse Zeit in der preußischen Hauptstadt. Der berühmte Komponist Jean Sibelius lebte hier ebenso wie die Maler Akseli Gallen-Kallela und Albert Edelfelt. Finnische Opernsänger und -sängerinnen traten regelmäßig in den Berliner Theatern auf. Der finnische Schriftsteller Eino Leino schrieb 1911 in einem Roman, dass Berlin der absolute Auslandstreffpunkt aller Finnen sei. Und in einem Brief nach Hause schwärmte er: »Berlin ist meine Stadt, denn wie Du weißt, schätze ich die Annehmlichkeiten des Lebens, und in dieser Hinsicht hat der Deutsche alles bestens geregelt.«

In den Jahren vor dem Ersten Weltkrieg entwickelte sich in Berlin eine kleine finnische Künstlerkolonie, deren Mitglieder sich regelmäßig im Café Bauer Unter den Linden trafen. Dort konnten sie die Zeitungen aus der Heimat lesen, denn das Bauer war bekannt dafür, dass es ständig 800 europäische Tageszeitungen für seine Gäste vorrätig hielt. Und damit die sich beim Lesen nicht die Augen verdarben, war das Café als erstes in Deutschland mit elektrischem Licht ausgestattet. Aber es waren nicht nur die Finnen, die es nach Berlin zog. Auch der berühmte norwegische Maler Edward Munch lebte von 1892 bis 96 hier und war anfangs gut Freund mit dem schwedischen Dramatiker August Strindberg, der ebenfalls seit 1892 in Berlin lebte. Die Freundschaft der beiden, die durch viele gemeinsame Trinkabende im Weinlokal Zum schwarzen Ferkel zunächst gestärkt wurde, endete abrupt, als Munch eine Lithografie Strindbergs fertigte und in dem Rahmen den Namen seines Freundes versehentlich falsch – ohne »t« – schrieb. Strindberg, der für sein exzentrisches Wesen bekannt war, unterstellte dem Norweger Absicht und kündigte die Freundschaft auf.

Trinkkumpane fand Munch im Schwarzen Ferkel trotzdem noch genügend. Dort zählten Dutzende Künstler aus dem Norden zu den Stammgästen, der schwedische Schriftsteller Ola Hansson beispielsweise oder der Däne Holger Drachmann, Munchs Landsmann, der Bildhauer Gustav Vigeland oder die Dichterin Dagny Juel. Die gut aussehende Norwegerin pflegte ihren Ruf als Femme fatale und verdrehte den männlichen Gästen im Schwarzen Ferkel gleich reihenweise den Kopf. 1901 starb sie im jungen Alter von 34 Jahren, weil sie von einem eifersüchtigen Liebhaber erschossen wurde. Das war allerdings nicht in Berlin, sondern in Tpilissi, im fernen Georgien.

Freunde auch nach dem Krieg

Nach dem kleinen Exkurs zur Kunst wieder zurück zur Politik – genauer zu den deutsch-finnischen Beziehungen. Die politischen Verbindungen zwischen Deutschland und Finnland sind seit jeher eng und ziehen sich durch die gesamte kurze Geschichte des nordeuropäischen Landes.

Im Finnischen Bürgerkrieg 1918 bildete die Preußische Armee finnische Soldaten aus, zudem griffen die Truppen des deutschen Kaisers auf der Seite der Bürgerlichen in die Kämpfe ein und sicherten so deren Sieg über die Kommunisten. Danach sollte ein Deutscher – der hessische Prinz Friedrich Karl – finnischer König werden. Der Plan scheiterte daran, dass Deutschland den Ersten Weltkrieg verlor und ein Deutscher auf dem Königsthron eines neu gegründeten Staates nicht mehr opportun war. Im Zweiten Weltkrieg kämpften die Finnen von 1941 bis 1944 im »Fortsetzungskrieg« Seite an Seite mit der Wehrmacht gegen Stalins Armee. Für diese »Waffenbrüderschaft« sind die Finnen Deutschland noch heute dankbar. Ohne die Zusammenarbeit mit Nazideutschland hätte vermutlich die Rote Armee das Land besetzt und Finnland seine Unabhängigkeit verloren. Dass Hitler Finnland im Vertrag mit Stalin erst an die Sowjets »verhökert« hatte, spielt in der Geschichtsbetrachtung vieler Finnen keine Rolle.

Lange Zeit galt es in Finnland als nicht hinterfragte Wahrheit, dass der an der Seite der Nazis geführte Fortsetzungskrieg ein »sauberer« Krieg war, in dem sich Finnland keinerlei Verbrechen schuldig gemacht hatte. Inzwischen weiß man allerdings, dass die deutsch-finnische Freundschaft auch dann nicht aufhörte, wenn man gemeinsam Verbrechen beging. Finnland hat während des Krieges im Einzelfall nicht nur Juden an die Nazis ausgeliefert, sondern auch eifrig sowjetische Kriegsgefangene in das deutsche Lager Stalag 309 im nordfinnischen Salla überstellt. Da auch den Finnen klar war, dass die Gefangenen dort dem Tod geweiht waren, machten auch sie sich der Menschenrechtsverletzungen schuldig. Außerdem stellten die Finnen sogar Teile des Lagerpersonals, und finnische Wächter waren an der Erschießung sowjetischer Kriegsgefangener beteiligt.

Selbst nach dem Krieg hörte die »Begeisterung« der Finnen für uns Deutsche nicht auf. Bis weit in die 1950er Jahre war Deutsch die erste Fremdsprache an finnischen Schulen. Auch später lernten noch viele Finnen Deutsch. Wenn ein Finne damals als Student ins Ausland ging, studierte er entweder in Schweden oder in Deutschland. Schon in den 1960er Jahren zählte dann die Bundesrepublik wieder zu den wichtigsten Handelspartnern Finnlands. Seit Ende der 1990er Jahre – nach der deutschen Wiedervereinigung und dem Zerfall der Sowjetunion – steht Deutschland sogar wieder an erster Stelle dieser Statistik.

Während der Zeit der deutschen Teilung hielt Finnland in Bezug auf Deutschland streng an seiner Neutralitätspolitik fest. In beiden deutschen Staaten eröffnete das Land Handelsvertretungen – Botschaften aber gab es erst nach 1973. Damals erkannte Finnland als letztes westliches Land die Bundesrepublik an und zeitgleich mit ihr auch die DDR. Für viele Bürger der DDR war Finnland das einzige westliche Land, das – zumindest theoretisch – bereist werden durfte. Entsprechend groß war auch die Neugier auf die Finnen und ihre Kultur. Als Journalist arbeitete ich Ende der 1980er Jahre beim deutschsprachigen Auslandsfunk des Finnischen Rundfunks und konnte damals das Interesse der DDR-Bürger an Finnland hautnah erleben: Mindestens 90 Prozent unserer Hörerpost kam aus dem Ostteil Deutschlands.

Doch es gibt nicht nur in Kunst, Politik und Wirtschaft enge Verbindungen zwischen Deutschen und Finnen. Ein weiteres verbindendes Element ist die Liebe. 12 000 Finnen leben derzeit in Deutschland – davon sind mehr als 80 Prozent Frauen, und die wiederum sind nahezu ausnahmslos hier, weil sie sich in einen deutschen Mann verliebt haben. Den umgekehrten Fall, finnische Männer, die mit deutschen Frauen verheiratet sind, trifft man wesentlich seltener an.

Deutsche Könige auf dem schwedischen Thron

»Die deutsche Einwanderung nach Schweden ist ebenso alt
wie das schwedische Reich.«
Der schwedische Historiker Sten Carlsson (1917 – 1989)

Der Einfluss Deutschlands auf den Norden reicht natürlich wesentlich weiter zurück als bis zum Zweiten Weltkrieg oder der Schlacht an den Düppeler Schanzen im Jahre 1863.

Die meisten der Missionare, die ab dem 9. Jahrhundert nach Schweden kamen, stammten aus Deutschland, im 11. und 12. Jahrhundert folgten auf ihren Spuren Bergleute, Handwerker, Kaufleute … und später auch Könige. Albrecht von Mecklenburg (1363 – 1389), Erich von Pommern (1412 – 1439) und Christopher von Bayern (1441 – 1448) saßen allesamt auf dem schwedischen Thron. Und auch Silvia, die Gemahlin des gegenwärtigen Königs Carl XVI. Gustaf, ist unter dem bürgerlichen Namen Silvia Renate Sommerlath in Heidelberg geboren.

Überhaupt waren es fast immer deutsche Fachleute, die nach Schweden kamen bzw. vom dortigen Hof angeworben wurden, und mitunter traten schon damals ein paar Kulturunterschiede zutage. Die Bergleute, die aus dem Harz nach Mittelschweden kamen, hatten beispielsweise schnell den Ruf weg, laut und arrogant zu sein. Das spiegelt sich bis zum heutigen Tag in den Ortsnamen der damaligen Erzabbaugebiete wider: Garphyttan oder Garpenberg lauten hier die Ortsnamen – und »*garpa*« heißt im Altschwedischen nichts anderes als »laut werden« oder »frech daherreden«.

In der Zeit zwischen Mitte des 12. und Mitte des 17. Jahrhunderts bestimmte die Hanse, ein Bund niederdeutscher Kaufleute, über den Handel im Ostseeraum. Fast 300 Städte gehörten diesem Zusammenschluss an, so unter anderem Visby auf der Insel Gotland, die schwedische Hauptstadt Stockholm und Bergen in Westnorwegen. Allesamt zählten sie zu den wichtigsten Hansestädten außerhalb Norddeutschlands. Waren aus dem Norden waren gefragt: Stockfisch aus Norwegen, Hering aus dem damals dänischen Schonen und Erz aus Schweden. Exportschlager in umgekehrter, also Süd-Nord-Richtung waren Korn und, schon damals, deutsches Bier. Der Handel machte die Städte reich und dadurch weitgehend unabhängig von den jeweiligen Landesherren. Und weil sie reich waren, gehörten die deutschen Kaufleute auch in ihren Gastländern Dänemark, Schweden und Norwegen zur »High-Society«.

In der Mitte des 14. Jahrhunderts hatten sich die Deutschen

eine so prominente Stellung erarbeitet, dass der schwedische König Magnus Eriksson ein Gesetz erließ, nachdem nur noch die Hälfte der Ämter einer Stadt von Deutschen bekleidet werden durften. 1471 legte Reichsverweser Sten Sture dann nach und bestimmte, dass die Stadtbürgermeister Schweden sein mussten. Und König Gustav Wasa schließlich schaffte 1530 die Privilegien der Deutschen ganz ab – was aber nicht heißt, dass die als Experten nicht mehr gefragt gewesen wären. Im Gegenteil: Um Fachleute für die Bergwerke anzuwerben, schickte der schwedische König regelmäßig »Head Hunter« hinunter nach Deutschland.

30 Jahre Angst

»Bet, Kindlein bet! Morgen kommt der Schwed, morgen kommt der Ochsenstern, der wird den Kindleins beten lehrn.«

Dieses Gedicht brachten die Eltern ihren Kindern während des Dreißigjährigen Krieges bei. Ob ein solcher »Schreckvers« pädagogisch wertvoll ist, mag man ja heute bezweifeln. Er spiegelt auf jeden Fall die Angst wider, unter der die Menschen damals lebten. Mit »Ochsenstern« war übrigens Axel Oxenstierna, der Reichskanzler Gustav Adolfs, gemeint. Der kam zwar nie auf die Schlachtfelder auf deutschem Boden – seine Aufgabe war es ja, gerade in Abwesenheit des Königs Schweden zu verwalten – aber auch ohne ihn verbreiteten die schwedischen Truppen genügend Schrecken.

»Die Schweden sind kommen, / haben alles genommen, / haben Fenster eingschmissen, / haben's Blei rausgerissen, / haben Kugeln gegossen / und die Bauern erschossen.«

In der Folge des Dreißigjährigen Krieges von 1618 bis 1648 fielen schließlich Pommern, Wismar und Bremen-Verden an Schweden. Ja, die schwedischen Könige waren fortan auch Fürsten des Heiligen Römischen Reiches Deutscher Nation und hatten als solche einen Sitz beim Reichstag zu Regensburg.

Schweden war damals eine Weltmacht und auf vielen Gebieten der Wissenschaft führend. Für das rückständige Vorpommern brachte die Schwedenzeit deswegen einen wirtschaftlichen und auch kulturellen Aufschwung. Der Handel zwischen den Hansestädten, besonders zwischen Stralsund auf der einen und Göteborg und Stockholm auf der anderen Seite, blühte erneut auf.

Wer heute das Schloss Drottningholm bei Stockholm, den Dom von Kalmar oder das Rathaus von Göteborg besucht, wird kaum an eine Verbindung zu Vorpommern denken. Doch all diese Bauwerke hat Nicodemus von Tessin (1615 – 1681) errichtet, ein Baumeister aus »Schwedisch-Stralsund«. Auch der Chemiker Carl Wilhelm Scheele (1742 – 1786), der »Entdecker« von Sauerstoff, Chlor und Glyzerin, der lange Zeit seines Lebens im schwedischen Köping wirkte, kam in Stralsund zur Welt. Und von der Insel Rügen stammte Baltzar von Platen (1766 – 1829), der Erbauer des Götakanals. Aus Greifswald wiederum kam Christian Ehrenfried von Weigel, der seit 1808 als Leibarzt für die Gesundheit der schwedischen Könige verantwortlich war.

Erst 1720 musste Schweden, nach der Niederlage im Großen Nordischen Krieg, den östlichen Teil Vorpommerns an Brandenburg abtreten. Der Rest Schwedisch-Vorpommerns inklusive Stralsund und Rügen kam erst 1815, als der Wiener Kongress die Grenzen Europas neu zog, zu Preußen.

Da passt es dann auch, wenn es im Vorwort des Buches *Schweden – Deutschland. Bewegungen und Impulse*, herausgegeben vom Svenska Institutet, einer Art Gegenstück zur deutschen Bundeszentrale für politische Bildung, heißt: »Mit Sicherheit hat keine andere Gruppe von Einwanderern so viel für die kulturelle, wirtschaftliche und politische Entwicklung des Landes bedeutet wie gerade die deutsche.«

Zu guter Letzt: Das Geheimnis um den Weihnachtsmann

Joulupukki, jultomte, julenisse oder julemand – es kann nur einen geben!

Zum Schluss dieses Buches muss noch eine wichtige Frage geklärt werden. Eine, die alle Nordmänner beschäftigt und über die Jahr für Jahr gestritten wird: Woher kommt der Weihnachtsmann?

»Von drauß' vom Walde komm ich her …« Mit dieser dürftigen Aussage lassen sich die Menschen zwischen Palermo und Hamburg abspeisen, wenn es darum geht, die Frage nach der Herkunft des Weihnachtsmanns zu beantworten. Ganz anders in Nordeuropa. Dort weiß man genau, wo der alte Mann im roten Rock zu Hause ist.

Eine Nachfrage bei der Finnischen Weihnachtsmannorganisation (die gibt es wirklich!) soll Gewissheit schaffen: Der bärtige Alte und sein Rentier Petteri wohnen am weit entlegenen Korvatunturi im Osten Lapplands. Korvatunturi heißt auf Deutsch Ohrenberg, und der Name kommt angeblich daher, weil der Weihnachtsmann, der Joulupukki, von dort aus die Wünsche der Kinder besonders gut hören kann. So weit, so gut. Doch diese Version der Legende passte der finnischen Tourismusindustrie nicht so recht ins Geschäft, deshalb wurde sie um einen modernen Teil erweitert. Kurzerhand erhielt der alte Mann einen Zweitwohnsitz, und der liegt direkt am Polarkreis nördlich von Rovaniemi – verkehrsgünstig in unmittelbarer Nähe eines internationalen Flughafens. Jedes Jahr jetten denn auch Tausende von Japanern und Briten nach Lappland, um dort aus den Händen des einzigen echten Weihnachtmannes ihre Geschenke entgegenzunehmen. An Weihnachten herrscht sowieso Hochbetrieb im Haus des Weihnachtsmanns, aber inzwischen ist der alte Herr mit Rauschebart rund ums Jahr im Einsatz. Wer will, kann ihm auch im Hochsommer seine Aufwartung machen.

Doch halt! Der Weihnachtsmann – ein Finne? Niemals, kontern die Schweden. Sie wissen es besser. Selbstverständlich kommt der Jultomte aus ihrem Land, genauer: aus Mora am Siljansee. Dort besitzt er ein Haus mit einem großen Garten, in dem er mit den Kindern spielt. Der Überlieferung nach ist der Jultomte ein kleines, allenfalls 80 Zentimeter großes Wichtelmännchen, das mit dem Sack auf dem Rücken und der Laterne in der Hand von Haus zu Haus zieht und seine Geschenke verteilt.

Die schwedischen Väter aber wären buckelig geworden, wenn sie sich Jahr um Jahr am Heiligen Abend als winziges Wichtelmännchen hätten verkleiden müssen. Deswegen hat sich auch in Schweden der Weihnachtsmann in Normalgröße durchgesetzt.

Der finnische Weihnachtsmann hat die beste Werbemaschinerie hinter sich, und der schwedische kommt aus dem größten Land des Nordens. Aber PR und Größe sind nicht die entscheidenden Kriterien. Das jedenfalls sagen die Norweger, die ebenfalls den Originalweihnachtsmann für sich beanspruchen. Der ihre hat zumindest den Vorteil, dass er äußerst zentral wohnt. Sein Häuschen steht nur eine knappe Autostunde südlich der Hauptstadt Oslo in der kleinen Gemeinde Drøbak. Julenisse heißt der norwegische Weihnachtsmann. Auch er ist ein kleiner Wichtel, der für gewöhnlich im Stall wohnt und ein guter Freund aller Tiere ist. Er kümmert sich um Haus und Hof und hält Gefahren von seinen Besitzern fern. Dafür wird er dann zu Weihnachten mit einem Teller Reisbrei vor der Haustür belohnt. Bekommt er den nicht, kann der kleine Wicht ganz schön viel Ärger machen. Deswegen vergisst kein

Norweger den Obolus an den Julenisse, und wer ganz sichergehen will, der stellt noch ein Glas Bier dazu, denn das trinkt er gern. Wahrscheinlich war es die Konkurrenz aus den Nachbarländern, die den Julenisse dazu brachte, Geschenke zu verteilen. Denn ursprünglich war das seine Sache nicht. Heute aber läuft er am Heiligen Abend mit geschenkevollem Rucksack durch die norwegische Nacht und ist, ähnlich seinem schwedischen Kollegen, auf menschliche Größe gewachsen.

Auch in Dänemark waren früher wie in Norwegen zu Weihnachten lediglich die Kobolde, die Nisser, unterwegs. Wahrscheinlich, weil sie keine Geschenke brachten, sondern welche forderten – Reisbrei eben –, kamen sie im Laufe der Zeit aus der Mode und wurden durch den wesentlich großzügigeren Weihnachtsmann, den Julemand, ersetzt. Das wurde sicher auch vom Einzelhandel begrüßt, denn obwohl er sich immer sehr bemühte, hatte es der alte Mann doch nie geschafft, alle Geschenke selbst zu besorgen, und brauchte zu Weihnachten die Unterstützung von zahlungskräftigen Eltern.

Damit die kleinen Nisser aber nicht ganz arbeitslos werden, dürfen sie dem dänischen Weihnachtsmann immerhin noch beim Austragen der Geschenke helfen. Allerdings mussten sie dazu umziehen, denn der Julemand wohnt gar nicht auf dem dänischen Festland, sondern hoch oben im ewigen Eis in Grönland.

Weil alle Nordmänner (bis auf die Isländer – und die bekommen deswegen im Anschluss noch ein eigenes Kapitel) von sich behaupten: »Nur wir haben den einzigen richtigen Weihnachtsmann!«, befasste sich vor einigen Jahren sogar ein Ausschuss des Nordischen Rates mit der Klärung der Weihnachtsmannfrage. Das glauben Sie nicht? Man sieht, Sie haben die Bedeutung des Weihnachtsmannes für Nordeuropa noch nicht erfasst! Ansonsten immer auf Eintracht und Verständigung bedacht, konnten sich die Nordmänner damals auf kein gemeinsames Votum einigen. Und deshalb gilt seitdem auch in Nordeuropa: »Von drauß' vom Walde komm ich her …«

Und wenn es doch keinen Weihnachtsmann gibt – und stattdessen die böse Weihnachtskatze?

Die Frage, ob es den Weihnachtsmann gibt, beschäftigt schon seit Generationen die Kinder der Welt. Bis zum Alter von vier, fünf Jahren lautet die Antwort: »Ja«. Doch dann kommen die ersten Zweifel. Und wer weiß, vielleicht sind sie ja sogar berechtigt. Vielleicht machen Millionen von Eltern ihren Kindern ja nur etwas vor. Und in Wahrheit kommt zu Weihnachten die böse Weihnachtskatze! Das jedenfalls behaupten die Isländer.

Weihnachten hat dort ein längeres Vorspiel. Das Fest beginnt eigentlich schon am 12. Dezember – denn von diesem Tag an taucht an jedem Abend ein anderer Troll in den isländischen Wohnungen auf. Wie jeder weiß, sind Trolle keine sanften Gesellen, sondern gehen eher grobschlächtig zu Werke. So ist das auch in Island, und die Frechheiten, die sie im Schilde führen, tragen sie schon im Namen. Am 12. Dezember beispielsweise kommt der Stekkjarstaur, der Schafsschreck, am 17. Dezember der Askasleikir, der Schüssellecker, und am Heiligen Abend der Kertasnikir, der Kerzenschnorrer. Immerhin sind die Schandtaten der Trolle nicht wirklich groß, denn keiner von ihnen heißt »Häuserniederbrenner« oder »Geschenkeklauer«. Außerdem kann man den Trollen gar nicht wirklich böse dafür sein, dass sie so übellaunig sind. Schließlich leiden sie unter einer ziemlich griesgrämigen Mutter. Grýla, so heißt die mehrere hundert Jahre alte Trollfrau, nörgelt die ganz Zeit nur an ihren Söhnen herum und sperrt sie das ganze Jahr über in der Höhle ein. Nur im Dezember dürfen sie hinaus.

Und dann bringen die Trolle sogar Geschenke mit. Die isländischen Kinder stellen deswegen ab dem 12. Dezember jeden Abend ihre Schuhe auf den Fenstersims und hoffen, dass ihnen der Troll ein Präsent hineinlegt. Auch in Island werden nur brave Kinder belohnt. Wer im zurückliegenden Jahr die Eltern geärgert hat, findet nur eine alte Kartoffel in seinem

Schuh. Allerdings sind die Trolle, anders als der Weihnachtsmann, durchaus bestechlich. Wenn man für sie eine kleine Wegzehrung in den Schuh hineinlegt, dann sehen sie über die eine oder andere Verfehlung schon mal hinweg. Wirklich gefährlich ist nur die Weihnachtskatze. Die macht sich zum Fest der Liebe auf die Suche nach besonders bösen Kindern, die sie dann mit Haut und Haaren verschlingt. Was für ein schöner Brauch.

Anhang

Basisdaten

	Finnland	Norwegen
Fläche (Zum Vergleich Deutschland: 357 167 km²)	338 432 km²	305 268 km²
Einwohnerzahl (D: 80,4 Mio.)	5,4 Mio.	5,1 Mio.
Bevölkerungsdichte (D: 225/km²)	18 Einwohner/km²	17 Einwohner/km²
Religionen (D: 29 % evangelisch, 29 % katholisch, 3,9 % Muslime, 2,6 % andere Religionen)	77 % evangelisch-lutherisch, 1,1 % orthodox, ca. 1,5 % andere Religionen inkl. katholisch	76 % evangelisch-lutherisch, 2 % katholisch, 4 % andere christliche Konfessionen, 2 % Muslime
Staatsform (D: Parlamentarische Bundesrepublik)	Parlamentarische Republik	Parlamentarische Monarchie
Bruttoinlandsprodukt (D: 2 653,9 Mrd. Euro [2013])	187,5 Mrd. Euro (2013)	373,2 Mrd. Euro (2013)
BIP pro Kopf (D: 32 845 Euro)	34 339 Euro	73 222 Euro
Arbeitslosigkeit (D: 5,4 % [2012])	7,6 % (2012)	3,2 % (2012)
Inflationsrate (D: 1,6 % [2013])	2,2 % (2013)	2,1 % (2013)
Mobilfunkverträge pro 100 Einwohner (D: 111,6)	172,3	116,7
Nationalfeiertag (D: 3. Oktober. Erinnert an die deutsche Wiedervereinigung 1990.	6. Dezember. Finnland wurde am 6. Dezember 1917 unabhängig.	17. Mai. Erinnert an die Verabschiedung des Grundgesetzes des Königreichs Norwegen am 17. Mai 1814.

Quellen: Deutsches Statistisches Bundesamt, Fischer Weltamanach 2014 sowie die Statistikbehörden der jeweiligen Länder.

Schweden	Dänemark	Island
450 295 km²	43 094 km² (Grönland 2,2 Mio. km², Färöer 1396 km²)	103 125 km²
9,5 Mio.	5,6 Mio.	0,32 Mio.
23 Einwohner/km²	132 Einwohner/km²	3 Einwohner/km²
ca. 71 % evangelisch-lutherisch, 1,5 % katholisch, 1 % sonstige christliche Religionen, 3 % Muslime	ca. 80 % evangelisch-lutherisch, 0,5 % katholisch, 3 % Muslime	79 % evangelisch-lutherisch, 5 % katholisch, 3 % Ásatrú-Gemeinde (germanisch-heidnische Religion)
Parlamentarische Monarchie	Parlamentarische Monarchie	Parlamentarische Republik
407,2 Mrd. Euro (2013)	241,6 Mrd. Euro (2013)	10,7 Mrd. Euro (2013)
42 268 Euro	43 203 Euro	33 237 Euro
8,0 % (2012)	7,5 % (2012)	7,5 % (2012)
0,0 % (2013)	0,8 % (2013)	3,9 % (2013)
124,6	117,6	108,1
6. Juni. Erinnert an die Krönung Gustav Wasas am 6. Juni 1523 und die damit verbundene Auflösung der Union mit Dänemark.	5. Juni. Erinnert an die Verabschiedung der dänischen Verfassung am 5. Juni 1849.	17. Juni. Erinnert an den Geburtstag von Jón Sigurðsson, einen Kämpfer für Islands Unabhängigkeit. Am 17. Juni 1944 wurde die Republik ausgerufen.

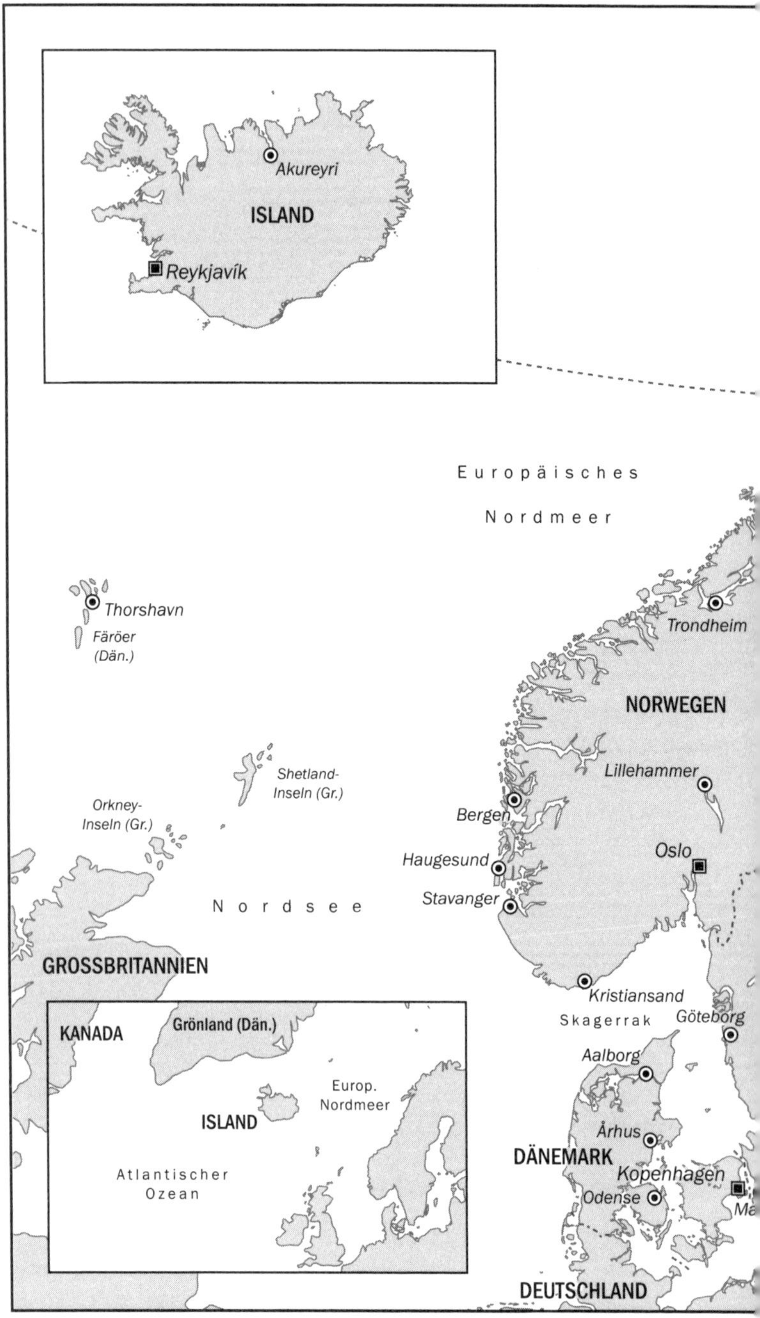

Akureyri
ISLAND
Reykjavík
Europäisches
Nordmeer
Thorshavn
Färöer
(Dän.)
Trondheim
NORWEGEN
Shetland-
Inseln (Gr.)
Orkney-
Inseln (Gr.)
Lillehammer
Bergen
Haugesund
Oslo
Stavanger
Nordsee
GROSSBRITANNIEN
Kristiansand
Skagerrak
Göteborg
KANADA
Grönland (Dän.)
Aalborg
Europ.
Nordmeer
ISLAND
Århus
DÄNEMARK
Atlantischer
Ozean
Kopenhagen
Odense
DEUTSCHLAND

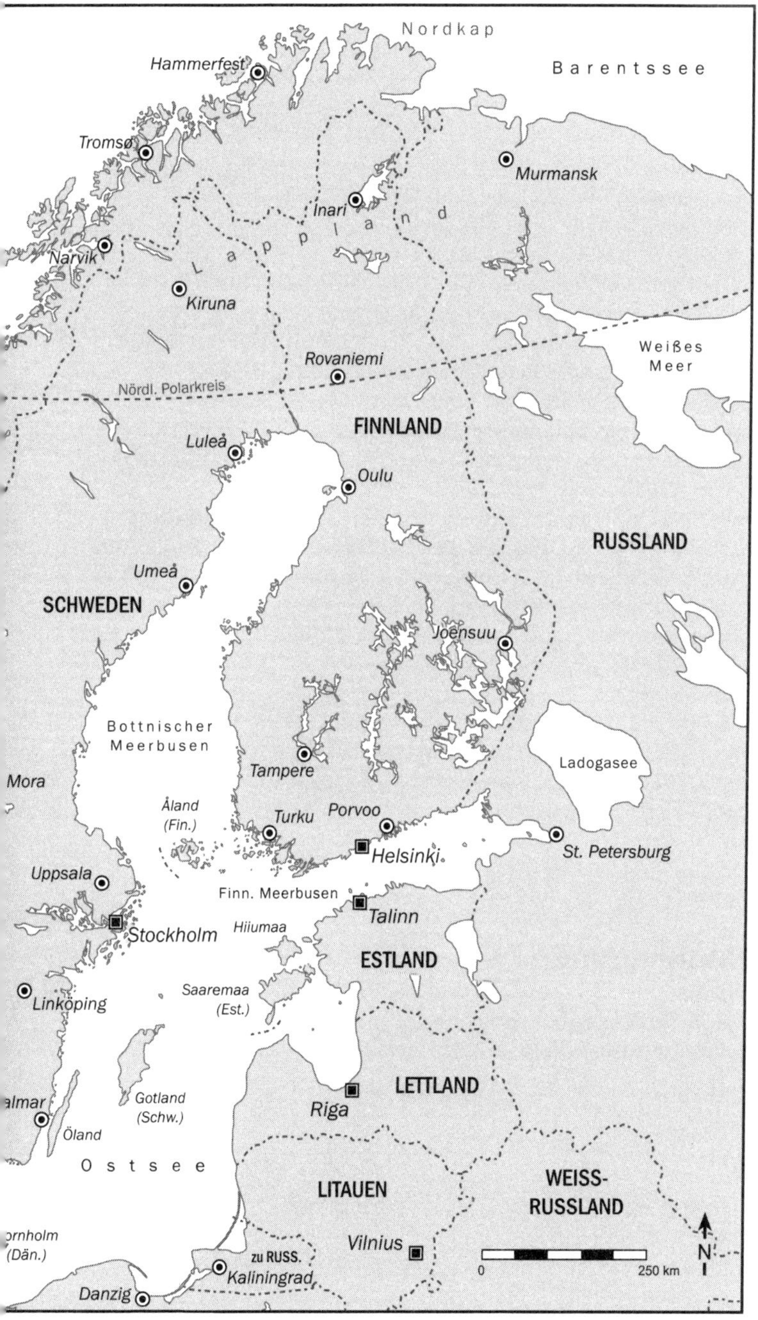
Nordkap
Barentssee
Hammerfest
Tromsø
Murmansk
Inari
Lappland
Narvik
Kiruna
Rovaniemi
Nördl. Polarkreis
Weißes Meer
FINNLAND
Luleå
Oulu
RUSSLAND
Umeå
SCHWEDEN
Joensuu
Bottnischer Meerbusen
Tampere
Ladogasee
Mora
Åland (Fin.)
Turku
Porvoo
St. Petersburg
Helsinki
Uppsala
Finn. Meerbusen
Talinn
Stockholm
Hiiumaa
ESTLAND
Linköping
Saaremaa (Est.)
Gotland (Schw.)
LETTLAND
Riga
almar
Öland
Ostsee
LITAUEN
WEISS-RUSSLAND
ornholm (Dän.)
Vilnius
zu RUSS.
Kaliningrad
Danzig
0
250 km
N

Lesetipps

Barth, Sabine (Hrsg.): Reise nach Island, Zürich 2009.
Bubenzer, Anna/Haefs, Gabriele: Lesereise Oslo, Wien 2010.
Bührig, Agnes/Budde, Alexander: Schweden. Eine Nachbarschaftskunde, Berlin 2007.
Bünz, Tilmann: Wer die Kälte liebt, München 2008.
Ders.: Wer das Weite sucht, München 2012.
Drolshagen, Ebba B.: Gebrauchsanweisung für Norwegen, München 2009.
Eilenberger, Wolfram: Finnen von Sinnen, München 2010.
Freydag, Nina: Lesereise Norwegen, Wien 2010.
Gieseking, Bernd: Finne dich selbst!, Frankfurt am Main 2012.
Hämos, Ildiko/Soholo, Ilari: Kulturschock Finnland, Bielefeld 2005.
Knoller, Rasso: Finnland. Ein Länderporträt, Berlin 2011.
Ders.: Norwegen. Ein Länderporträt, Berlin 2013.
Ders.: Die Dancing Queen im Schärengarten. Stockholmer Spiegelungen, Wien 2008.
Ders.: Wo die Sonne die Ostsee küsst. Lesereise Helsinki, Wien 2014.
Kretschmer, Bernd: Dänemark. Eine Nachbarschaftskunde, Berlin 2010.
Krüger, Marie: Island. Ein Länderporträt, Berlin 2011.
Lind, Stefanie (Hrsg.): Reise nach Norwegen, Zürich 2010.
Löcker, Dorothea/Potyka, Alexander (Hrsg.): Trolle, Schnee und Saunakult. Skandinavische Lebensarten, Wien 2007.
Saarinen, Hannes: Finnland in Berlin, Keuruu 2001.
Schatz, Roman: Der König von Helsinki, Frankfurt am Main 2008.
Ders.: Gebrauchsanweisung für Finnland, München 2010.
Sobik, Helge: Finnische Fundstücke, Wien 2002.
Turi, Johan: Erzählung vom Leben der Lappen, Frankfurt am Main 1993.

Danksagung

Ein großes Dankeschön an Susanne Kilimann. Ihre Ideen und Inspirationen haben das vorliegende Buch besser gemacht.